数字经济时代下企业数字化转型与高质量发展路径研究

张雪芳 戴伟◎著

2023年湖北省社科基金一般项目(后期资助项目)「数字经济时代下企业数字化转型与高质量发展路径研究」(项目编号：HBSKJJ20233218)

2023年湖北本科高校省级教学研究项目「智慧教育驱动下经管类专业教与学模式迭代升级与实践研究」(项目编号：2023487)

西南财经大学出版社
Southwestern University of Finance & Economics Press

中国·成都

图书在版编目(CIP)数据

数字经济时代下企业数字化转型与高质量发展路径
研究/张雪芳,戴伟著.--成都:西南财经大学出版社,
2024.11.--ISBN 978-7-5504-6476-6

Ⅰ.F272

中国国家版本馆 CIP 数据核字第 2024LP0099 号

数字经济时代下企业数字化转型与高质量发展路径研究

SHUZI JINGJI SHIDAI XIA QIYE SHUZIHUA ZHUANXING YU GAOZHILIANG FAZHAN LUJING YANJIU

张雪芳　戴　伟　著

策划编辑:何春梅
责任编辑:李　才
助理编辑:陈进栩
责任校对:邓嘉玲
封面设计:何东琳设计工作室
责任印制:朱曼丽

出版发行	西南财经大学出版社(四川省成都市光华村街55号)
网　　址	http://cbs.swufe.edu.cn
电子邮件	bookcj@swufe.edu.cn
邮政编码	610074
电　　话	028-87353785
照　　排	四川胜翔数码印务设计有限公司
印　　刷	成都市新都华兴印务有限公司
成品尺寸	170 mm×240 mm
印　　张	16.5
字　　数	277 千字
版　　次	2024 年 11 月第 1 版
印　　次	2024 年 11 月第 1 次印刷
书　　号	ISBN 978-7-5504-6476-6
定　　价	88.00 元

前　言

随着大数据、云计算、区块链、人工智能等数字技术的快速发展，人类社会迎来了数字经济时代。2021年，习近平总书记在主持中共中央政治局第三十四次集体学习时指出，"发展数字经济事关国家发展大局"。随后，国务院印发《"十四五"数字经济发展规划》，强调微观主体要提高数字化技术。党的二十大报告明确提出，"加快发展数字经济，促进数字经济和实体经济深度融合，打造具有国际竞争力的数字产业集群"。自此，数字经济成为中国经济高质量发展的重要推动力。

工信部发布的《中国数字经济发展指数报告（2023）》显示，中国数字经济指数在2008—2022年的年复合增长率达到13.27%，远大于同期GDP指数增速，这代表着数字经济已成为经济发展的重要引擎和主要动能。数字经济的发展不仅改变了我们的生活方式，也深刻影响着企业的经营方式和商业模式。在当前的数字经济时代，企业数字化转型已成为一种不可避免的趋势。越来越多的企业开始进行数字化转型，以应对市场竞争、提高效率和降低成本。与此同时，我国经济进入了高质量发展阶段，企业是经济的重要微观主体，因此企业高质量发展是实现整体经济高质量发展的重要内容和基础支撑。如何实现企业层面的高质量发展成为微观经济实践中需要重点关注和解决的问题。因此，在数字经济时代下，企业通过加大研发设计并加快数字化转型推进企业创新，深化实体经济和数字经济融合，促进供应链管理协同配合，已然成为推进企业高质量发展的重要推手。

远程办公、数字化智能平台、网络医疗等数字化技术不仅使实体经济和企业提高了智能决策效率，还使得企业加快了数字化转型，数字产品迅速爆发，数字技术由辅助手段变成了主要手段。可以看到，企业数字化通过发展和深化数字技术，推进应用场景和商业运营模式创新，实现企业以及产业层面的智能化高质量发展，是传统产业实现转型发展的必由之路。因此，在这样的背景下，十分有必要基于企业数字化角度探究实现企业高质量发展的有效路径。

本书共八章。第一章对数字经济发展进行了概述，分析了数字经济的概念与特征、数字经济的发展与面临的挑战、数字经济时代的数字化变革以及企业的发展与破局。第二章进一步探究企业数字化转型的相关理论，分析企业数字化转型的动力、机遇与挑战以及企业数字化转型的顶层设计。要发展数字经济，就必然需要大数据、云计算、人工智能与区块链等技术，实现新一代信息技术与企业发展的深度融合，催生新技术、新产品、新业态与新模式。第三章对上述四大技术展开分析。第四章分析了数字化商业模式的内涵、特征及类型，数字化技术如何重构商业模式以及企业数字化转型如何驱动商业模式创新，以推动企业创新性发展。第五章分析数字化运营，尤其是客户运营与平台运营模式，以构建数字化运营体系，为企业发展提质增效。第六章论述数字化人力资源管理变革，搭建人力资源数字化平台，提升领导者的数字化领导力，组建数字化团队，培养员工数字素养，从而提升企业的软实力。第七章分析数字化财务的构建，尤其是财务共享中心的建设，以及数字化时代下管理会计发展与财务转型，助力企业价值的提升。第八章分析企业高质量发展的内涵与特征、数字经济赋能企业的高质量发展理论机制与实践探索，以及数字经济时代企业高质量发展的实现路径。

总体而言，本书具有以下几点特征：

第一，系统性。本书以数字经济时代为背景，围绕企业数字化转型以及企业高质量发展路径展开研究。首先，分析数字经济时代下的数字化变革、企业发展与破局、企业数字化转型的动力、机遇与挑战以及数字化转型的顶层设计；其次，剖析了企业数字化转型的技术支撑及发展；再次，从商业模式数字化、运营模式数字化、人力资源管理数字化和财务管理数字化四个方面分析了企业数字化转型的路径与作用；最后，对数字经济赋能企业高质量发展的理论机制与实践探索，以及数字经济时代下企业高质量发展的实现路径进行了深入探究。总体来说，本书结构完整、内容丰富、层次清晰、研究深入，具有较强的系统性。

第二，时代性。中国即将全面步入数字经济的新时代，数字化转型是企业融入数字经济的入场券，同时数字经济的发展也离不开企业数字化转型；与此同时，我国经济也进入了由高速增长阶段向高质量发展阶段转变的新时代。站在数字经济新时代和经济高质量发展的新时代，探索企业数字化转型和企业高质量发展路径，具有重要的时代意义和现实意义。

第三，兼具理论性和实践性。本书将理论与实践紧密结合，既探究了企业数字化转型的理论基础以及数字经济赋能企业高质量发展的理论机制，又对我国企业数字化转型变革与高质量发展的实现路径进行了全面系统的研究，以便企业经营者成功进行企业数字化变革，进而实现企业高质量发展。

本书在撰写过程中，参考和借鉴了数字经济方面的大量文献资料，本着科学、负责的态度，精心审稿，选取最新的、有重要价值的数字经济理论和实践应用的最新内容，在此对相关作者表示诚挚的谢意。由于作者水平有限，书中存在不足之处在所难免，敬请读者批评指正。

张雪芳

2024 年 7 月

目　录

第一章　数字经济发展概述

在全球信息化进入全面渗透、跨界融合、加速创新、引领发展新阶段的大背景下，各国数字经济得到长足发展，正在成为创新经济增长方式的强大动能，并不断为全球经济复苏和社会进步注入新的活力。本章作为全书开篇，重点研究数字经济的概念与基本特征、数字经济的发展与挑战、数字经济时代的数字化变革、数字经济时代企业的发展与破局，从而为下述章节的展开做好铺垫。

第一节　数字经济的概念与基本特征

一、数字经济的概念

（一）数字经济的定义

《"十四五"数字经济发展规划》中指出：数字经济是继农业经济、工业经济之后的主要经济形态，是以数据资源为关键要素，以现代信息网络为主要载体，以信息通信技术融合应用、全要素数字化转型为重要推动力，促进公平与效率更加统一的新经济形态（国务院，2022）。数字经济是信息经济发展的高级阶段，是信息经济未来发展的方向（中国信通院，2017）。

信息经济被分为三个层次：

第一，信息经济是一种经济形态，它与农业经济、工业经济同级；

第二，信息经济属于传统产业，包括第一产业、第二产业、第三产业；

第三，从经济活动方面来说，信息经济包括信息生产和服务、信息通信技术的研发，以及信息传输等经济活动。

数字经济是信息经济第二和第三层次的子集，它是基于数字技术的内容产业、通信产业、软件产业以及信息设备制造业的产业集群，从生产端看，也包括这些产业的产品与服务。信息技术对整个社会产生的影响随着科技发展的脚步逐步加深，而人们对信息技术融入经济与社会这一过程的定义，在不同的发展阶段产生了各种各样的概念。因此，概念混用的情况也时有发生。除了早期的"信息经济"和近年的"数字经济"，还存在"网络经济""知识经济"等概念。这些概念因其产生于数字经济发展的不同阶段，分别反映出不同时期人们对信息技术引起的社会变革的不同角度的理解。虽然这些概念在定义和具体内涵上有细微的差别，但总的来说，它们都是在描述信息技术对人类社会经济活动产生的影响（康伟 等，2018）。

（二）数字经济的内涵演进

1. 初级阶段

在数字化早期，各国对数字经济的定义着重于宏观经济下的信息技术产业和电子商务。美国学者 Mesenbourg T.L.（1999）建议将数字经济的内涵分为四大部分，即（电子化企业的）基础建设、电子化企业、电子商务以及计算机网络。但近年来随着数字化的不断推进，美国对于数字经济内涵的界定延伸到了三个方面：一是虚拟货币，如比特币；二是数字商品和服务的提供，包括数字广告、在线音乐等；三是互联网对商业交易的提升，包括顾客匹配、分享经济等。

英国政府在 2010 年颁布的《数字经济法 2010》中，将音乐、游戏、电视广播、移动通信、电子出版物等列入数字经济的范畴，聚焦于保护文化产业的数字版权。而在《数字经济法 2017》中，英国政府深化了数字服务方面的管理，包括注重推动数字服务的发展、规范数字文化产业中的犯罪行为、强调知识产权，以及构建数字政府等。由此可见，数字经济的定义与重点逐渐转移至应用与服务方面。

2. 发展阶段

数字经济正处于蓬勃发展的阶段，不断进步的数字技术以及不断加深的数字化融合程度使得数字经济的内涵和范畴都在持续更新和泛化，互联网、云计算、大数据、物联网、金融科技与其他新的数字技术应用于信息的采集、存储、分析和共享过程中，改变了社会互动方式。

二、数字经济的基本特征

（一）数字经济发展的基础——数字技术

数字经济的产生源于数字技术的发展与应用。在早期阶段，数字经济的发展高度依赖数字技术。20世纪80年代之后，个人计算机大规模普及应用，人类迎来了以单机应用为重要特征的第一次大规模数字化；20世纪90年代中期之后，互联网的发展带来了以互联网应用为主要特征的第二次数字化浪潮；近年来，计算机和互联网的复合应用，产生了大数据、物联网、云计算、区块链、人工智能等新技术，数字技术逐渐成为通用技术。依托数字技术，长期积累的数据资源得以转化和应用，使数据作为一种独立的生产要素逐步融入实体经济，促进产出增加和效率提升，从而催生出一种新的经济模式——数字经济。

（二）数字经济发展的引擎——数据要素

数据作为数字经济时代的一项新生产要素，是基础性资源和战略性资源，也是重要的生产力。从经济全球化的特征来看，从最初的以国际贸易驱动为特征的"1.0版本"，到以国际金融驱动为特征的"2.0版本"，当前全球化正步入以数据要素为主要驱动力的"3.0版本"。数据作为新生产要素的重要性日益凸显，数据的开放、共享和应用既能够优化传统要素配置效率和效果，还能提高资源、资本、人才等全要素的配置和利用水平（欧阳日辉 等，2023）。另外，随着国际社会逐渐把数字经济作为开辟经济增长的新源泉，人类财富的形态随之发生了改变。

随着数字技术的不断进步，数据的采集、存储、加工、流通、分析与应用快速发展。数字技术的发展让越来越多的消费者和企业都能够接触和使用大数据。当数字技术逐步融入生产、流通和消费环节并成为基本的管理工具时，将会有越来越多的企业开始从经验型决策逐步转向依赖数据分析的"数据驱动型决策"。随着大数据产业的不断发展壮大，以及数字技术与实体经济的深度融合，数据要素成为数字经济发展核心引擎的属性不断凸显。

（三）数字经济发展新阶段——"万物互联"

随着互联网、移动互联网以及物联网的快速发展并不断渗透到社会各个领域，越来越多的不同资源（人、财、物及其他无形资源）等被纳入信息网络之中。物资流、资金流、信息流、商流、人流等在社会经济运行的各个领域层面形成网状结构，增强了其相互依存度，传统单向、封闭的经济状态和社会结构向跨界、融合、开放、共享的互联互通状态发展，推动着智能制造、智慧服务、智慧生活、智慧城市、智慧社区等智能化生产生活方式加速到来。特别是随着 5G、人工智能（AI）、区块链等技术和设施的进一步发展，社会经济运行的互联互通局面将进一步打开、运行水平将进一步地提升，真正实现"万物互联"指日可待。

第二节　数字经济的发展与挑战

一、数字经济时代的技术支撑——信息技术

（一）信息技术的社会表现

信息技术是现代科技的重要组成部分，其从 20 世纪 80 年代开始就给人类的生活方式带来了巨大的影响。我国还未进入完全的工业化时代，但已经迎来了信息化时代，这也是我国现代化发展的重要机遇。信息技术进入人们的生活，人际往来的时空限制被打破，全球各国、各民族、各地区甚至每个角落都因为信息技术的出现而联系得越来越便捷、紧密，也正因为信息技术的出现，全球人民共建"地球村"的美好愿景一步步实现。

全球各国借助信息化手段而相互联系、友好往来，各种不同的价值理念、民族文化相互交流、融合。可见，信息技术的产生和发展的意义并不简单地停留在传播工具的更替和现代传媒的快捷上，它成为人类对网络社会加以构筑的重要基础，改变了人们的价值观念、思维方式和生活方式。

20 世纪 60 年代是"信息化"概念最早出现的时间，日本学者梅棹忠夫（1963）提出"Johoka"一词，该词被解释为信息化。最初提出信息化时，人们将其理解为信息产业化，而社会信息化被视作信息产业化的目标。日本学者后来又对"信息化"的含义做了详细解释，并指出构建社会信息化的宏伟目标，而当信息产业在社会中居于支配地位，并产生巨大的社会影响力时，才算真正进入了信息社会。后来有关学者深入研究了信息化的相关概念，如信息革命、信息社会等，这些研究提升了人们对信息化的认识，并对进一步研究信息化概念具有重要启示意义。

信息化是由现代信息技术的发展和广泛应用引起并推动的，人类社会是由现代信息技术革命引发的一次新的社会结构和文化的变革（高霞，

2009）。学者们对信息化概念的研究主要是从产业基础、社会意义、技术特征等视角提出，如林毅夫（2003）认为信息化是运用 IT 改造传统经济、社会结构的过程；赵苹等（2008）认为信息化就是将信息技术利用起来促使社会经济向优质、高效方向发展的历史进程；世界银行（2007）出版的《中国信息化发展战略研究》指出信息化是由信息通信技术驱动的经济和社会的变革；姜锡山（2005）认为信息化是社会文化发展到一定阶段的产物，是文化进入全新发展阶段的过程，同时信息化也带来了崭新的文化形态——数字文化和网络文化。

总之，信息化具有重要的社会意义和文化意义，信息化的发展促进了社会结构的优化，使人们的生产方式、生活方式、就业方式、消费方式等发生了翻天覆地的变化，它的意义不仅表现在技术领域、传播领域、经济领域，更在社会生活的各个方面全方位渗透，是社会变革的伟大成果，是人类文明发展的重要成就，我们要高度重视信息化的经济意义、社会意义以及文化意义。

（二）信息技术的特征

1. 信息数据传播数量多

全球化时代的到来使得知识、信息的传播不仅数量多而且速度快，而进入信息化时代后，信息数量变得更多，信息的饱和已经成为人们必须面对的客观现实。在信息大量传播中，人们从多个视角理解信息，从而促进了人类价值观念和思维方式的多元化。

2. 信息数据传播速度更快

信息化时代背景下，信息的飞速传播使得全世界的重要新闻在第一时间被各国人民知晓，人类进入了信息全球化时代。世界各国、各民族的信息在全球范围内加速传播，五花八门的信息在人类共建的"地球村"相互整合、交汇，被世界各地的人传播、分享、评价。人类是生产信息的主体，也是接收和消费信息的受众，现代传播媒介越来越多样化，越来越发达，同一信息可能同时传播到世界各地，被世界人民共享，具有鲜明的即时性，而且如此飞快地传播也保留了信息的原貌。人类传播信息、进行信息交流与互动的速度越来越快，大众传播媒体如广播、电视等的发明与流行使人们能够快速掌握世界各地的信息，计算机网络的出现为人们的远程交流与互动提供了良好的平台，人类的时空距离正在被消除。

3. 人类生存空间的网络化与数据化

数字技术的出现使人类得地理上的距离限制被打破，人们可以随时随地进行远程交流。网络使得人类过上了更加自由的生活，并已经成为人们生活中不可缺少的一部分。人类的生存生活空间因网络数据的出现而得到了拓展。

4. 人类的交往方式多元化、交往空间扩大化

当前，世界经济格局、经济增长方式因信息技术的发展而彻底发生了改变。网络经济社会因为信息技术革命才形成的。人类的交往方式受到了信息化的重要影响。信息技术的革新使人与人之间进行着越来越便捷的交往，基于信息技术而形成的交往方式比传统交往方式更多元、更高效。信息技术的发展也促进了很多社交软件的产生，如脸书、微博、微信等，这些社交软件有很大的自由性，而且具有即时性，人们时时刻刻都能在第一时间将自己的最新动态分享在平台上。

全球化、电子化、智能化、非群体化等是信息化的重要属性，正因如此，全球性、虚拟性、开放性和交互性等成为人们在信息化时代的交往方式的典型特点，人际交往空间也因此而一步步扩大。

二、数字经济的发展历程

（一）数字经济的发端

这一阶段主要是指 1946—1960 年，它是以信息网络为主的数字化阶段。

世界上第一台通用电子计算机于 1946 年在美国宾夕法尼亚大学诞生。自此，人类社会开始步入信息时代，标志着数字化的起步。这时期主要的商业模式是芯片等硬件的生产和制造、操作系统及其他软件的开发，代表公司为微软、英特尔、IBM 等。

在数字经济起步阶段，语言、文字、音视频等诸多信息内容都被转化为电子计算机能够识别、存储、加工及传输的二进制代码。随后，从少量科研人员专用的电子技术逐步衍生出全球 32 亿人使用的计算技术、通信技术、网络技术，从个人计算机发展到超级计算机、网络计算机、量子计算机，从科学计算应用逐步延伸至企业管理、生活娱乐、消费购物等方方面面。此时，人类生产、生活等经济行为的相关信息内容绝大部分都可被数字化记录，但仍然有部分信息内容不能以数字化的方式被收集、存储、加

工与分析，游离在数字经济体系之外。

（二）信息经济概念的提出与扩展

随着 20 世纪 40 年代第二代晶体管电子计算机和集成电路的发明，微电子领域取得了重大技术突破，随着相关技术的推广、普及与大量运用，人类对知识和信息的加工、运用与处理能力也得到大幅提升，数字技术对人们经济行为与社会生活方式的影响也逐步显现出来，与数字经济相关的研究成果不断涌现，数字经济也日益成为美国经济发展的新动力。

在 20 世纪五六十年代的数字技术创新的大背景下，向市场提供信息产品或服务的企业成为重要的经济部门，1962 年马克卢普提出"信息经济"的概念。到了 20 世纪七八十年代，随着大规模集成电路和微型处理器的发明及相关技术向其他部门的加速扩散与广泛渗透，信息经济的内涵与外延也得以不断丰富和扩展。马克·波拉特（1977）认为信息经济除了包括马克卢普所说的信息产业"第一信息部门"外，还应包括融合信息产品、服务与技术的其他产业"第二信息部门"，数字技术向其他各领域的渗透、融合、改造与创新，对整个经济社会产生的影响日益深化。

（三）数字经济概念的提出到运用

随着互联网等数字技术在 20 世纪 90 年代的日趋成熟与广泛接入，传统部门信息化、数字化步伐加快的同时，新业态、新模式不断涌现，如电子商务成为最典型的应用，富含信息与知识的数据成为新的生产要素。在数字经济快速发展与广泛应用的背景下，尼葛洛庞帝（1997）在《数字化生存》一书中提出数字化概念，1996 年数字经济概念在 Tapscott D《数字经济：网络智能时代的希望和危险》一书中被正式提出，1998 年、1999 年、2000 年名为《浮现中的数字经济》（Ⅰ，Ⅱ）和《数字经济》的研究报告在美国商务部先后出版。随着数字经济概念从提出、传播到被广泛接受，数字技术经济范式也向更广泛、更深入、更高级的方向发展，无疑这也将会对整个经济社会面貌产生更为深刻的影响（中国信息通信研究院，2017）。从相关理论分析和统计实践看，20 世纪 90 年代美国经济出现的118 个月连续增长且呈高经济增长率、低失业率与低通货膨胀率的"一高两低"的良好发展势头，大部分是在美国信息战略——信息高速公路计划指引下，以 IT 为核心的数字经济驱动的新经济发展带来的红利。进入 21世纪，移动互联、物联网等数字技术的快速发展，推动全球数据爆发增长、海量集聚，数据作为一种独立的生产要素逐步融入实体经济，促进产出增加和效率提升，进而催生出一种新的经济范式——数字经济。

（四）数字经济 1.0~3.0

1. 数字经济 1.0

这一阶段主要指 2000—2015 年，是数据驱动的数据化阶段。

进入 21 世纪，随着大数据、云计算、人工智能、区块链等数字技术的不断迭代创新，那些富含知识与信息的数据资源成为经济社会发展的关键核心资源，标志着整个经济社会开始步入数据驱动的数据化阶段，即数字经济 1.0 时代。随着数字技术的发展与广泛应用，主要国际组织与各国政府希望以数字经济为抓手促进产业转型升级、拉动经济增长，并将政策重心转向数字经济。

2000 年，美国商务部发布的《新兴的数字经济》等报告，提出数字经济是 20 世纪 90 年代中后期美国经济繁荣增长的重要驱动因素，并首次从官方角度揭示数字经济时代已经来临。从此，发展数字经济的理念日趋流行与成熟，世界各主要国家政府也纷纷把发展数字经济提上议事日程，以求通过发展数字经济来促进经济增长与社会转型。

2. 数字经济 2.0

这一阶段主要指 2015 年至今，是以人工智能为核心的智能化阶段。

2015 年以来，随着谷歌、百度、科大讯飞、阿里巴巴、苹果、英伟达等代表性公司在语音与图像识别、自动驾驶、数字医疗等人工智能诸多领域已有重大突破，我国的人工智能研究也在多个领域实现率先突破，我国数字经济也进入以智能化为核心的数字经济 2.0 阶段。

2015 年，"互联网+"首次进入政府工作报告，国务院（2015）发布的《国务院关于积极推进"互联网+"行动的指导意见》提出要充分发挥互联网融合创新作用，以培育经济增长新动能；之后"数字经济"这一提法进入政府工作报告，并被各类官方文件与重大会议所采用，数字经济发展战略及相关政策的制定也提上了我国各部委及各级政府的议事日程。2016 年的世界互联网大会与 G20 杭州峰会等重大国际会议、中央政治局网络强国战略集体学习、党的十九大报告、"一带一路"国际合作高峰论坛主旨演讲、《金砖国家领导人厦门宣言》等也出现了数字经济的字眼。从 2015 年到 2017 年"互联网+"、分享经济、数字经济分别首次进入《政府工作报告》，2018 年政府工作报告又多次提到数字经济，指出我国要通过发展"互联网+"、智能制造等加快经济转型升级步伐。

21 世纪初期，从中国经济进入经济增速放缓、增长动力接续转换、经济结构不断转型升级的新常态，到 2014 年中国推进供给侧结构性改革，加大"三去一降一补"的力度，虽然经济增速与以前相比有一定程度的放缓，但是中国经济整体上出现了明显的高就业率、中速增长、低通胀的"高中低"特征，在整个过程中数字技术的新成果、数字技术的发展为之提供的强劲支撑以及数字技术与传统产业的融合、渗透、改造与创新等外溢效应功不可没。中国互联网巨头阿里巴巴集团发布的 2023 年 ESG（环境、社会、治理）报告显示，阿里巴巴平台直接或间接提供了超过 7 000 万个就业机会；2021 年天猫"双 11"销售额实现 5 403 亿元，2022 年与 2021 年持平；2022 年，参与天猫"双 11"活动的有来自全球 90 多个国家和地区超过 29 万品牌投入，商品覆盖 7 000 个品类。这离不开物联网、大数据、云计算、人工智能等数字技术提供的动力支撑。

3. 数字经济 3.0

数字经济 3.0 的典型特征是去中心化。而不论是数字经济 1.0 时代，还是数字经济 2.0 时代，它们都有一个共同的特征——数字服务化。数字服务化可以从两个维度来解释，第一个维度是"数字"，代表利用多种数字化技术以及智能制造场景等，把物理资源和虚拟资源数字化，从而形成数字资产；第二个维度是"服务化"，服务是在消费者与供给者之间通过一系列互动来提供解决方案或者创造价值。数字服务化是数字经济的本质，过去的数字经济 1.0 时代是以 Web 为基础设施，我们正在经历的数字经济 2.0 时代是以云计算为基础设施，而未来的数字经济 3.0 时代将以 5G、区块链、元宇宙为基础设施。在 5G、区块链和元宇宙当中，几乎所有的业务场景都会以服务的方式在线，所以整个基础设施都会成为服务到服务的新范式，即 S2S，这是无缝连接数字经济 2.0 和数字经济 3.0 的桥梁。

根据中国信通院及中商产业研究院的相关数据显示（如图 1-1 所示）：中国数字经济规模增长迅速，从 2005 年的 2.6 万亿元增长到 2023 年的 53.9 万亿元，2023 年数字经济的 GDP 贡献率达到了 42.8%，且中国数字经济增长速度已连续 12 年显著快于 GDP 的增长速度，数字经济在我国持续发挥着经济的"稳定器"与"加速器"作用；根据中商产业研究院预测，2024 年中国数字经济规模有望进一步增长到 57 万亿元。同时，数字经济在三大产业的渗透率也逐年提高，尤其是服务业和工业，并且第二产业渗透率增幅与第三产业渗透率的增幅差距进一步缩小，形成了工业和服务业数字化共同驱动发展的格局（如图1-2）。随着《"十四五"数字经济发展规划》的发布，将推动中国传统产业全方位、全链条的数字化转型，数字经济未来的贡献值将更大。

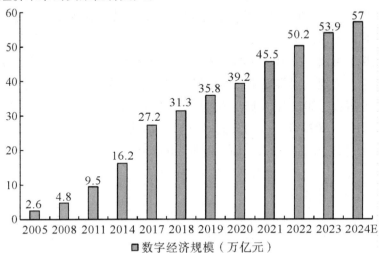

图 1-1　中国数字经济规模

（资料来源：中国信通院、中商产业研究院整理）

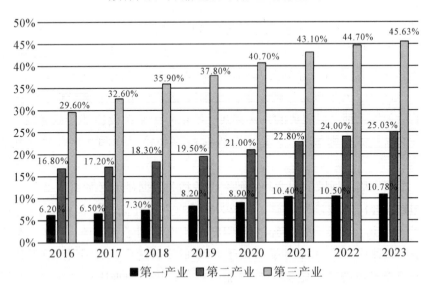

图 1-2　2016—2023 中国数字经济渗透率

（资料来源：《中国数字经济发展白皮书（2024）》）

三、数字经济发展中的挑战

伴随着技术进步和商业模式的创新，数字经济推动劳动生产效率提升，可以一定程度上抵消劳动年龄人口下滑的影响。同时，随着远程沟通成本的下降，部分服务无须面对面接触也可以实现，服务业可贸易程度提高，进而促进服务跨区或跨境发展，对未来的经济发展模式和经济结构具有重要意义。

（一）数字经济带来的垄断

数据是数字经济时代的核心生产要素，数据的采集、加工与使用具有明显的规模经济与网络经济性，低甚至零边际成本意味着创新创业的门槛较低，但先发企业能够凭借自我增强的大数据优势来实现与固化垄断地位。现实中哪些数字经济企业是"好"的垄断，哪些是"不好"的垄断，并没有那么分明——它们很可能在开始阶段是"好"的垄断，与创新紧密联系，但发展到一定规模后，往往会利用知识产权、网络效应等构建竞争壁垒，寻求垄断租金，这就有可能妨碍竞争（中金公司研究部，2020）。因此，判断数字经济是否出现"垄断"，还需要用动态的眼光看待。比如，20世纪90年代，雅虎搜索引擎一家独大，几乎占领了所有的搜索市场，但在谷歌推出搜索引擎后，雅虎的搜索业务很快就被性能更优异的谷歌搜索所替代。如果监管层一开始就强力监管雅虎的搜索业务，限制其盈利，可能谷歌也没有动力推出更好的搜索引擎。类似例子在中国也不鲜见，电商平台京东与阿里巴巴尽管构建了很高的行业壁垒，也无法阻止拼多多的快速崛起，同样爱奇艺、优酷也没有办法阻止抖音成为世界级的流行应用。

（二）贫富分化新问题

虽然现阶段数字经济在中国的发展有劳动友好型的一面，但中国也难以避免数字经济加大收入分配差距的共性的一面，数字技术使得明星企业和个人可以用低成本服务大市场，少数个体实现赢者通吃。美国有学术研究显示，过去40年劳动者之间收入差距的扩大，主要反映在（同一行业内）受雇企业之间的差别，而不是职业之间的差别。这背后一个重要的相关问题是数据产权没有明确界定，相关企业对大数据资源免费、排他性地占有，实际上是独占了关键资源的垄断租金。如何界定大数据产权归属？对于这种垄断租金，应该采取管制方式还是征税方式？如果征税，如何确定税基、税率？数字经济越壮大，这些问题越不容忽视。

与此同时，数字经济也丰富了应对贫富分化的政策工具：数字移民和数字货币。解决区域发展不平衡的传统办法通常是劳动力转移，或者产业转移。数字经济创造了一个新思路，即"数字转移"。例如，大企业将客服中心布局在欠发达地区，劳动力无须转移就可以享受发达地区的辐射带动，可以看作是"数字移民"；数字新基建催生了网络直播、云旅游等方式，将欠发达地区的风土人情、青山绿水等特色资源"运输"到发达地区，"产业数字化转移"增加了当地百姓的收入。数字货币方面，中国人民银行数字货币重点在于发展电子支付手段，但从长远看，数字货币的发展可能对现有金融体系产生颠覆性影响，促进普惠金融、降低金融的顺周期性，帮助结构性导向的财政政策更有效发挥作用，更好地平衡效率与公平的关系。

（三）数字鸿沟

数字鸿沟是指信息技术发展的过程中，由于数字化进程不一致导致的国与国、地区与地区、产业与产业、社会阶层与社会阶层之间在基础设施、居民数字素养以及数字信息内容公开程度上的差异。近年来，尽管中国宽带普及率在不断提高，网民数量也在逐年增长，但城乡之间以及东西部之间的数字鸿沟仍在加剧。伴随着ICT基础设施的滞后，中部和西部居民的数字素养与发达地区相比也存在显著差异。"数字素养"是指获取、理解与整合数字信息的能力，具体包括网络搜索、超文本阅读、数字信息批判与整合能力，可以简单地总结为从数字信息中获取价值的能力。在数字时代，数字素养已经成为各行各业对劳动力的一项基本素质需求，加强数字化教育、提升国民数字素养是中国成为数字强国的重要环节。

此外，数字信息内容公开程度也是造成数字鸿沟的一大原因。数据及信息开放程度的落后将直接造成民众和企业在获取及应用信息上的困难，进一步拖缓数字进程，影响数字经济的发展。

（四）数据质量

在数据成为核心资源的今天，数据质量直接关系着社会各方对资源的利用效率。ISO 9000质量管理体系将数据质量定义为"数据的一组固有属性满足数据消费者要求的程度"。数据的固有属性包括真实性、及时性、相关性，即数据能否真实反映客观世界、数据是否更新及时以及数据是否是消费者关注和需要的。同时，高质量的数据还需要是完整无遗漏、无非法访问风险以及能够被理解和解释的。影响数据质量的因素有很多，一是数据的多源性，当一个数据有多个来源时，难以保证其一致性以及更新的同步性。二是复杂数据的表示方式不统一，标准不明确。随着大数据的发展，每天都会产生大量多维度异构数据，如何对复杂数据进行统一编码，方便数据之间的兼容与融合，还有待进一步发展。

（五）数字治理面临的挑战

数字经济快速发展，对国内和国际的数字治理也带来了新挑战。

国内层面，面临个人数据采集和隐私保护的问题。数字经济时代，公权力介入数据监管以及隐私保护已是大势所趋。事实上，备受关注的《个人信息保护法》已于 2020 年 10 月由全国人大常委会法工委公布草案并向全社会公开征求意见。随着数字经济的发展，隐私保护将会持续成为公共治理的一个重要议题。从公平角度看，立法保护隐私数据是必要的；从效率角度看，隐私保护的关键可能在于度，甚至需要设计状态依存的保护制度。此外，在国际层面，未来可能在服务贸易、国际征税以及数据主权和安全等领域出现新的国际冲突风险。服务贸易冲突容易理解，就像制造业贸易量扩大后会产生国际摩擦，服务贸易量扩大也可能带来纠纷，中国需要积极参与并适应数字经济时代的国际贸易规则的变革。税收方面，针对数字经济绕开现行征税准则的逃税、避税问题，国际上讨论比较多的替代性方案是基于用户征税，这需要进行国际协调以确定各国所属的应税税基。在世界大变局背景下，国际协调难度正在变大。更大的国际冲突风险可能来自国家安全或者说数据主权问题。美国和印度近期对中国平台企业的不友好做法，固然存在政治层面的原因，但也反映了一个问题：大数据归属是否涉及主权甚至是国家安全问题？中国在《中国禁止出口限制出口技术目录》新增"基于数据分析的个性化信息推送服务技术"的内容，似乎也印证了大数据及相关技术对于国家安全的重要性。

第三节　数字经济时代的数字化变革

数字经济是传统经济的衍生形态，对传统经济理论产生着重大影响，甚至改变着传统经济学中的许多理论。从每次产业变革来看，不管是蒸汽革命促进机械化、自动化，电力革命促进电气化，信息革命促进信息化，还是现在的数字变革促进数字化的大发展，都会对人们生产、生活以及经济发展与社会的转型产生深远的影响。特别是近年来随着信息经济逐步发展到数字经济1.0再过渡到数字经济2.0时期，大数据、云计算、物联网、人工智能、区块链等数字技术不断迭代创新，并与传统经济领域各层面不断渗透、融合、改造与创新，传统经济及生产方式也受到严重的冲击与影响。

根据联合国贸易和发展会议发布的《2017年世界投资报告——投资和数字经济》，传统工业经济下由于劳动力成本在产品生产过程中占据较大的比重，所以公司为提升其竞争力，往往倾向于在劳动力成本较低的大型生产基地组织国际化生产，进而产生了中国工厂、东南亚工厂与非洲工厂（詹晓宁，2017）。而在数字经济下，数据作为最重要的生产要素，不仅对劳动、资本、土地等要素构成巨大的替代作用，还会不断放大这些要素的生产力，所以数字经济下的跨国公司往往更倾向于数字技术较为发达、数字基础设施水平较高的区域布局国际化生产，特别是那些资本、技术密集型行业，企业往往倾向于拥有更高数字技能员工、更高数字化程度、可支持大量个性化定制生产的分布式制造地点。

2020年，是剧烈变化的一年，疫情在全球蔓延。疫情按下了传统经济发展的暂停键，同时也按下了数字经济发展的快进键。传统经济的发展模式遇到挑战，被一些经济学家奉为圭臬的新自由主义经济学遇到危机。在工业时代，我国的企业大多学习西方的实践；在数字经济时代，我国大量企业走出了自主创新的路。理论来源于实践，当实践领先之后，理论也必将领先。

具体而言，数字经济区别于传统经济，存在以下三个方面的根本差异：

第一，需求侧与供给侧的统一。通过数字技术赋能建设高质量的数字市场体系，既可以完善市场竞争的基础地位，又可以充分体现宏观计划的重要性，是二者的有机统一。

第二，差异化与规模化的统一。在统一的数字市场中，有多少用户、有多少需求，甚至有多少潜在需求都能够被数字化的方式细粒度地呈现出来，企业也就变成了更有针对性、定制化、细粒度的按需生产。

第三，个人价值与社会价值的统一。提升数字素养，无论是对个人还是对国家，都具有重要意义。在数字时代，知识经济成为社会财富的主要增长形式，数字素养成为对劳动者的基本要求。

一、数字经济促进需求侧与供给侧的统一

之前在传统工业经济时代，跨国公司与上游供应商、中间合作商与下游分销相关的国际合作伙伴关系错综复杂，故需要与有限的供应商、合作商与分销商之间签订相关的合同，建立更加安全紧密的战略合作伙伴关系，约束相关企业之间的行为。而在数字经济下，依托数字平台，从事电子商务、跨境电商等数字贸易的海量大中小微企业之间的合作伙伴关系则较为松散，它们之间不需要依靠合同约束相关的行为以建立紧密的合作伙伴关系。在数字技术的作用下，依托跨境电商等数字平台，不同企业可以随时建立起供应、分销、合作等伙伴关系，这也会推动数字经济下跨国公司的国际一体化生产。由原来的全球模块化生产到最后集中在某一地方加工组装，再到全球销售的国际一体化生产模式向依靠数字平台等中央数字服务系统控制下的数字化、自动化、网络化、服务化、柔性化、分散化和去中介化生产方式转变，快速发展的数字经济成为推动供给侧结构性改革的重要支撑（黎晓春，2023）。

二、数字经济实现差异化与规模化的统一

人们随着收入水平与消费能力的不断提升，消费观念也在不断升级，特别是个性化、差异化的需求日益增多。但是传统经济模式下，工业化流水线的大规模生产方式虽可大幅降低成本、提升生产效率、缩短生产周期，但只能大规模生产标准化的产品，无法满足顾客的个性化、多样化需求。

为提高效率、降低成本并满足顾客的个性化定制需求，我国开启了数字化转型升级之路。数字经济突破了原来个性化产品难以大规模定制生产的行业束缚，采用数据建模和标准化信息采集的方式，在采集完数据之后，将顾客的订单信息数据通过在线定制直销 C2M 平台，将生产过程合理地拆解为每道工序具体执行的模块化工作，再通过严密的算法，测算出大批量个性化生产环节的合理工作量及每道工序的工作时间，以保证每一个工序的相互衔接，避免造成产能浪费，使传统生产流程及方式得以进一步创新，并可覆盖所有用户个性化设计需求，构建针对不同人群、不同要求的海量模型数据库，并通过数据库分析，将这些数据进行标准化、模型

化、动态化处理然后储存在数据库中，以备随时调用。目前，通过 C2M 平台将消费者、设计者和生产者的行为及相关数据直接联通，能满足超过百万亿种设计组合的需求，凭借大数据技术驱动流水线生产，把工业流水线上的大批量生产和个性化定制这两个相互矛盾的模式融为一体，实现了智慧工业的智能生产。客户只需在定制平台上填写自己的相关数据，后台的智能系统就会根据客户的不同数据把个性化的订单信息变成标准化数据输入，自动将其与专用数据库中存储的模型进行比对，随后客户还可通过 3D 虚拟模型的网络效果图直观、细致地观察到自己定制的产品，实现了与智能生产系统的对接。数字经济克服了传统模式定制成本高、交付时间长、实现不了量产、价格昂贵、质量还没法保证的弊端。过去只能满足少数高收入人群的定制需求，通过数字经济变革变成了普通老百姓也消费得起的大众定制。这种以工业化手段、效率、成本制造个性化产品的智能制造模式，不仅使传统企业转型升级成为数字经济时代的平台生态企业，也彻底颠覆了传统行业的商业、管理、制造与业务模式，形成了独特的管理之道（牛方，2021）。

三、数字素养推动个人价值与社会价值的统一

在数字经济时代下，知识经济成为社会财富的主要增长形式，数字素养成为对劳动者的基本要求。随着数字化技术的不断发展与深入应用，工作方式也逐渐转向使用计算机或移动通信设备，以在线方式进行，这些无疑要求应聘者拥有基本的数字素养，才能被雇用或是提升（元英 等，2024）。在具体的工作中，用人公司要求劳动力拥有基础性的计算机和网络知识，以满足工作需要，提高工作效率。即使是日用品生产商和零售商一类的雇主，也会对销售数据做出适当的数据收集和分析工作，从而紧跟市场的节奏以保持其竞争力。在这样的背景下，这些生产商和零售商的雇员，也被要求具有一定的数字素养，能够对这些数字资源进行收集和整理，并向雇主做出有效的信息提供和反馈。因此，数字素养在新的时代下，对于提升"白领"甚至传统意义上"蓝领"的劳动力素质而言，都有着不容忽视的意义。

第四节　数字经济时代企业的发展与破局

一、数字经济时代下企业的发展

（一）数字经济时代下企业发展的机遇

1. 激发市场活力，增强企业发展动力

2008年，世界金融危机引发全球经济动荡，使得传统经济陷入长期低迷状态。与传统经济不同，以大数据、云计算、人工智能、区块链等新兴技术为代表的数字经济蓬勃增长，呈现出繁荣景象。数字经济作为蓬勃兴起的经济形式，呈现出良好的发展前景。因此，世界各国将数字经济发展提升到战略高度，通过激励性政策措施的制定、数字经济基础设施建设等支持数字经济发展，这一方面构建起了鼓励开拓创新的市场环境，另一方面带动了投资的活跃，从而激发了市场活力，也给企业的发展带来了动力。

2. 打破界限，扩大企业发展空间

在科技的推动下，全球化浪潮席卷全球。通过互联网平台，消费者即可畅享全球市场的商品和服务，因此企业所面对的市场不再局限于某地区，而是全球性市场，这为企业提供了更广阔的舞台。数字技术突破时空，进一步加深了全球化，各国间的经济交流更为密切，并且数字技术的运用使企业能够更加精准地了解和定位消费者的需求，这都将在更大程度上扩大企业的发展空间。

3. 现代技术革新，提高企业发展效率

现代技术的革新，使企业的运营管理更加现代化、科学化和智能化。一方面，现代技术的运用，使企业能够采用更加灵活多样的办公方式，比如移动办公、异地办公等，这将有利于企业开拓更广阔的市场；另一方面，数字经济下，企业组织结构也由金字塔形转为扁平化，这可以避免层级繁复造成的信息扭曲和失真，使企业信息的送达和反馈道路通畅，降低企业沟通与协调的管理成本，提高企业发展效率（张华，2018）。

（二）数字经济时代下企业发展的挑战

1. 生存环境变幻莫测，传统企业面临被淘汰风险

随着数字经济的发展，大数据、云计算、区块链、人工智能等技术手

段的广泛运用，能够提供更优的商品和服务，从而使得传统咨询企业、信息服务公司等相关服务型企业面临被淘汰的风险。

2. 信息环境日趋复杂，增加企业发展风险

数字经济时代下，信息传递速度加快、范围扩大，加上大量虚假信息、失真信息的干扰，信息环境日趋复杂，这对企业反应能力、信息辨别能力和获取能力等都提出了更高要求（庞月维，2023）。原因在于：一是数字经济时代下，不同于传统信息"一对多"的信息传递模式，互联网信息传递具有多点、多维度、多角度联结特征，这就使负面信息的传播速度和范围远超从前，对企业的反应能力提出了更高要求；二是开放的互联网环境中充斥着大量失真、虚假信息，这加大了企业信息辨别难度，不利于其分析经营环境，甚至可能导致企业制定错误的战略；三是市场机遇稍纵即逝，如果企业不能及时掌握经济社会信息，进行前瞻性的战略规划与决策，可能增加引发错失发展良机的风险。

3. 信息技术的发展，增加了企业信息泄露和被滥用的风险

随着数字经济的发展，企业的职能日趋多样化，从之前单纯的产品生产者向服务提供者、平台搭建者、信息收集和保管守护者转变。企业作为平台的搭建者和维护者，需肩负起信息保管、存储和使用安全的责任，确保企业所掌握的信息不泄露、不被滥用。在庞杂的企业信息中，有海量的消费者个人信息，个人信息一旦流出会增加消费者风险，甚至给其带来损失。因此，对企业的信息安全保护提出了新要求。

二、数字经济时代下企业发展如何破局

我国数字经济的快速发展，不仅为企业发展提供了更为广阔的空间，增加了其发展动力，提高了其发展效率，同时也增加了企业发展的风险。那么，在数字经济时代下，企业如何破局增长？数字化转型是必然选择。

（一）制定数字化战略规划，强化顶层设计

数字化战略规划是企业进行数字化转型的起点，数字化战略规划首先要充分考虑企业的目标愿景、信息化现状、业务发展等情况，要摒弃"大而全"的思想，贴合企业实际制定"精而准"的战略；其次，要强化战略规划的落地性，一个能有效落地的战略规划远胜于盲目跟风却迟迟不能贯彻落实的战略口号；最后，必须把企业数字化转型作为"一把手"工程，数字化项目往往具有投入大、周期长、涉及面广等特点，一把手改革的决

心与魄力，不仅能够自上而下统一思想认识，还能在改革过程中有效协调内部冲突，促进数字化转型有效落地。（罗玲，2023）

（二）转变思维模式，形成"数字思维"

一方面，企业在进行数字化转型时，需要转变思维模式，跳出传统思维定式。企业数字化要将"以客户为中心"的理念贯穿转型的全过程，站在客户需求的角度，利用数字化为客户提供全生命周期服务，进一步强化专业水平；另一方面，需要倡导全员"数字思维"，从单纯的技术迭代更新转变为具有商业思维、产业思维、管理思维、数字思维等全局复合思维，变"经验判断"为"数据说话"，实现个人能力到组织能力的转变。（罗玲，2023）

（三）广泛应用数字化技术，重构商业模式

随着大数据、云计算、物联网、人工智能、区块链等数字技术的发展，企业开始运用这些技术来优化其商业模式，以适应市场和消费者需求的变化。首先，数字化技术的应用，可以使企业能更加灵活地应对市场变化、更好地了解客户需求，提高客户满意度和忠诚度。其次，应用数字化技术可以优化各个环节流程，甚至可以实现自动化，从而大大减少人力成本和时间成本，同时提高企业的效率和产品服务质量。因此，数字化技术的广泛运用，正在重构企业的商业模式（张晨，2023）。同时，在数字经济时代，商业模式创新也变得更加容易，如平台经济、共享经济等新兴商业模式的出现，正逐步改变传统商业模式的格局。总之，在数字经济时代，传统企业要实现可持续发展，就需要重构商业模式，进行商业模式创新，以适应这个新时代。

（四）建立适应性组织，实现数字化运营

适应性组织是企业成功进行数字化转型的重要支撑。在数字经济时代，企业能够更加敏锐地感知到外界环境的变化；而传统的职能型、矩阵型组织等模式由于过度依赖集团总部和高层的中央管控，缺乏灵活应变的管理机制，与数字时代特征背道而驰。相比之下，网格化、扁平化和去中心化等互联网式的组织模式更符合数字时代要求。敏捷的组织架构可以快速实现技术向价值赋能者传递，使数据信息能够快速为经营者提供决策依据，提高其决策能力（罗玲，2023）。因此，陈旧的组织架构无法适应数字经济发展的新变化，企业内部运营管理及运营流程都需要用互联网思维来革新调整，以改变传统的经营模式。企业供应链管理、产品管理、生产管理、需求端管理、营销管理等各个环节都要用数字化手段进行流程整合优化，实现数字化运营。

（五）提升员工数字素养，实现数字化人事管理

要成功实现数字化转型，企业需要具备一定的数字化能力，包括数据分析、数字化营销、数字化运营、数字化管理、数字化财务等。因此，企业要成功进行数字化转型，就必须重视员工的培训和技能提升，要培养数字化人才，提高员工的数字化素养与技能，建立数字化人才队伍和培训机制，提高员工的数字化技能和创新能力，这样才能提高企业的数字化能力与竞争力。

（六）以财务数字化为切入口，进行数字化转型

财务管理作为企业管理的核心，在企业持续发展经营中发挥着重要作用。财务管理需要基于大量经营数据来反映企业的财务状况、现金流状况、经营状况等，为企业的经营决策和战略规划提供参考。因此，财务数字化成为许多企业进行数字化转型的重要切入口。在数字化时代下，企业要实现可持续发展，其财务管理者和财务团队都需要具备更加全面的数据挖掘能力和数字化思维，只有这样才能预测并应对不可预测的变化，进而提升企业收益、改善企业管理。

第二章 企业数字化转型与顶层设计

企业数字化的核心就是实现企业业务系统的数字化、网络化、智能化，以数据驱动业务发展，通过互联网、大数据等新一代信息技术，将传统企业的生产制造过程进行改造和优化升级，提升企业运营能力与效率。同时，利用互联网技术对产品和服务进行快速精准的个性化定制和按需交付服务，最终达到降低企业生产成本、提高经营效益的目的。

第一节 企业数字化转型的基本概念与理论基础

一、企业数字化转型的基本理念

（一）企业数字化转型的内涵

企业数字化转型，是引入适合企业需求的数字化工具和技术，将传统企业的业务、流程和运营模式等转变为数字化的过程，从根本上改变企业的运营方式和为客户创造价值的方式，以适应数字化时代的需求和挑战。它更多带有一种文化变革属性（边万莉，2023）。

企业数字化转型的内涵可以用三个词来概括："重构""转换"与"融合"。"重构"是企业为了适应互联网时代和智能时代的需要，在基于数字化实现精准运营的基础上，加快传统业态下的设计、研发、生产、运营、管理、商业等的变革与重构；"转换"是企业从传统的信息技术承载的数字转变成"新一代 IT 技术"的数字，实现技术的应用升级；"融合"是企业从实体状态的过程转变成信息系统中的数字、从物理形态的数字转变成虚拟形态的数字，打通同全方位、全过程、全领域的数据实时流动与共享，实现信息技术与业务管理的真正融合（李红，2018）。见图 2-1。

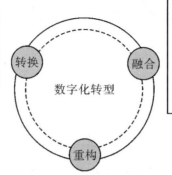

从传统的信息技术承载的数字转变成"新一代IT技术"的数字，实现技术应用的升级

从实体状态的过程转变成信息系统中的数字、从物理形态的数字转变成虚拟形态的数字，打通全方位、全过程、全领域的数据实时流动与共享，实现信息技术与业务管理的真正融合

适应互联网时代和智能时代的需要，基于数字化实现精准运营的基础上，加快传统业态下的设计、研发、生产、运营、管理、商业等的变革与重构

图 2-1　企业数字化转型的内涵

（资料来源：根据李红论文《数字化转型与企业核心能力重构》整理所得）

生活中，"数字化"和"数智化"两个概念容易与"数字化转型"概念相混淆（郝磊，2023）。简单来说，企业如果只是简单地把纸质的信息电子化，我们称之为"数智化"或者"数码化"；而如果这种转换能进一步被优化并提高组织运转效率，就可以称之为"数字化"；在此基础上，企业进一步完成了从产品、服务、商业模式、盈利模式，到客户体验等全方位的重新塑造，才能够称之为"企业数字化转型"。

（二）企业数字化转型的方向

企业数字化转型有三大方向，见图 2-2。

图 2-2　企业数字化转型的三大方向

（资料来源：王兴山. 数字化转型中的企业进化［M］. 北京：电子工业出版社，2019.）

1. 重塑客户体验

第一个方向是站在客户的角度，通过大数据、人工智能等数字技术的应用来改善客户的体验，这是数字化转型的关键之一。那什么是客户体验呢？用户在和这家企业及其产品接触的所有时刻都是体验，我们都可以利用数字化手段去提升客户体验。以超市老板为例，他可以通过手机或者电脑就能知道每个到店的顾客的信息，知道 A 顾客什么时间来过店铺、最常买的商品是什么、最喜欢在哪个货架停留挑选、每次花多少钱等，以及店铺的哪些货物需要进货了、哪些好的新品可以推荐等。这让店铺的商业模式有了更多的可能。

企业完成数字化转型意味着企业可以根据市场需求，按需生产、个性服务、智能化推荐营销，实现数据化管理，降低企业成本，增加营收。

在数字经济时代，企业从研发制造、采购分销到营销、零售等各个环节都围绕消费者进行。因此对很多企业来说，客户体验是最重要的一环。那么，企业要如何做好客户体验的数字化呢？

（1）建立数字化触点

数字化转型首先要让客户在数字化环境中能够很方便地找到企业，如在微信、微博、知乎等社交平台上建立认证的官方账号，利用 APP 或微信小程序提供自助服务等，从而减轻传统客户触点（线下服务中心，呼叫中心等）的成本负担。

（2）在数字化渠道有效触达目标客户

在数字经济时代，客户更多在互联网上搜寻信息，通过线上社交软件沟通，这意味着企业需要综合使用多个手段，才能通过数字营销捕捉到目标客户。数字化企业要尽可能抓住一切机会来获得潜在客户和现有客户的特征和行为数据，通过科学分析，将数据充分用于有效触发目标受众，精细化地运营每一项营销活动，每一个媒介渠道，甚至每一个关键词。因此建设数字化的 3D 企业展厅以及使用人工智能 3D 企业名片对企业来说至关重要。通过 3D 企业展厅，客户可以身临其境般了解到企业的规模、文化和产品。客户在浏览 3D 企业展厅时，展厅可以记录精确流量数据及行为数据，企业可以通过管理后台查看展厅访问人数和次数、分享数以及客户分布区域、展品热度等，还能通过留言系统与客户互动并进行后续分析跟踪。

（3）解决客户真实痛点

每个行业的情况和机会是不同的。数字化不仅能解决综合的营销和服务问题，也能解决客户的真实痛点。例如，酒店行业提供基于智能手机的无钥匙服务、餐饮行业的手机排号和扫码点菜服务等，都是为解决客户痛点的数字化运用。所以，当企业疑惑该从哪个方向进行数字化转型的时候，首先要思考的就是客户还有哪些痛点未得到解决，这些痛点有多少是可以通过数字化技术来解决或改善的。

2. 颠覆性创新

美国哈佛商学院的 Christensen 教授（1997）率先提出"颠覆性创新"概念，其主要特征是后发企业通过引入新技术、产品或者服务推动变革，从而在市场竞争中逐渐获得优势甚至颠覆主流企业。例如，数码相机取代了胶卷相机。

如今，以数字技术为代表的新一轮科技革命和产业变革加速演进，颠覆性创新不断涌现，为后发经济体实现赶超提供了机会。然而，根据《麻省理工科技评论》发布的 2019 年和 2020 年的全球十大颠覆性技术所涉及的企业，除了阿里巴巴，鲜见中国高科技企业的身影，这意味着我国企业的颠覆性创新不够活跃，这与我国企业研发投入相对不足、高端人才匮乏密切相关。此外，埃森哲发布的《2021 中国企业数字转型指数研究》中显示，仅有 16% 的中国企业数字化转型成效显著，这表明驱动企业进行颠覆性创新的数字要素未得到有效利用。

为了有效推动我国企业颠覆性创新，应着重把握以下几点。

（1）发挥企业颠覆性创新引领作用

积极引导企业加大颠覆性创新投入，支持龙头企业参与国家颠覆性创新项目。营造重视创新的企业氛围，鼓励科研人员敢啃"硬骨头"、勇闯"无人区"。破解科研成果转化收益分配的痛点与难题，把颠覆性创新成果纳入绩效考核体系。支持企业牵头组建定位鲜明、以利益为纽带的创新联合体，切实解决科研成果转化的断点问题。

（2）提升企业的原始技术创新能力

鼓励企业建立基础性研究机构或颠覆性创新的组织模块，比如惠普实验室、华为"2012 实验室"等；支持企业探索颠覆性创新的科研组织模式，对于有市场前景的基础性或应用性研究，可采取政府购买服务等模式引导企业进行前瞻性部署。

（3）加快企业数字化转型步伐

数字化对企业颠覆性创新具有突出的引领和赋能作用。围绕企业颠覆性创新，构建更具活力的平台型创新生态系统，着力提升系统的科学治理能力，努力打造价值共创、互利共赢的"生态圈"。

3. 运营数字化、智能化

数字化运营是运用数字化技术将企业传统的生产和业务模式转化成以数字为核心的新模式，使其具有更高的效率和灵活性。数字化运营的核心就是信息化。首先企业要建立信息化管理系统，以实现信息共享和数据的自动化处理，并提供实时监测报告，这可以让企业更好地了解自己的业务状况，从而提高决策效率。其次，企业要优化数据处理流程，以提高数据质量，避免人为错误带来利益损失。最后，推动商业模式数字化转型，以有效整合供应链和销售渠道，提高运营效率。通过数字化运营，企业可更快响应市场需求，降低运营成本，提高客户满意度。

智能化管理是运用人工智能技术将复杂的业务系统集成一个协同管理系统，以帮助企业更好地了解市场趋势、进行决策和风险管理，提高管理效率和创新水平。

总之，企业数字化运营和智能化管理已成为未来发展的趋势。借助数字技术的发展，企业可以极大地提高运营效率和管理水平。

二、企业数字化转型的理论基础

改革开放以来，中国的基尼系数不断上升，2008 年已高达 0.491，之后虽有下降，但一直处于国际警戒线（0.4）之上。居民的最终收入是多次分配的结果，二次分配、三次分配虽能缩短部分收入差距，但收入差距根本上来说是初次分配不合理造成的，其中劳动收入份额长期处于低水平状态是直接原因。

劳动收入份额长期处于低水平状态不仅会引起总需求不足，阻碍经济增长，更会引发贫富分化、劳资对立，危害社会的和谐安定。在世界大部分国家劳动收入份额下降的背景下，我国的劳动收入份额自 20 世纪 90 年代以后也不断下降，近几年劳动收入份额虽有提高，但仍处于较低水平。因此，我国"十四五"规划中明确提出要"提高劳动报酬在初次分配中的比重"，并要求劳动报酬占 GDP 的比重稳步提高。提高劳动收入份额是"十四五"规划的目标之一，也是我国迈向共同富裕的必然要求。

劳动收入份额问题一直是我国学术界研究的重点。以往的研究发现，政府政策、金融发展、技术进步、企业的生产率等是影响劳动份额的重要因素，其可以从不同程度上影响劳动收入份额。其中，技术进步是影响劳动收入份额的关键因素。现如今，数字技术的快速进步直接引发了数字经济时代的到来，我国越来越多的企业主动或者被迫开始进行数字化转型。企业的数字化转型不仅可以降低成本，提高生产率，从而增加企业的经营绩效，同时也对企业内部的组织模式、劳动力结构产生了影响。企业的数字化转型作为技术进步的一种，势必会对其劳动收入份额产生影响。

企业的数字化转型使得企业在进行收入分配时，数字要素作为一种新的生产要素参与到收入分配的过程中。在理论上，一方面数字要素作为一种独立的生产要素，在参与收入分配时会对劳动要素产生挤出效应，导致劳动要素收入份额减少；另一方面数字要素的特殊性又与劳动要素相结合，提高了劳动要素在分配中的地位，从而使劳动收入份额增加。因此，现阶段企业数字化转型对劳动收入份额的影响值得探究。

尼古拉斯·卡尔多（Kaldor N，1955）通过总结西方工业国家发展过程中初次分配格局变动特征，认为在收入分配中劳动收入份额具有长期稳定性，但是研究发现，现实的劳动收入份额与"卡尔多事实"并不相符。自此，越来越多的学者开始重视收入分配，学者们从不同层面多种角度对影响劳动收入份额的因素做了研究。宏观层面上，政府政策和技术进步偏向是影响劳动份额的重要因素。在政府政策方面，地方政府一些干预政策也直接导致了劳动收入份额下降，国有部门改制引起的劳动力市场环境改变，使得工业部门要素分配份额发生变化；同时，技术进步偏向也是决定劳动收入份额长期水平的关键因素，中国企业资本偏向型技术的使用导致了劳动收入份额降低，但也有学者持反对意见，认为技术偏向并不是导致中国劳动收入份额下降的原因。微观层面上，企业资产规模和盈利能力是影响劳动收入份额的重要因素。在企业的资产规模方面，相关学者研究认为，随着企业规模增大，劳动收入份额反而降低（陈鸣 等，2023；易苗等，2024）。在企业的盈利能力方面，企业的经营绩效与收入分配有显著相关性。随着数字时代的到来，微观经济主体纷纷进行数字化变革，企业数字化转型已成为高质量发展的重要途径，其本质上是通过各种数字技术降本增效，提升企业竞争力。近几年的研究表明，企业的数字化转型对企业的生产率、创新和经营绩效都有较大的提升。

企业的数字化转型提高了制造业企业的生产率。研究发现，企业数字化转型对生产率的影响会由于数字化程度高低的不同而有所差异，数字化程度较低的地区以及人力资本更高的地区对劳动生产率的促进作用更加明显（王迪，2023）。大量的研究表明企业的数字化转型提升了企业的经营绩效（蓝文永 等，2024；陈小丽 等，2024；叶欢，2023；陈凌峰，2023；马驰，2020；Virginia Barba-Sánchez et al.，2024；Technovation，2024）。早期关于企业数字化转型提升绩效的研究多采用调查问卷的方式，初步得出企业数字化转型可以明显提升经营绩效。

近年的研究者多采用上市公司企业年报文本识别手段来刻画企业数字化转型强度，并研究其对主业业绩的影响，实证的结果同样是企业数字化转型显著提升了企业绩效。其中，企业内部的领导风格变革、学习型企业文化起到了中介作用。企业的数字化转型是一个长期的发展过程，随着机器人、智能化制造等先进生产工具的使用，其对劳动收入也产生了重要影响。

张桂金（2019）研究发现机器人对劳动力有很强的替代效应，且"机器换人"总体上对工人工资有显著影响，但中低技术工人未曾从中获益，且"机器换人"带来的就业替代效应导致部分中低技术工人加班工资降低，从而被迫离职。与单纯机器人替代劳动力相比，智能制造是对整个生产模式的改变，是生产流程的各个环节的智能化，更需要劳动力的协同配合，部分学者的研究表明智能制造提升了制造业企业的劳动收入份额。总之，现有的研究对企业数字化过程中使用到的一些数字技术对收入份额的影响做了研究，其中机器人的使用降低了劳动收入份额，而制造业的智能化提升了劳动收入份额。

通过梳理企业数字化转型的相关研究，发现现有的研究都集中于数字化赋能的外在效果。数字化作为一种进步技术，提高企业的生产效益是毋庸置疑的，数字化对企业的内部也带来了生产模式、组织模式、资本构成的改变，那么企业数字化转型势必会影响到收入分配，但这部分内容却鲜有研究。同时，对于企业的数字化转型来说，不仅仅是某一种数字技术的单独使用，而是各种数字技术的协同作用，每种数字技术的使用对劳动收入份额带来的影响都有差异性，而且各种数字技术之间又存在交叉作用，所以其带来的整体影响不是简单叠加，因此把企业数字化中使用的数字技术作为一个整体对收入份额进行研究是很有必要的。

（一）替代效应理论

企业数字化转型会替代简单重复性劳动，通过对劳动的替代从而减少劳动收入份额。

一方面，企业数字化转型在生产领域中，机器人的应用和其他自动化智能化的数字化改造会替代部分工作岗位，导致部分技术性失业。在生产中，企业出于盈利的目的，在权衡生产要素的选择时会优先使用成本较低的生产要素。在部分工作中，数字要素与劳动要素是替代关系，这时只要劳动力成本高于数字要素成本时，企业就会采用数字要素来代替劳动要素，从而导致劳动要素在企业收入中所占的比例下降。从就业结构具体来看，企业数字化转型的初期主要是在生产端以"机器换人"为主的自动化智能化，会取代那些可程序化可编码的简单重复性工作，从而对低技能劳动力产生替代作用；而在企业数字化转型的后期，随着人工智能技术的发展，人工智能可以从事更加复杂和有创造性的工作，这时候不仅低技能劳动者被替代，甚至高技能劳动者也可能会被替代。当然，目前人工智能技术还远没有发展到可以在企业中替代复杂劳动和创造性劳动的地步，企业数字化转型的程度也还在初级阶段，所以当前人工智能技术主要体现为对低技能劳动力的替代。

另一方面，企业数字化转型不仅在生产领域进行变革，更涉及对管理领域的创新，数字化会大力推进企业的智能化管理和决策执行，通过重新定义企业管理环境和管理模式来提高综合管理水平，实现资源的最优配置。数字化转型中，大数据分析、数字化平台的构建以及数字管理系统的应用，推动了企业业务电子化、流程化水平的不断提高，实现管理流程智能化。数字化的管理更加精准和高效，数字化也缩短了工作的流程，这将使部分管理人员被替代，部分管理岗位被消灭，精简了流程化的冗余劳动者。随着人工智能在决策领域的广泛应用，领导层也渐渐会被人工智能代替。所以，企业的数字化转型在管理领域也将发生对劳动的替代。

总之，企业数字化转型在生产领域通过对低技能劳动力的替代和在管理领域优化流程精简人员，从而减少就业，降低劳动收入份额。

（二）就业效应理论

企业数字化转型可以从三个方面创造新的就业岗位，通过劳动力就业岗位的增多从而增加劳动收入份额。

首先，企业数字化转型推进过程中数字技术的研发、扩散和应用，本身就需要大量高技能数字化人才，从而可以创造大量的数字岗位。在马克思在《资本论》中说，机器和大工业会排挤高技能劳动者，使劳动者技能简单化，这是因为当时的技术进步速度缓慢，没有大量的研究型人员对技术进行驱动。现在的时代与马克思所处时代最大的不同就是技术进步飞快，企业需要不停地进行研发和创造，尤其是在企业数字化转型中，数字研发已然成为一项劳动密集型的工作，企业必须源源不断地投入更多的高技能数字化人员参与研发，才能让企业跟上时代的步伐。企业数字化转型不仅需要高技能的数字化研发人员，而且为了扩散和应用数字技术还会产生一系列数字化推广人员。由此，企业数字化转型直接创造了新的工作岗位，增加了就业。

其次，企业数字化转型改进了生产工艺，降低了生产成本，成本下降使产品价格降低，刺激消费需求的扩大，从中长期来看，总需求的扩大将倒逼企业扩大生产规模，增加对劳动力的需求。同时，企业数字化转型也提高了生产效率，有了创造更多利润的机会，在高利润的驱动下，企业也倾向于扩大生产规模。此外，数字化技术的广泛应用，衍生出了众多数字化产品，扩大了整体的生产制造规模和组织规模。企业生产规模的扩大，也意味着劳动需求的增加，从而创造出更多的就业岗位。

最后，企业数字化转型缩短了产品的生产周期，加快了产品的更新换代和企业产品升级，催生了新产品新产业，从而创造新的生产部门。新产品开发进一步引起产业细分，拓展了企业制造范围和经营范围，从而产生更多新的生产部门。同时，企业数字化转型会增加更多与数字化设备研发、生产、制造等相关的上下游公司，延伸产业链，创造更多新的生产部门。新产业新产品的创造，产生了新的就业岗位。

总之，企业数字化转型通过直接创造数字岗位、扩大生产规模和催生新产品新产业创造大量的就业岗位，因此，企业数字化转型可以通过创造更多的就业岗位从而提高劳动力的收入份额。

（三）总效应理论

通过以上分析，企业数字化转型产生的就业效应会增加劳动收入份额，同时替代效应会使劳动收入份额下降。因此，企业数字化转型对劳动收入份额的影响有正反两方面的作用。但这两种效应的发挥却存在差异，替代效应主要发生在数字化程度水平极高的制造业企业，而就业效应在企业数字化的初期就会发挥作用。鉴于我国目前多数企业的数字化转型还在初始阶段，因此本书认为，现阶段企业数字化转型主要通过就业效应发挥作用，从而使劳动收入份额增加。

如果劳动收入份额长期处于低水平状态，那么这种不利于劳动者的收入分配格局对国家的经济增长、社会安定会形成威胁。在多种影响因素中，技术进步可能对劳动收入份额带来的积极影响被人们寄予厚望，而数字化就是近年来最值得研究的技术进步，企业作为微观经济的重要主体，其数字化转型对劳动份额的影响值得重视。Cette 等（2021）就企业数字化转型对劳动份额的影响做了深入研究，得到如下两个主要结论：

第一，现阶段企业数字化转型能够提升企业的劳动收入份额。数字化转型程度越高的企业，其劳动收入份额也越高。

第二，企业数字化转型是通过替代效应和就业效应两种机制来影响企业劳动收入份额的。虽然企业数字化转型带来的替代效应降低了劳动收入份额，但同时企业数字化转型也通过就业效应提高了劳动收入份额。

我国"十四五"规划和2035年远景目标纲要中明确提出要"加快数字化发展，建设数字中国""推进产业数字化转型"以及"提高劳动报酬在初次分配中的比重"。问题是在提高劳动份额的过程中，如何在以数字要素为主要增长动力的经济中，更加有效发挥"数字"的作用，实现劳动份额的逐步上升。本书在对企业数字化转型影响劳动收入份额机制分析的基础上，有针对性地提出如下政策建议：

第一，加快推进企业数字化转型，助力劳动收入份额提高。企业数字化转型不仅能够提升企业的生产效率和经营绩效，而且作为一种劳动偏向型的技术进步，能够在企业内部提高劳动收入份额，有利于我国劳动份额提高目标的实现，所以，我国应该出台相应的政策来加快推进企业数字化转型。

第二，加强职业技能培训，培养更多高技能数字人才。企业数字化转型中大量低技能劳动者被替代，造成了部分技术性失业；同时，企业数字化转型带来了就业效应，但主要增加的是高技能劳动者的就业。由此可知，企业数字化转型需要大量的高技能劳动者与之匹配，为此，我国应进一步加强职业技能教育，多多构建校企联合平台，为企业数字化转型提供丰裕的高技能劳动力，减少数字化转型带来的失业。

第二节　企业数字化转型的动力

一、企业数字化转型的外生动力

当前，国家正在积极稳妥推进数字产业化和产业数字化发展，致力于打造具有国际竞争力的数字产业集群和数字化生态链。在此背景下，数字技术商业化的价值日趋凸显，各行各业的龙头企业都在积极地进行数字化转型，主动将"数字化""智能化"融入生产、管理、营销和产业协作等各个方面，探索产业发展快车道。

在中国，数字技术已被消费者广泛接受，企业要在激烈的市场竞争中取得一席之地就必须具备数字化能力。比如，电商、媒体和金融行业的数字场景化呈现出个性化、多样化和商业创新等特点，在各行业中占据领先地位；而一些贴近消费者的行业如地产、汽车、医药、文娱教育等也随之跟进，它们在线上营销、智慧零售、广告投放等业务领域具有较高的数字化水平。但是，传统制造型行业，尤其是本地化或相对分散的行业，由于行业特征、产品形态和商业模式等，数字化水平较低，意味着这些企业未来的数字化发展空间很大。因此，企业要根据自己所属的行业特征以及所处的不同发展阶段制定符合自身特征的数字化转型的目标。但无论目标是什么，数字技术的引入都将是不可逆转的趋势，见图2-3。

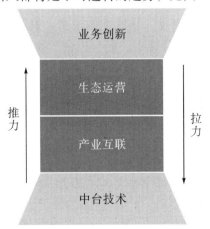

图2-3　企业数字化转型的外驱力

（资料来源：根据 DataFocus 发布的《浅谈企业数字化转型四大驱动力》整理所得）

企业数字化转型的根本动力来自整个商业环境的变化。首先，业务创新是企业能够在不断变化的商业环境中保持竞争优势地位所必须具备的能力；其次，中台技术是企业实现技术创新的基础保障，它可以为企业提供在数字经济时代用技术解决商业领域未知问题的支撑能力；再次，产业互联是数字经济时代下企业与合作伙伴、上下游企业实现互联互通，建立长期稳定合作关系，提升资源共享能力，获得更多商机和利润，并提升产业链竞争力的重要手段；最后，生态运营是实现企业良性循环的基本方式。通过以市场需求为导向，以科技进步为前提，以企业效益、社会效益和生态效益为目标，在发展主导产品基础上，联合开发关联性产品，形成相互依存、相互补充、相互促进的经营共生体，并通过技术和数据的连接，更高效地解决内外部资源的整合运营能力。

综上所述，企业数字化转型受到业务创新、中台技术、产业互联和生态运营四个外驱力的影响，它们之间相互作用、相互影响，在整个商业环境中，拉力和推力互为驱动。

二、企业数字化转型的内生动力

（一）提升运营价值

运营价值是企业最为直接、关注度最高的目标。而智能化工具对外部环境变化的反应速度和对内部运营的效率调整方面具有独特优势，具体表现在以下方面。

降本增效：通过数字化运营及智能技术应用，优化研—产—供等业务流程，提升运营和决策质量，降低资源浪费，提高人员、设备等的产出率，持续减少全价值链运营成本、提升运营效率（张海丽，2023；高金，2023）。

驱动主营业务增长：通过智能化营销与销售手段，实时洞察客户需求、精准触达客户、持续经营客户价值，并共创迭代产品创新，实现持续增长、创收创利。

提升客户体验：通过数字化平台和智能运营技术，持续获取和运营客户，创新个性化、智能化服务体验，提升客户满意度、增强黏性，积累忠诚客户。

根据中国信通院2021年行业数字化研究报告统计，数字化转型可使物流服务业成本降低34.2%，营收增加33.6%；使零售业成本降低7.8%，营收增加 33.3%，且随着数字化技术的普及和完善，各项数据还将呈现持续上升趋势。

（二）优化战略价值

战略价值，是指企业实施战略管理给企业和利益相关者所创造的价值，它具有长远性、整体性和协同性三大特征。战略价值主要体现在创新业务模式、打造新增长引擎，以及建设韧性发展的能力三个方面。

创新业务模式：依托数字化、智能化技术，创新客户直达模式、平台与生态模式、订阅模式等创新模式，建立新战略优势。

打造新增长引擎：挖掘内外部数字价值潜力，推出全新的数字产品与服务或对现有产品做数字化改造，使数字化业务成为新增长引擎。

建设韧性发展的能力：借助数字技术、智能技术及数字化组织，敏锐感知环境变化，动态调整适应多变环境，提高企业韧性发展、抵御不确定性风险的能力。

（三）塑造行业和社会价值

行业和社会价值彰显了企业更大的抱负，包括推动行业变革与履行社会责任两个方面。首先，推动行业变革。企业通过开放企业数字化、智能化平台和转型实践，带动产业链上下游，打造开放生态，赋能和推动行业整体升级，从而让企业自身以更加无可撼动的地位引领产业。第二，履行社会责任，企业利用数字化与智能化技术可以更好地保护数字及隐私安全，服务于更多弱势群体，更有效创造节能减排、环境保护等综合价值和长远价值。

（四）打造现代工作空间

企业为保持增长并引领行业变革，需要吸引高技能员工全身心投入工作中。提升员工的工作体验，是吸引员工、提升员工满意度与幸福感的重要手段。数字化能够帮助企业打造现代工作空间（digital workspace），提升员工工作体验，同时助力企业履行社会责任，以塑造企业的长期价值。

提高员工效能：例如，应用 AR/VR 开展培训，通过身临其境的体验，快速提升员工的工作能力。再如，应用自动化替代重复、机械性工作，使人集中在难度更高的工作上，有效提升员工自我实现的价值感。

构建人本的企业文化：例如，安全生产作为一项重要工作，是关系员工切身利益的大事。传统的高危行业安全监管以"人管"为核心，不能及时有效地排查隐患和控制风险。针对高危行业面临风险的特点，新一代信息技术的应用可有效解决风险控制不足的问题，防患于未然，显著提升安全监管能力。

打造绿色低碳之路：例如，在员工日常的办公场所，通过智能终端、数字孪生等数字技术的集成应用，能够实现碳足迹追踪、智能温控、智能照明等场景落地；在通勤层面，利用新一代信息技术实现的远程办公、远程运维等，减少通勤、出差路程中的碳排放。这些举措为员工提供灵活、舒适的办公环境的同时，实现节能减碳，也为企业的长期发展提供了良好的大环境。

借助于元宇宙等数字化、智能化技术，未来"上班"可以是从不同的地点，借助不同的设备，运用不同的技术，实现远程与现场，虚拟与现实相结合、相交融，但能够获得不差于面对面交流的体验。无论是一对一谈话、一对多业务报告或大会演讲，还是多对多脑力激荡或圆桌论坛，都可以在虚实交融的空间中完成。传统工作空间的边界和局限正在消失，最终，所谓的工作场所将不再是一个或多个特定的物理空间，而是"境随所欲"的工作体验。

第三节　企业数字化转型的机遇与困境

伴随着科技的快速发展，在科学技术的推动之下，数字技术已经广泛应用于社会生产的方方面面，数字化时代的来临对企业来说是一把双刃剑，对企业来说，如何适应数字化时代的发展要求，不断提高自身的数字化发展能力和水平，适应数字化时代的市场经济发展，需要企业能够在激烈的市场竞争中站稳脚跟，并为企业的发展壮大创造良好的条件。如果企业在数字化时代未能适应新的发展要求，数字化基础相对比较薄弱，可能会被日后的市场竞争所淘汰。所以，在数字化时代，企业必须重视数字化转型，根据企业经营发展的现实需求，制定详细的数字化转型方案，不断提高企业的数字化发展能力和水平。

一、企业数字化转型面临的机遇分析

（一）新发展格局为企业数字化转型提供了动力

为了保持转型发展过程中经济社会的稳定发展，国务院在深入剖析国内外经济发展形势的基础上，提出了双循环的新发展战略。一方面，要注重国内经济循环的发展，加快构建完善的内需体系，通过扩大内需的方式来进一步扩大国内市场；另一方面，进一步开拓国际市场。所以企业必须积极走出去，与国际市场竞争，进一步提高国内企业在国际市场上的竞争力。在这一过程中，国家会采取一系列的措施来刺激消费，因此投资创新的机遇越来越多。对国内企业来说，既可以促进企业产品销售，又可以为企业扩大投资创造良好的条件；同时，帮助国内企业走出去，也会出台一系列的税收政策，积极推动国内企业参与国际市场竞争，进一步消除生产要素的跨国流动壁垒，这对国内企业积极利用国际资源，壮大自身实力创造了良好的条件。其中，包括企业数字化转型方面的相关产业促进政策，这能够为企业的数字化转型创造良好的动力。

（二）数字化经济为企业数字化转型提供了基础环境

伴随着数字技术的快速发展和应用，数字技术对企业经营发展的帮助和促进作用日益明显，围绕数字技术所形成的数字经济规模越来越大，为企业的数字化创新创造了良好的环境和条件。一方面，企业的数字化转型并非简单地信息化升级，而是企业内外全面的变革，内部管理的数字化和外部供应链的数字化，有利于企业实现企业的数字化转型的发展目标。随着企业对数字化转型的重视程度不断增加，国家出台了一系列的政策措施，推动了企业数字化转型的发展。随着企业对数字化人才队伍建设的重视程度不断增强，优秀人才日益增多，也为企业的数字化转型提供了良好的条件。另一方面，从外部来看，国内企业对数字化转型的重视程度不断增强，很多企业都将数字化转型作为企业改革管理的一项重要内容，这对企业供应链数字化转型能够起到良好的帮助和促进作用。

二、企业数字化转型面临的困境

当前，我国企业数字化转型尚在观望中、规划或改造的初级阶段，对于数字化转型，企业缺乏明确的认知和可行性转型方案、企业数字化转型的硬件基础不够健全、改造核心技术不足、人才储备相对缺乏、当地政府缺乏针对性的扶持政策等。这些问题阻碍了企业数字化转型进程。加之传统企业自身管理模式在管理思维方面存在着一定的局限性，激烈和不确定的市场环境竞争，均使企业数字化转型受到内外两方面的挑战。

（一）数字化转型挑战多

1. 成本

企业的数字化转型是一项复杂系统的工作，既涉及企业的经营管理工作，又涉及企业的生产组织，还可能涉及企业的各种科研创新活动。所以在数字化转型过程中所需要的成本也比较高，在数字化转型的过程中，需要投入大量的资金用于吸引人才、运用更加先进的管理信息系统、购置先进的生产设备、购买和使用一些专利技术等。对企业来说，如果没有充足的资金很难完成预期的数字化转型目标。但是国内企业在经营发展过程中面临的最突出的问题就是资金不足，这一点在中小企业当中变得更加明显。并且数字化转型本身也不是都能成功，在转型的过程中也面临着很多风险，一旦转型失败会给企业带来巨大的经济损失。

2. 竞争环境

随着数字化时代的来临，企业之间的竞争愈发激烈，在激烈的市场竞争中，每一个企业都面临着非常大的竞争压力。并且，企业的数字化转型并非个别企业的行为，而是很多企业的共同行为，越来越多的企业已经认识到了数字化转型的重要性，积极投入到企业的数字化转型之中，这种数字化转型的共同行为深刻地改变了企业的内外竞争环境。在外部环境中，数字化转型成功的企业可能会在市场竞争当中占有一定的优势；数字化转型失败的企业可能在市场竞争中处于劣势甚至可能会被淘汰。如何利用数据技术为企业的经营发展服务，已经成为市场竞争的焦点。

3. 技术

企业在数字化转型的过程中，首先面临的一个突出问题就是数字化技术的掌握和运用。对于绝大多数企业来说，并不具备数字化技术的沉淀和开发能力，所以企业的数字化转型需要借助于其他专业数字化服务企业进行。另外，数字化技术也存在着先进和落后之分，企业在数字化转型的过程中，如何准确地掌握和运用数字化技术，为企业的经营发展服务、产品的升级改造服务，是数字化转型当中需要解决的一个重要问题。

（二）企业数字化转型内生能力不足

1. 管理信息化

企业的数字化转型与企业的信息化管理能力和水平有密切的关系，要想实现数字化转型的目标，企业必须建立一个科学完善的管理信息系统，以实现企业经营管理的信息化目标，只有这样才能为数字化转型创造良好的条件。但是，纵观国内的企业可以看出，很多国内企业在管理信息化建设上仍然存在着一定的不足，没有真正地实现管理信息化建设目标，在管理信息化上仍然存在着很多不足。由于管理信息化水平有所不足，所以企业在数字化转型的过程中无法利用这些先进的管理信息系统来完成数字化转型的转化，也无法实现数字化转型的目标。

2. 数字化人才

先进的技术一般都掌握在优秀的人才手中，所以先进技术的掌握和运用与人才的引进和培养有明显的关系，大多数企业并不具备数字化人才的培养能力，只能通过外部引进的方式进行，但是此类人才的争夺非常激烈，这也是摆在企业数字化转型过程中的一个比较突出的问题。

（三）产业链供应链数字化转型失衡

1. 数字化转型平台赋能供给不足

国内企业数字化转型一般都是通过第三方打造的数字化转型平台进行的，但是第三方企业自身的数字化转型技术也存在一定不足，主要体现在数据智能、移动协同、高效运营等方面，数字化技术的应用层次比较浅显，无法解决企业数字化转型过程中遇到的各种问题。

2. 数字化转型人才储备问题突出

数字化转型人才储备问题在中小企业当中表现得更加明显，大型企业集团可以借助于自身的资源优势和薪资待遇优势吸引数字化人才到企业工作，但是绝大多数中小企业受制于自身的发展能力水平和资金状况，在数字化人才争夺上并没有优势，在薪资待遇上与大型企业集团能够给予的水平存在较大的差距，这是无法吸引和聚集优秀数字化人才的重要原因。由于数字化人才储备不足，相关的数字化转型活动也难以开展，即便是借助于数字化服务企业进行转型，但是在后续的管理和维护上仍然要求企业必须配备一定的数字化人才，数字化人才已经成为限制企业数字化转型的首要因素。

3. 产业链企业协同不足

从企业数字化转型的角度来讲，企业的数字化转型要形成一个产业链优势，也就是产业链的企业都进行数字化转型才能利用速度和技术改善竞争环境。但是在数字化转型的过程中，大型企业集团借助于自己的数字化沉淀和激励以及资金等方面的诸多优势，数字化转型方面远远领先于中小企业，中小企业依赖于大型企业开展经营活动。在这种情况下，数字同步可能让这些中小企业排除在产业链之外，并且这些产业链的企业在数字化转型过程中，必须向大型集团看齐，导致其存在较大的压力。

4. 数字化转型技术沉淀不足

企业数字化转型过程中的技术沉淀是一个非常重要的条件，技术沉淀源于数字化技术的长期运用和积累，也包括数字化人才的储备。从前面的分析中可以看出，国内大多数企业尤其是中小企业在数字化人才储备上存在明显的不足。不仅如此，在技术沉淀的方面也存在明显的短板，很多企业并不具备数字化技术的应用能力和技术沉淀能力，企业在数字化转型上的探索，大多数依赖于第三方提供的平台进行，在这种情况下很难达到预期的数字化转型目标，甚至在数字化转型的过程中可能会受制于人。

（四）企业对数字化转型认识不清

目前全球宏观经济仍处于下行区间，企业亟须找到一条行之有效的发展道路。在当前国内市场环境下，企业管理者对企业数字化缺乏明确的认识，盲目开展转型工作很可能存在相当大的风险，但是在这样的情况下，仍有不少企业选择启动数字化转型工作。一方面，是国家宏观政策指导，另一方面，仍有大批乙方厂商在继续推广产品服务，给众多中小企业勾画出一幅具有美好前景的蓝图。再者数字化产品具有多样化的功能，通过数字化转型，可能可以做到提高人才质量、产品差异化开发、减少经营成本、拓宽市场渠道等，各个方面都可以迎刃而解，使企业决策层押注于数字化转型这一"宝"，在某种程度上导致企业对数字化盲目崇拜，忽略了企业生存和发展中值得重视的其他因素，这样，又从侧面增加了数字化转型的实施难度。以单个企业为视角，一些机构缺乏对自己的明确了解，它自身也许没有资本实力进行数字化转型，并且缺乏技术实力和上下游生态合作伙伴支持。但是，在业界"共识"压力下，只好做出与自身情况不相称的数字化投资，不但耗费企业的巨额资金、减缓了企业正常运行和发展的速度，也可能是研究规划不到位，最终转型成效远不如预期，与此同时，也伤害到企业对推进数字化转型工作的信心。企业管理者组织数字化转型能力不足，也是企业数字化转型发展的掣肘之一。管理层作为公司的主要决策者，它的数字化转型思维局限，数字化转型认识不足，企业应怎样转移，由谁来转移，目前还没有形成统一认识，这加大了中国中小企业数字化转型难度。企业总体上没有一个明确的适合自己的转型路线图，根据现有示范企业的做法，生搬硬套，片面强调增加数字基础设施投入，没有考虑企业员工的学习成本和与消费者之间形成的"数字代沟"，忽略把数字基础设施建设好的必要性、对企业组织管理、企业发展战略进行系统性的规划设计。

（五）企业数字化转型技术储备不足

向子威（2023）认为数字技术是推动企业数字化转型的重要内容之一，有助于优化企业业务流程，为客户、企业创造价值。投资使用数字基础设施能够改善管理决策水平，优化企业内部业务流程等，促进了工作效率的提高，增强了生产能力，减少了因交易而产生的费用，对管理与企业绩效起着举足轻重的作用。数字基础设施建设与数字技术应用是企业数字化转型的基础支撑。目前我国大部分企业都处在数据信息化的阶段，而企业把数字技术的应用局限于日常办公、人事安排、财务收支情况等方面，没有在企业核心业务流程中运用数字技术。另外，传统企业在生产环境中硬件设备陈旧，缺乏数字化转型基础设施——大数据和云计算、新一代数字技术，如人工智能，目前还没有一个相适宜的硬件平台，这就进一步阻碍企业数字化转型推进。有关人才储备对企业数字化转型发展具有重要意义。数字技术的快速发展，产业模式的不断升级，对于企业中的高端数字人才的要求也提升到了一个新的高度。然而目前我国科研院所和各大高校等培养的数字人才在数量上和质量上还难以满足大范围的企业数字化转型需求。如今，企业所需要的正是兼具企业业务能力与数字能力的复合人才，在传统领域中培养人才较多，数字型人才较少。在数字化转型逐渐深化的今天，在基础专业编程能力之外，企业在技术创新、管理运营等方面也需要发挥人才的作用、战略规划和其他综合能力，这就使复合型人才对数字化转型具有特别重要的意义。

（六）企业数字化转型相关政策有待深化

近几年，国家相关政策对企业数字化转型给予了指导和重要支持。为加快产业升级，推动企业数字化转型，我国先后出台了《促进大数据发展行动纲要》《关于积极推进"互联网+"行动的指导意见》等规划和政策。但潜在的公共安全风险对企业、行业的阻碍，在商业数字发展中产生了新问题，企业进行数字化转型，其环境更加复杂，有关政策的构建和实施还有待深入。以企业数字化转型为目标，政府对产业引导基金的投入、技术改造贷款项目贴息、培养数字人才等的支持不够，并且各区域之间的支持力度存在显著差异。政府监管视角下，在企业的数字化转型进程中，作为一种新型生产要素——数据，提高了生产效率，易出现数据产权不明的问题、数据安全难保证、敏感信息的泄漏等，而且对于这些问题，至今仍缺乏完整的政策和法律来加以规范。数据治理体系不够健全，给数字化技术在企业中的运用带来更多风险和挑战，使得数据要素在企业的生产、运营环节中很难发挥应有的作用。

在具体实施中，相关政策还有继续深入的空间。一是地方政府在根据国家有关数字化转型纲领订立地方区域性政策需进一步明确其内容，地区政府的政策在相当程度上表明了政府对发展本地企业及其数字化转型的态度，对先进制造企业的引进和全域经济的发展可能造成一定程度影响。二是一大批制造企业，特别是中小型企业缺乏政治嗅觉，对相关政策缺乏了解，没能准确洞察国家及地方政策稳健发展要求及建设意见，进而缺少相关的引导以及资源帮扶，不利于企业数字化转型的推动。

第四节　企业数字化转型的顶层设计

数字化转型是当今社会的一个重要趋势，各行各业都在积极探索数字化转型的道路。然而，企业数字化转型是一个长期的过程，需要做好顶层设计，形成自上而下的战略部署，从全局角度出发制定长期目标与发展规划，并合理调整组织结构，最终形成"用数据思考、用数据说话、用数据管理、用数据决策"的数据文化，才能实现真正意义上的企业数字化转型（路沙，2023；傅哲祥，2021；任宗强 等，2021）。那么，数字化转型顶层设计方案应该如何进行呢？下面将从几个步骤来阐述。

首先，明确数字化转型的目标和价值。数字化转型不是盲目跟风，而是应该基于企业自身的需求和发展方向，对于公司的业务模式、组织结构、流程等要素进行全面梳理和分析，进而明确数字化转型的目标和价值。只有建立在清晰的目标和价值基础上，数字化转型才能有针对性、可行性和有效性。

其次，确定数字化转型的战略方向和重点领域。数字化转型并非一蹴而就的过程，需要在复杂的现实环境中进行规划和执行。在这一过程中，需要根据企业自身情况和市场环境，选择最适合的数字化转型战略和重点领域。战略的选择应该基于长远发展考虑，要注重企业自身的核心竞争力和价值创造能力。

再次，梳理数字化转型的转型路线图和实施规划。数字化转型是一个综合性、全局性、系统性的过程，需要全面、详细地规划。在规划过程中，应该制定清晰的转型路线图和实施规划，明确每一个阶段的目标、实施方式、具体指标等，为数字化转型的落地奠定坚实的基础。

最后，构建数字化转型的组织架构和推广机制。数字化转型涉及企业的多个部门和领域，需要建立统一的组织架构和推广机制，以保证数字化转型的有效性和可持续性。在建立组织架构和推广机制的过程中，应该充分考虑企业的最新技术和市场趋势，注重改善企业的组织性能和管理效率。

综上所述，数字化转型顶层设计方案是数字化转型成功的重要保障，需要以明确的目标和价值为基础，以清晰的战略方向和重点领域为导向，以全面的转型路线图和实施规划为保障，以高效的组织架构和推广机制为支撑，构建一个完整的数字化转型生态体系，才能更好地推进数字化转型的实施和落地。

一、明确数字化转型的目标和价值

从目标、方式、措施、成果等要点看，数字化转型主要有三个方面优势：

一是能提升企业核心竞争力。企业通过数据化转型，能够更优地识别有益于自身发展的数据，并基于自身业务开展现状，提出更加科学的对策。如通过分析客户心理需求，提出精细化售后服务对策，为客户提供更加专业、系统的售后服务。

二是能助力企业更优地把控自身经营成本。应用数字技术可以降低企业的成本，并且可以提升企业的效率，因为利用互联网中的大量数字技术资源与服务，提升其应用效率，产生经济价值，互联网服务直接引起计算服务，信息服务的集中又促进各类服务资源的集中，使得一些集中式开放型服务平台有发展的空间。

三是有利于企业打造更具适应性的流程。企业处在非常复杂的网络关系中，面对这些分散的基点，如何整合多方面资源？平台型产业组织应运而生，企业价值创造模式，由传统线性向链条式、网络化转变，使得传统企业之间趋于生态化、平台化。

二、确定数字化转型的战略方向和重点领域

（一）加强企业数字化转型战略调整

在数字时代的环境之下，不管是为了满足顾客的需求，还是为了追求竞争优势，数字化转型均成为企业发展必经之路。但是企业要清楚地认识到，数字化只是帮助企业实现变革的一个有效途径，而不是万能的方案来解决一切问题。数字化的变革，如同有史以来的一切变革，以曲折重复为特征，因此，有必要对其进行合理期望、科学布局。在企业的层面，一方面，它需要企业领导层在新兴数字化技术和全新商业模式上保有较高敏锐度，对外界环境的变化做出适时的反应，进行企业战略的调整。另一方面，企业要对原有信息化平台进行更新，进行部分数字化业务，鼓励职工主动参与，增强职工对数字化发展潮流的感知。

（二）平衡产业链供应链的数字化转型机制

一方面，从产业链的角度来讲，对大型企业集团依赖比较明显的中小型企业，在数字化转型的过程中，需要与大型企业集团保持良好的协同，在数字化转型相关技术的选择和应用上，以及转型以后的运营管理等方面要达到一定的协同，只有这样才能适应大型企业集团数字化转型的需要，与其建立良好的、长期的合作关系。另一方面，从自身所处的供应链角度来讲，企业在数字化转型的过程中，也需要考虑供应链其他企业的数字化转型情况，在数字化转型的过程中，可以相互沟通和协商（任一蕾，2024；陈彦君 等，2024；巫强 等，2023；杨扬，2023）。例如，在规划转型的过程中，通过沟通协商，共同选择和运用同一个数字化平台进行数字化转型，在数字化转型以后，在平台功能和实现程度等方面可以相互协调，更好地适应数字化转型后的供应链升级和改造的需要。

三、梳理数字化转型的转型路线图和实施规划

（一）制定详细科学的数字化转型方案

在数字化转型方案制定的过程中，需要注意以下几点：

第一，合理地评估企业数字化转型的条件，分析企业数字化转型是否有必要，在确认条件合适，并且有数字化转型必要性的前提之下，为数字化转型提供准确的依据；

第二，根据企业的经营发展特点和数字化转型的现实需求，分析数字

化转型的基本内容以及数字化转型目标实现的基本过程和所需的条件，明确数字化转型的具体平台和合作方案，如果企业具备自主数字化转型的能力，则可以不依赖第三方企业进行；

第三，准确地识别企业在数字化转型过程中可能遇到的各种风险，对企业来说，数字化转型并非一帆风顺的，在转型过程中也可能遇到各种各样的风险，数字化转型方案需要针对可能存在的风险进行识别，并做好相应的应对措施。

（二）加强数字化人才储备和培养

企业在数字化转型人才储备工作中，首先应该根据所针对的数字化转型方案分析所需的数字化人才，然后通过招聘的方式获得相应的人才，在这一过程中要明确不同类型的数字化人才相应的待遇水平，可以适当提高数字化人才的薪资待遇，吸引更多的数字化人才来企业工作。同时，需要培养数字化人才，在数字化人才培养的过程中可以借助于第三方平台企业进行，由第三方负责企业数字化转型的同时，对本企业的相关人才进行数字化培训教育，使其掌握一些基本的数字化技术，符合数字化转型以后相关工作的现实需求，只有这样，才能确保企业数字化转型后，现有的人才能够满足数字化转型后运营或生产的需要。

四、构建数字化转型的组织架构和推广机制

（一）加强企业数字化转型技术支撑

鉴于数字化转型的技术储备不充分，可促进企业数字基础设施云化。中小企业数字化转型人才引进和培养均存在劣势，并且对技术研发的投入也不够，这是我国中小企业现状及共性。为此可建设共享机制，由科研院所和企业联合组建新的研发机构、成立联合实验室、合同开发项目和其他形式，做到技术共享，以及鼓励科研院所开展形式多样的技术成果转化。从人才吸引和培养的角度，在加强科研院所和企业产学研合作，培养人才的同时，应当积极探索政府、科研院所和高等学校、企业多主体共同参与人才培养模式。

（二）重视数字化转型过程中的技术积累和提升

企业的数字化转型是一个长期的过程，任何一个企业在数字化转型的过程中，都需要做好数字化转型的长期准备，在这一过程中技术积累和运用非常关键。企业在数字化转型的过程中必须重视各种数字化技术的应用和经验的积累，将各种数字化技术与自身经营发展有效地结合起来，探索数字化技术的应用方式，在此基础上不断进行技术积累和沉淀。另外，在使用过程中也可以借助于自身的技术和人才，对现有的数字化技术的运用进行探索和创新，不断提高数字化技术的应用能力和水平，以便于能够真正形成适合企业自身发展需要的数字化平台，解决企业经营发展过程的管理及生产的数字化转型问题。

经济社会的快速发展，对企业的数字化转型提出了更多的调整，数字化转型已经成为新时期企业经营发展过程中需要解决的一个重要问题。任何一个企业在经营发展过程中，都应该充分认识到数字化转型的重要性，根据企业的经营发展需要制定详细的数字化转型方案，打造适合自身发展需要的数字化平台，满足企业经营发展和生产组织的现实需求，利用数字化转型进一步提高企业的市场竞争力，为企业的发展壮大创造良好的条件。

第三章 企业数字化转型的技术支撑

数字经济的飞速发展离不开技术创新的支撑。随着网络以及信息技术的普及，带来了经济领域的巨大变革，数字经济逐渐走入人们的视野，并对人们的日常生活产生了较大影响。计算机网络与数字技术的蓬勃发展，推动数字经济浪潮汹涌而至，数字经济逐渐成为全球经济增长的主要动力。数字经济的发展为各行各业打开一扇新的大门，成为带动传统经济转型升级的重要途径和驱动力量，创造了无限的机会和挑战。大数据、云计算、区块链、人工智能等新兴数字技术快速占领高地，在各经济领域得到广泛地扩散和应用。数字技术革命被称为第四次工业革命，从方方面面深刻影响着经济社会的发展。面对如此重大的变革，迫切需要洞察先机，分别从全球、国家、产业、企业等不同层面把握数字经济的趋势及其影响。中国作为全球数字科技大国，拥有巨大潜力，未来值得期待。数字化的伟力正在颠覆现状，各行各业的价值链都将迎来收入和利润池的显著变革，并催生出大量充满活力的数字企业，从而不断增强中国经济的国际竞争力。本章重点研究数字经济的技术创新，包括大数据技术、云计算技术、人工智能技术、区块链技术。

第一节 大数据加速企业数字化转型

大数据（BigData）是指无法在一定时间范围内用常规软件工具进行捕捉、管理和处理的数据集合，是需要新处理模式才能释放更强的决策力、洞察发现力和流程优化能力的海量、高增长率和多样化的信息资产。大数据的特征主要有"4V"，即大量（Volume）、高速（Velocity）、多样（Variety）、高价值（Value）。

一、大数据发展简介

"大数据"一词最早由阿尔文·托夫勒（Alvin Tofler, 1980）提出，其将大数据称为"第三次浪潮的华彩乐章"。易高峰（2018）指出大数据包括结构化、半结构化和非结构化数据，近年来，随着移动互联网的快速发展，非结构化数据已成为大数据的主要部分。

大数据的特殊之处并非在于数据量，而是在于如何对这些数据进行专业化处理，从中获得能够支撑决策的关键信息。有别于传统的抽样分析，大数据分析是对海量的数据全部进行分析和处理。大数据一般分为结构化数据、半结构化数据和非结构化数据，其中非结构化数据越来越成为大数据的主要部分，因此，近年来非结构化数据的挖掘和应用越来越成为大数据领域的重要发展方向。

大数据的发展和应用，与云计算有着密不可分的关系。正是云计算强大的计算资源支持，才使得对大数据的分析挖掘成为可能。发掘数据价值能为决策提供依据。同时，大数据也是云计算不断发展的必然产物。对海量数据资源的收集、管理、处理和应用的需要，推动着大数据技术的不断发展完善。

大数据的发展主要经历了三个阶段，见表3-1。

表3-1　大数据发展的三个阶段

阶段	时间	内容
萌芽阶段	20世纪90年代—21世纪初	随着数据挖掘技术的逐步成熟，一些商业智能化工具开始被应用，如数据仓库、知识管理系统、专家系统等
成熟阶段	21世纪前十年	随着Web 2.0应用迅猛发展，产生了大量非结构化数据，传统处理方法难以应对，由此带动了大数据技术的飞速发展，并逐渐走向成熟，形成了并行计算与分布式系统两大核心技术
大规模应用阶段	2010年之后	大数据应用渗透各行各业，数据驱动决策，信息社会智能化程度大幅提高

二、大数据的技术概览

大数据需要使用特殊的技术进行处理，才能挖掘其中的价值。适用于大数据的技术，包括大规模并行处理（MPP）数据库、数据挖掘、分布式文件系统、分布式数据库、云计算平台、互联网和可扩展的存储系统等。

从大数据处理的生命周期来看，大数据的技术体系大致分为采集与预处理、存储与管理、计算模式与系统、分析与挖掘、数据可视化分析以及数据隐私与安全等几大方面。

具体来看，作为大数据应用的第一步，数据的采集和预处理即是对多样来源的数据进行统一的采集，并通过预处理和集成操作等，为后续的使用提供高质量的数据集资源。目前常用的数据采集方式，或称之为数据的抽取和集成方式主要有四种类型：基于搜索引擎方法、基于数据流引擎方法、基于数据库引证或中间件方法以及基于物化或 ETL 引证方法。

数据的存储和管理与数据的应用密切相关。大数据因其自身独有的特点，给存储系统也带来了不同的挑战。其存储规模巨大，管理复杂，需要兼顾不同的数据类型，对数据支持和服务的种类和要求都更高，因此需要专门的技术体系予以支撑。目前应用较多的数据存储和管理技术包括分布式文件系统、分布式数据库以及访问接口和查询语言等。

大数据计管模式指根据大数据的不同数据特征和计管特征，从多样性的大数据计算问题和需求中提炼并建立的各种高层抽象或模型。大数据计算模式相关技术的出现和发展，极大地推动了大数据技术和应用的发展。通常，大数据处理的主要数据特征和计算特征维度包括：数据结构特征、数据获取方式、数据处理类型、实时性或响应性能、迭代计算、数据关联性和并行计算体系结构特征等。

数据可视化技术是指运用图形学的理论和图像处理技术，将各种数据转化为屏幕上显示出的图标或图像，并进行人机交互处理的技术和方法。数据可视化技术主要由数据预处理、映射、绘制和显示等技术构成。数据可视化技术可以帮助用户快速进行数据的筛选，进而更便捷地从复杂数据中得到新发现。尤其在大数据环境下，对庞大数据量的分析处理，远非通常人力可企及。通过数据可视化技术，对大数据进行有效的简化和提炼，能更好地满足用户对大数据的使用需求。

随着大数据技术的不断发展，安全和隐私问题也越来越受到公众重视，围绕大数据的数据安全和隐私的相关技术也不断得到进步和发展。但相较传统情况，大数据环境下，数据安全及隐私所面临的问题更加严重和突出，数据的应用在法律法规层面仍有诸多的不确定性，技术的进步使得数据的泄露和滥用造成的风险都更加显著。因此，在这个领域，技术仍有巨大的发展需求和发展空间。

三、数字经济中的大数据

（一）退货运费险：大数据在精准定价和产品设计方面的应用

作为保险科技的先行者，众安保险自诞生之初就与各项创新技术紧密联系。众安保险成立之初发展的重点险种——退货运费险就是一款完全基于大数据等新兴技术的创新互联网生态保险产品。

利用大数据技术，众安保险得以对用户在电商平台上的交易行为数据进行收集和分析，建立多维的客户分析体系，从而更加精准地进行风险评估和产品定价。围绕丰富的数据信息，众安保险在退货运费险方面也得以不断对产品进行迭代和更新，开发了针对卖家和买家的不同类型的细分产品，并且根据商家销售商品类别、账户风险、卖家及买家退货率等数据实现了针对每笔交易的个性化保费费率确定。同时基于大数据的实时分析技术，实现了风险的动态追踪及动态更新。

大数据技术的应用，也帮助众安保险强化了在退货运费险方面的反欺诈及风险控制能力。通过对大量真实业务数据的持续追踪和分析，建立针对不同类别商品的交易行为模型，对不同风险等级的客户实施差异化的产品定价，同时结合创新运营模式，与物流服务商建立更紧密的业务和数据合作，有效控制了道德风险，缓解了前期产品运营过程中赔付率过高等一系列问题，实现了产品的良性可持续运营发展。

（二）数据魔方，大数据应用的生态赋能

2015年众安保险与平安保险联合推出"保骉车险"，并以此为起点，打造了汽车生态。围绕汽车生态的搭建，众安保险通过构建大数据生态、实现了大数据技术对生态体系的赋能。

通过发起"大数据联盟"，众安保险联合十多家保险公司和科技公司，建立了人、车、行为等维度的数据体系，并分析了客户赔付风险相关性，从而指导费率厘定，并提升各方风险识别能力及相关技术能力。

同时，众安保险开发了面向车险大数据生态的数据处理平台——"数据魔方"，覆盖数据采集、标签体系管理和数据产品开发应用的数据处理应用的整个体系。充分应用大数据技术，实现了对生态的赋能和对数据价值的挖掘。

（三）医疗数据平台：商保大数据解决方案

众安科技作为众安保险旗下科技能力输出和行业赋能的主体，围绕保险科技的开发和应用进行了一系列的技术研发和市场探索。

医疗数据平台即众安科技在商保市场提出的服务解决方案。众安科技通过连接医疗机构和商保公司，在获得用户信息充分、合法授权的基础上实现了医疗数据的线上直连，并运用大数据、人工智能等技术，对医疗数据进行分析、整合和挖掘，为商保公司提供快速的理赔和商保调查服务，提升理赔效率，降低两核风险（李伟 等，2018）。

医疗数据平台的主要产品优势包括以下方面。

数据直连：医疗数据直连、准确、无篡改，免除理赔材料的收集和递交。

高效理赔：医疗数据 T+0 线上传输，实现快速理赔，提升理赔时效。

快速排查：线上理赔排查，覆盖范围广，排查效率高。

SaaS 部署：无须系统对接即可投入使用，大大降低开发时间和成本。

为了更好地支撑商保公司的数字化运营，众安科技整合了全国各地医保目录，囊括药品、诊疗、耗材和疾病等目录，搭建了目前国内最完整的医疗知识库，并通过数据治理、规范医疗知识库条目，构建知识图谱，实现了医疗数据的规范化、标准化输出，帮助商保公司实现自动化理算，提高商保理赔的准确性和时效性。

医疗知识库产品的主要优势特点包括以下方面。

海量数据：汇集全国七成医保目录。18 万条药品知识库海量数据持续更新中。

标准输出：建立医疗数据规则库，统一标准格式输出，实现自动化计算。数据权威：基础库均以国家或行业标准为依托进行整合扩充。

Saas 部署：无须系统对接即可投入使用，大大降低开发时间和成本。

（四）客户数据 ATM 系统：客户大数据运营解决方案

太平洋保险在数字化战略布局基础上，基于客户需求，围绕"客户服务为导向"，从数字化前端、计算能力建设、敏捷开发机制与数字安全等方面入手，进行全面数字化改造。最终通过数字化供给、体验和生态三方面的建设来完成转型，以实现在数字供给上产品与服务的融合及交互、在数字体验上的简单与直达和在数字生态上对集团数字化思维和数字化决策能力的培养，进而推动市场和客户的运营。

太平洋保险在保险大数据解决方案与产品服务的核心是量化客户需求、提升客户体验。例如，通过大数据处理平台和IT基础设施来构建的客户数据信息处理系统（ATM系统），可基于用户年龄、收入、受教育程度、家庭特征及投保信息等，对公司亿级客户的存量数据进行全面挖掘及分析。此外系统能够支持多层次多维度的关键词搜索以提高搜索效率，并且具备"即时刻画，秒级呈现"功能，即通过脸谱绘制工作，利用客户洞见相关思维方式及工具方法来实现精准的客户认知与精细化服务。

第二节　云计算助力企业数字化转型

一、云计算发展简介

云计算概念是由时任谷歌公司首席执行官的埃里克·施密特（Eric Schmidt）在2006年召开的搜索引擎大会上首次提出的。但云计算技术的发展已历经数十年。早在1959年，克里斯托弗·斯特雷奇（Christopher Strache）提出的"虚拟化"概念被认为是现今云计算基础架构的基石。伴随计算机和通信领域技术的进步，1998年，VMware公司诞生并首次引入X86虚拟技术。次年，Sales force和Loud Cloud先后成立，前者标志着SaaS（Software-as-a-Service，软件即服务）的兴起，后者则成为全球第一个商业化laaS（Infrastructure-as-a-Service，基础设施即服务）平台。

2005年，亚马逊发布Amazon Web Service（AWS）云计算平台，次年相继推出在线存储服务Simple Storage Service（S3）与服务器租赁和托管服务Elastic Compute Cloud（EC2），大受市场欢迎，奠定了如今亚马逊全球最大云服务商的地位。其间，微软、IBM、谷歌、甲骨文和SAP等一众巨头的入场，共同推动了云计算市场的发展和繁荣（众安金融科技研究院，2018）。

在我国，成立于2009年脱胎于电子商务巨擘阿里巴巴强大服务支持平台的阿里云是目前我国云计算领域的龙头，其后各类互联网巨头、电信运营商、传统IT企业及云计算初创公司纷纷涌入，超过百家各类服务商提供通用或细分领域应用的公共云计算服务。

当前，全球云计算市场仍处于发展初期，关键技术不断完善成熟，产品不断创新，服务能力持续提高，产业生态逐渐成熟。未来，随着云计算技术的进一步发展，并与诸多新技术、新应用和新场景融合，势必将进一少推动全球经济结构调整和产业革新，创造更多价值。

综上所述，全球云计算发展历程如表 3-2 所示。

表 3-2　云计算发展历程

形成初期 1999—2006	发展阶段 2006—2009	完善阶段 2009—2015	成熟阶段 2015 年至今
·1999 年 3 月 Salesforce 成立，最早的 SaaS 服务出现； ·1999 年 9 月，LoudCloud 成立，成为最早的 Iaas 服务商； ·2005 年，Amazon 推出 AWS 服务；	·2007 年，Paas 系统发布； ·2008 年，Google 推出 Google APP Engine；	·2008 年，微软发布公共云计算平台； ·2009 年，阿里云创立；	·2019 年，全球公有云市场规模超过 2 千亿美元； ·金融机构、政府等公共服务上云
·Saas/Iaas 云服务出现，并被市场接受	Saas、Iaas、Paas 三种服务模式逐渐被市场接受，电信、互联网运营商纷纷上云	云服务种类日趋完善；传统 IT 企业依托客户与合作方优势，进入云市场，打造自己的云服务系统。	产品功能健全、市场格局稳定；多云策略成为主流，混合云备受关注

（资料来源：《2020 年中国云计算行业研究报告》）

二、云计算的主要特点

（一）超大规模

"云"的规模相当大，如 Google 云计算的服务器已经达到 100 多万台，其他如 Yahoo、微软、IBM 等的"云"也拥有几十万台服务器。对于企业而言，一般拥有的服务器少则数百，多则上千。"云"可以赋予用户前所未有的计算能力。

（二）虚拟化

在使用云计算技术时，用户可以在任意位置、各种终端服务器使用对应的应用服务。人们可以从"云"中请求使用各种资源，这些资源不再是固定的有形实体。虽然应用可以在"云"中某处运行，但用户无须了解，也不用担心其具体位置在哪里。用户只要拥有一台笔记本或者手机，就可以通过网络来实现自己所想要的一切服务，甚至包括超级计算。

（三）费用低廉

"云"自身具有特殊的容错机制，这种机制可以让人们利用极低的费用来实现操作。"云"的自动化集中式管理帮大量企业节省了高昂的数据中心管理成本，而且其通用性使得资源的利用率大幅提升，所以用户可以利用低成本的优势来享受"云"服务。

除了以上优势，"云"计算还具有高可靠性、通用性、高可扩展性、高度兼容性、按需服务等优势，此处不再一一赘述。

三、数字经济中的云计算

（一）信用与风险管理：云计算支撑信用管理服务

全球领先的金融服务提供商安联集团主要为公司及个人提供保险和资产管理解决方案。随着保险科技的发展，安联集团也充分应用各类创新技术，拓展提升自身服务能力。

安联集团在关注信用风险及完善网络风险管理流程方面，主要应用云计算技术进行了以下尝试：

标准接口服务，无缝交易对接：安联集团下属的全球三大信用保险公司之一的 Euler Hermes 在 2017 年推出了"单次贸易承保"产品，在逐笔交易中，依托云计算等技术，依托专有的 API 接口，创建无缝连接交易过程，从而实现全面的信用管理（周荣华，李鑫，2019）。

系统深度融合，高效服务支持：同属安联集团的 AGCS 公司，则在与 Cyence 公司的合作过程中，通过云计算技术将自有的核保平台与 Cyence 公司提供的网络分析平台进行结合，利用 Cyence 公司的风险预测服务，快速确定客户的网络风险规模，进而进行核保服务，根据客户公司的具体规模来确定承包范围，并对客户的网络账户进行建模以确定风险趋势并分析如何应对不同的风险场景。

（二）"大保云"：云计算支持业务运营能力提升

太平洋保险在 2017 年提出"数字太保"战略，在数字、资源共享等数据化基础设施建设方面持续投入，并在数字化转型过程中基于云计算技术推出了"太保云"。

太保云在 Saas 层为分公司提供资源服务和开发测试环境，并计划在未来部署生产云，提升分公司的服务能力，促进公司的业务整合。在此之上的 PaaS 层，太保云结合 Docker 和 Mesos 的 DCOS（Data Center Operation System）平台提供中间件服务和数据库服务，来实现自动化部署、快速响应和持续交互。而在 SaaS 层，通过搭建包括云盘和智能客服等产品服务，太保云提升了整体的运营能力，助力公司数字化转型稳步推进。

第三节　人工智能重塑企业数字化转型

一、人工智能概述

（一）什么是人工智能

在日常生活中，对于自动驾驶的汽车、机器翻译，或者能够自己满地跑的扫地机器人，这一类不用人工参与就可以执行操作的产品，我们会很容易把它们认为是人工智能，而我们经常用的手机小程序或者 PC 机这一类，我们则会认为这些不太能够算得上是人工智能。到底什么是人工智能呢？它有没有一个容易界定的科学定义呢？如果从公众关注的视角上来看，就是刚才我已经提到的那些让大众眼前一亮的东西，更偏向于会被认为是人工智能。从这个角度来看，人工智能就是机器能够完成人们不认为机器能胜任的事情。那么，什么又是不能胜任的事情呢？显然，不能胜任的事情是随着时代的变化不停发展的。这在一定程度上也反映出，在当前的时代背景下，大多数普通人对人工智能的认识程度。比如，在新闻中看到机器可以下围棋，这让我们很惊讶，因为在我们的认知中，机器一直在围棋上是没有任何建树的，但是，它现在居然可以下围棋，而且还能打败世界冠军。这就是机器完成了人们不认为它可以完成的事情，显然，这无疑就是人工智能了。如果从这个视角出发，其实，人工智能的定义是在不停动态变化的。1997 年，国际象棋的程序战胜了世界冠军的时候，当时人们认为国际象棋的程序显然就是人工智能。随着时间的流逝，大家就会逐渐忘记这一点，在了解了国际象棋程序背后的运作规律之后，发现它只是在一个很大的搜索树上进行搜索，穷举所有的下棋步骤，而且需要加载很多大师的棋谱，人们就慢慢倾向于这个国际象棋程序只不过是在搜索，那它可能就不是人工智能。到 AlphaGo 打败了世界围棋顶尖高手，人们就开始认为能够下围棋的显然是人工智能，所以，实际上从公众关注的视角来看，人工智能是一个变化着的概念。

除了下棋之外，人工智能还有其他的应用领域，比如，把图像中的文字识别出来，典型应用就是光学字符识别 OCR，无论是印刷体的文字，还是人工手写的文字，OCR 计算机程序都可以从图片中把文字提取出来，大家觉得它能够从图片中识别字，那它就是人工智能。随着图片识别技术的发展，用户看到它只是做了图像增强边缘的提取匹配，在大家对图片内容识别习以为常之后，就认为这不是新的人工智能。现在，计算机程序对图像识别又进了一大步，不仅可以识别出照片里毛茸茸的动物是狗还是猫或是小鸟，还可以识别出一顿大餐照片中的食物内容。这时候大家又会觉得很惊讶，认为这又是个新的智能。即使是在科学家的范围里，人工智能的定义也是在不停变化的，早期的时候，科学家们认为所谓的人工智能，应该和人类的思考方式相似。什么是与人的思考方式相似呢？最直接的概念就是让人工智能程序遵循逻辑学的基本规律，可以进行逻辑的推理、运算与归纳，甚至从一系列的规则中，推导出我们现在还不知道的事实。这就是科学领域中人工智能的定义，它强调的是思考方式，所以我们把人类最高的智慧，即数学和逻辑应用在这个定义上。可能我们会发现某方面的数学和逻辑是有局限性的，并不是所有的事情都能够描绘得很准确，所以，很多复杂的事情数学及逻辑都还描述不了。

我们可以再退后思考，我们暂且不管它具体的思考方式是什么样的，因为我们确实不知道机器的思考方式具体是什么，所以，后来我们逐渐流行的定义是：人工智能是和人类行为方式相似的计算机程序。所谓的行为，是指它表现出来是一样的结果，即用相同的内容输入给人和机器，如果人和机器做出来的响应是相似的，或者是一样的，那么，我们就认为这个计算机程序它具有智能。放在人工智能上，就是不管人工智能的内容到底是什么，只要它表现出和人类一样或相似的行为，我们就认为它是人工智能。从实用主义出发，无论计算机如何去实现，只要它在特定的环境下，能够表现得和人类相似，我们就说机器程序在这件事情上具有人工智能。我们前面提到的图像识别、图像的分类，或者对某个事情做决策、进行分析推导等，这些都从实用主义的角度出发。长远来看，从发展的角度，很多人工智能的程序，并不是一出现就马上具有跟人相似的概念，就像人从婴儿开始什么都不懂，到了成人，再到成为某个特定领域的专家，都会经历一个成长的过程，如果按照这样去定义，人工智能应该是一个会学习的计算机程序。所以，在最近的这一波人工智能热潮中，人工智能在人们的眼里就是一个会不断自我学习的程序，如果人工智能不能进行自我学习的话，就不能称作是人工智能，进行深入学习也是人工智能的核心指导思想。这也符合人类自身认知的特征，也就是每个人都要不断地学习，才能够更加智慧，以处理世界上更多的事情。把历史上对人工智能的所有定义综合起来看，可以概括出一个不算是特别精确的定义：人工智能，是根据对于物理世界环境的感知，做出合理的行动，尽量争取获得最大收益的计算机程序。

（二）身边的人工智能

1. 家庭助手

家庭的人工智能我们叫作智能家居，智能家居是由家用电器极大丰富而引起的，科技给我们生活带来了很多的便利，让我们有更多的时间来享受生活。可能每个人都会经历这样的一个状况，随着家里的电器增多，遥控器也到处都是，而这些需要由人来单独控制的电器显然还不能够称为智能，所以，什么是智能家居呢？首先，它需要能够感知周围的环境，也就是家庭的整个环境，不仅仅是家庭的温度、湿度，甚至还有在家里活动的人的情况，所以有了像指纹门锁、自动感应灯、人体感应传感器等很多可以联网的传感器。扫地机器人是典型的智能家居设备，它是搭载了智能处理器的吸尘装置，作为智能家居的代表，扫地机器人需要结合大量的人工智能技术，才能够更好地进行居家的自动打扫。我们把扫地机器人放在家里，它自己就可以在每一个房间里自主地活动，而主人并不需要告诉它，要打扫的这个房间是什么形状，扫地机器人可以通过它自己的传感器去感知环境，甚至地脏到什么程度，扫地机器人都会自己感知到。到目前为止，国内外的扫地机器人产品已经都很成熟了，它们的外形都是大同小异，而对于扫地机器人而言，最重要的是要具备可以感知环境的传感器，比如距离传感器、超声波的雷达传感器等。扫地机器人的底面除了吸尘装置和运动装置之外，更多的就是传感器了，比如电子罗盘，它是可以去探测像台阶这样的悬崖传感器，以免扫地机器人在工作的时候从台阶掉下去。扫地机器人还可以在快没电的时候，感知到充电的地方在哪，自动地跑到充电点去给自己充满电，充好电后再接着干活。扫地机器人对于空间的感知来自空间传感器，它有一整套的空间传感器，以及非常精确定位的算法，使它能够知道所处的房间是什么样子，在哪儿有桌椅板凳以便它能够绕开。第二个典型的智能家居产品就是智能音箱，它是加载了智能语音交互系统的音箱，同时可以和网络连通提供互联网的服务，这样一来，它就可以获取互联网上的海量信息。用户可以通过简单的语音指令，让智能音箱播放音乐、查询信息，甚至通过智能音箱来控制各种智能家居设备的使用。从 2014 年 Google 的智能音箱风靡全美国以后，智能音箱迅速发展，在中国的智能音箱市场上也出现了众多已经很成熟的产品。为什么智能音箱如此重要？从某些角度来说，智能音箱充当了人和人工智能、人和机器之间的媒介。

在 PC 时代，我们用电脑的时候，交互方式主要是通过鼠标和键盘来实现。到了移动互联网时代，当我们更多地通过操作手机来获取信息的时候，交互方式则通过触摸屏来实现，通过手指的触摸来获取各种各样的信息。到了人工智能时代，如果还用鼠标、键盘以及触屏的话，获取信息的效率就太低了。人工智能时代的交互方式正在转移到语音、语言的理解以及视觉的理解上来，所以有了在手机上驻扎的个人助手，比如，苹果 iOS 系统的语音助手 Siri，你只要喊"嘿 Siri"，它就会跳出来说："我能为你提供什么样的帮助呢？"用户可以用接近自然语言的方式来对 Siri 下指令，比如发送信息、拨打电话等，甚至可以结合用户所处的位置来寻找附近的餐馆、酒店等，还可以做事件的提醒。在 PC 机上，也已经有了语音助手，比如微软 Windows 系统里的微软小娜。它不仅仅可以听语音命令，还可以理解用户说的话，通过本地或者网络引擎的搜索来回答用户提出的问题，并且通过对设备位置的感知，来向用户提供本地化的信息显示。

国内也有很多个人语音助手的产品，比如小米的小爱同学，它以一个智能音箱的形式出现，用户只要呼唤"小爱同学"，它听到后，在能够确定用户身份的同时，和用户进行语音交互。除了播放音乐之外，用户还可以通过小爱同学来控制小米一整套的智能家居的设备，比如开关灯、控制空气净化器的打开和关闭等。还有百度的小度机器人，它不光能够听到语音，还可以通过配置的摄像头识别到用户的表情变化，进行人脸识别的交互。小度机器人是机器人产品的形态，所以它还可以在小范围内进行活动、拍照等。除了这些之外，用户还可以通过它来进行搜索引擎上的信息查询，甚至可以用英文来和小度机器人进行对话。

2. 机器翻译

在我们的生活和工作中都少不了要接触到英文，尤其是出国旅行的时候，更避免不了要使用英文，这对于英文不是特别流利的朋友来讲的确是一个挑战，在过去这个时候往往就需要翻译人员的帮助了，而现在，我们完全可以借助机器翻译来传递这些信息。以前的机器翻译经常会闹笑话，比如"我说了算"这句话，机器翻译会把这句话按照汉语逐字地进行英文替换，我们就会看到一个很奇怪的英文翻译结果：I said calculation，机器翻译以为"我说了算"中的"算"是计算的意思。为什么会出现这样的笑话？因为以前的翻译方法主要是基于统计的机器翻译，这种方法把两种语言中同义的句子都切分成词，再根据词来进行内容匹配，进而把英文变成中文或者把中文变成英文，翻译结果都是机器通过统计数据得出来的。对于统计机器翻译来说，不同的发展阶段有不同的类型。第一种类型，是基于词的翻译，就是把一段完整的句子分解成一个一个最小的单词，然后再进行单词的替换。前面举的例子"我说了算"的翻译，就是基于词的翻译的产物。第二种类型，是基于短语的翻译，会把词进一步地组合成短语，包含了几个单词的短语就更加能够表达成语言或者说常见的用语，所以这种类型能够提高翻译的准确性。第三种类型，是基于句法的翻译，它先对一个句子进行语法的分析，把主谓宾定状补都分解出来，然后再用其他语言中相同的内容去替换它。这种基于句法规则的翻译，是基于统计机器翻译的最高的阶段。在机器翻译发展的过程中，不断有辅助的技术加进去，但是，经过了多年的努力后，机器翻译的效果仍然没有达到预期的效果。正当人们陷入非常失望状态的时候，在 2016 年的 9 月，谷歌公司发布了用神经网络进行机器翻译的产品——谷歌翻译。这种智能翻译可以说是对以前机器翻译的强大颠覆，使人们对机器翻译又重拾信心，它能够使得单词的错误减少 50%，词汇的错误减少 17%，而语法的错误也能够减少到原来的 19%，从翻译结果来看，它是相当逼近于人工的翻译的。这种全新的机器学习翻译系统，将全面启用在"谷歌翻译"里面的"中文翻译英文"，翻译的结果就更加准确流畅。同样是"我说了算"这句话，谷歌翻译就翻译得比较准确了，它的翻译结果是：I have the final say，就是说最后是由我来说话，我说了算的。

　　微软公司在人工智能机器翻译的产品开发上，也取得了很大的进展，主要体现在对通用的新闻报道的翻译上。我们都知道，新闻报道包括社会性事件、体育新闻等，这些报道充分体现了人类会受到语境语义限制的自然语言特点，而微软机器翻译系统在对新闻报道的翻译上，可以非常接近人工翻译的结果。所以，可以说微软的机器翻译系统，是第一个在新闻报道的翻译质量和准确率方面都可以比肩人工翻译的翻译系统。在微软的机器翻译系统中，人工智能体现在两个技术上：第一个是对偶学习，即中文翻译成英文和英文翻译成中文，这两个任务存在着某种对称和对偶的结构，所以这两个任务可以通过相互提供反馈信息来互相提高。第二个是推敲网络，在神经网络上的翻译任务完成之后，机器可以继续学习，进行反复地推敲，而且它可以基于前一阶段的翻译结果，对新闻报道的翻译结果进行润色，以达到更高质量的翻译结果。国内也有很多智能翻译的产品，比如"有道翻译官"，它可以做语音对讲翻译，也可以通过手机的摄像头拍照，然后对识别到的文字进行翻译。还有"网易见外"，它可以在视频中提取语音来进行实时翻译。机器翻译还有一个很典型的应用，就是实时视频字幕。很多外文的电影或者影视作品要想让中国的一般观众都能看得懂的话，就必须加上字幕，这项工作通常都是由字幕组进行人工翻译来完成的。但在最大的视频分享网站 YouTube 上，就出现了自动字幕的功能，也就是说，不再需要人工去添加字幕了。在 YouTube 上，超过 10 亿个线上影片的字幕都是由系统自动生成的。YouTube 从 2009 年开始，就已经启动了自动字幕，当时它是用语音识别技术来生成英文字幕，但仅仅是生成英文的字幕，而且生成的质量还不是那么高。随着人工智能的语音识别技术发展之后，在 YouTube 上的自动英文字幕就大幅度地提高了语音识别的准确率，而且在机器翻译技术的支持和发展之下，可以把识别的英文字幕实时地翻译成中文、法文、西班牙文等其他的非英文字幕。这样一来，我们在视频分享网站上就能够看到并不需要人工操作就可以看到的各种语言，而且可以看出来，这些实时翻译的字幕质量还是相当高的。

3. 图像识别

图像识别，是通过人工智能技术根据图像来识别图像的内容、含义及所表达的意义，生活中我们可以看到很多图像识别的应用，比如按照图像来进行搜索、对照片进行分类、对人的面部进行识别，除了识别之外，还可以进行实时的处理，比如自动美颜，还有通过实时视频进行安防方面的监控等。

第一个图像识别应用是图像搜索。这项应用在百度识图和谷歌的图片搜索中都可以，当用户看到一张图片的时候，如果想找到这张图片在别的什么地方曾经出现过，或者和这张图片相关的新闻报道内容是什么，就可以启用按图像识别来进行搜索。比如，用一张图片去搜索，最后搜索的结果不仅可以确认这张图片出现在哪些网站上，还能够把和图片内容相关的新闻网页显示出来，而且，还可以分析出与这个图片相关的关键词是什么，这实际上就是对图片内容的解析。

第二个图像识别的应用是照片分类。典型应用是谷歌相册，它可以改变我们传统管理相册的模式。我们现在通过手机、数码相机拍摄照片和影像的情况越来越多，在拍完照片之后，你如何去整理呢？在以前的胶卷时代，一个胶卷只有三十几张照片，一年下来也就拍个百八十张照片，用相册来进行分类就可以了。到了数码相机普及的时代，尤其是智能手机普及了之后，可能出去游玩一次就会拍下上千张照片，这时候再用传统的方法对每一张照片进行归类、进行标注的话，那么就会付出很大的时间代价及成本。所以，在人工智能技术的浸入下，照片分类就成了完全自动的方式，在谷歌相册里面，照片不需要手工去添加标签就可以自动地进行分门别类，比如说按照人来分类，相册可以按照每一个不同的人脸，把相同的人都归成一类。也可以按照食物的标签来进行归类，比如拍了很多张食物的照片，用户只要搜索食物，谷歌相册就会把你拍过的所有的食物照片放出来。在人脸识别的基础上，谷歌相册还可以进一步识别出用户身边的宠物，你的猫、你的小狗都可以被识别出来，它们在家里活动的各种形态、瞬间都可以被相册放映出来。除了类似食物这种静止的名词之外，还可以搜索"会议"，相册就会把在上课、在开会的场景照片放映出来。我们最常用的面部识别典型应用就是对手机进行解锁，手机解锁的传统方式是输入密码，画一个图形，或者指纹，这些方式都需要与手有所接触，需要用手来进行操作，引入面部识别解锁后，用户只需要拿起手机，手机的前置摄像头就能在瞬间认识到主人，然后自动把锁解开。最早的面容解锁是苹果的 iPhone X 发布的 Face ID，它采用了最先进的人脸识别解锁方案，在 iPhone X 里内置了能够感知到用户三维立体成像的三维深感摄像头，再搭配上红外摄像头，就能够提升面部识别的精确度和安全性，这样一来，就不能用平面照片骗过解锁系统了。对视频进行实时的处理，典型应用是我们日常当中经常使用的自动美颜，现在喜欢自拍的人越来越多，每个人都对自己的容貌有非常高的期望，所以现在的自拍产品都会加入实时美颜的人工智能技术，比如，在静态的拍照上进行处理，实时识别出你的面部，对眼睛、鼻子、嘴巴等不太完美的部分做出自动调整，调整美颜完成之后，得到的面容并不是别人认不出来的，它仍然具有用户自身的神韵。除了静态的照片之外，人工智能技术也可以对视频进行实时美颜，这些技术常见于短视频网站和应用上，比如抖音、快手等，这些平台上会有很多对视频实现处理的美颜滤镜。

图像识别在安防和监控上的应用，对我们每个人的安全都非常有意义。随着监控摄像头的分辨率越来越高，监控内容也看得越来越清楚，但是依然存在一个问题，那就是人工。也就是说，即使再高清的内容，如果最终还是需要人工来看的话，那么随着监控摄像头数量的增加，人力还是很有限的。在引入人工智能识别技术后，机器对监控影像的识别就从看清向看懂进化了，人工智能技术加上安防监控摄像头，就可以让人工智能来实时分析现场视频，及时发现可疑的人。比如在逃的罪犯，如果他到了火车站的候车室，只要他一抬头，马上就会被智能摄像头识别，转而向警察进行报警。如果出现了事故，智能摄像头也可以第一时间进行报告。如果把智能摄像头应用在交通方面，对智能交通的实现也非常有帮助，它可以自动识别汽车牌照、汽车的违法行为，也可以分析交通流量，甚至可以知道在某个路段，每辆车的平均速度是多少，这些对于交通管理就会有一个很好的参考价值，通过这些参考的信息，智能摄像头还可以接入到红绿灯的控制系统，根据交通流量来对路口实现动态的控制，使整个城市的交通更加流畅，我们的生活更加便利。

4. 自动驾驶

汽车是我们人类现代文明的一个象征，也是人类最伟大的发明之一，作为基础设施，在工业社会中，交通运输物流，都需要由汽车来完成。那么，人工智能在汽车交通运输方面能有什么作为呢？那就是自动驾驶。人工智能应用在自动驾驶上，有很多代表性的例子，比如 Google 的 Waymo；吴恩达的 Drive. AI；把人工智能用在卡车也就是物流运输上的自动驾驶卡车；国内也有人工智能的自动驾驶的应用，比如小马智行和百度无人车。首先我们来看看 Google 的 Waymo，从 2009 年开始，Google 的 X 实验室正式启动了 Google 的无人驾驶项目。2015 年，一位盲人乘客坐在一个没有人控制的、看起来非常可爱的、型号为"萤火虫"的自动驾驶汽车里，安全地行驶过奥斯汀市的街区，这也是全球首次真正意义上的无人驾驶。自此之后，Waymo 就开始向公众提供交通出行的服务，在 2017 年 11 月，Waymo 宣布可以实现完全无人自动驾驶状态下的乘客运输，它和凤凰城山河谷公交公司合作，致力于把乘客送到公交车站，或者把乘客由公交车站接送到他们的目的地，这就是被称为"最后一公里"的一个衔接的工作。除了 Google 在自动驾驶上的努力之外，还有一位非常著名的人工智能研究专家——吴恩达，他开创了 Drive. AI，这个 Drive. AI 首先在得克萨斯州进行了自动驾驶的测试，这也是美国得克萨斯州首次迎来可以日常载客的自动驾驶汽车。它是在固定线路和固定区域上进行行驶的，而这个无人驾驶的车队则成为城市南部产业园区办公室员工的通行车辆，可以带着他们穿梭在办公室、体育场和公寓之间，给员工带来了很大的便利。Drive. AI还考虑到与人交互的需求，所以配备了液晶显示屏，Drive. AI把液晶显示屏的屏幕称为"人机交互系统"。这个系统可以通过文字和符号来完成与车外行人和车辆的沟通，它会提示车外的行人和车辆，这辆自动驾驶的汽车正处于什么样的状态、需要做什么事情等，这也是人工智能无人驾驶的一种辅助手段。

除了运输乘客之外，自动驾驶在货运方面也取得了很大的成功，Waymo在自动货运的试运营上，在美国的物流中心亚特兰大，为Google的数据中心运输货物，它在工厂配送中心、港口、最后的货物需求点之间，形成了一个物流的网络。特斯拉也发布了自动驾驶的电动货车。由此看来，在货物运输上，人工智能也能够起到很大的作用。Embark自动驾驶卡车曾经完成了一个壮举——横穿美国，它穿越了美国的东西海岸线，从西海岸的加利福尼亚州，一路开到了东海岸的佛罗里达州，创造了一次完全无人驾驶卡车的测试记录，总里程达到了3 864公里。

我们国内的人工智能也不甘落后，在国内，有一个自动驾驶的独角兽公司——小马智行。在2018年2月，小马智行第一支无人驾驶的车队正式在广州的南沙上路运行。百度公司一直声称要转型人工智能，所以，百度在无人车的研究上也投入了相当大的力量，百度和中国的客车公司——金龙客车合作，开发了一个L4级别的自动驾驶巴士"阿波龙"。现在，人工智能在自动驾驶上，已经一步步地走向成功，相信不久的将来，我们就可以在城市的街头看到很多行驶的汽车，但是里面却没有司机，只有乘客。

5. 医疗健康

人工智能技术如何能在医疗健康的领域发挥作用呢？人工智能技术和大数据的数据服务应用于医疗行业，可以大大地提升医疗行业的诊断效率和服务质量，以便更好地解决医疗资源短缺的问题。将来为我们做诊断的医生，在人工智能和大数据的帮助下，他可能在短时间内就能建立起很丰富的经验，从而更好地提供医疗服务。医疗健康有以下几个部分：

第一是医疗影像和诊断。在医疗影像和疾病的诊断方面，人工智能的优势在哪儿呢？首先长期的行医历史积累了大量的影像资料，通过这些影像资料，可以对人工智能进行训练。随着人工智能在图像识别和影像分类方面的技术越来越成熟，医疗影像和疾病诊断就得到了很大的发展，2018年的8月初，江苏省的放射科专家们参加了"肺结节CT读片百人大赛"，他们不是相互之间进行比赛，而是和人工智能的算法进行比赛，从比赛的结果来看，人工智能的成绩都高于这些高级职称组的专家们，这个新闻就为我们提供了一个很好的线索，我们发现人工智能的专家，实际上已经接近甚至超过了人类高级专家读图和诊断的效率。除此之外，2018年的7月，"腾讯觅影"系统发布了"结直肠肿瘤筛查"的人工智能系统，它可以通过影像来帮助临床的医生诊断癌症和肿瘤的疾病状况。在国外，1997年在国际象棋比赛中战胜了卡斯帕罗夫的深蓝系统，它的第二代IBM Watson人工智能系统，则主要是面向癌症患者提供医疗诊断帮助，到目前为止，Watson已经为超过84 000位病人提供了帮助，目前Watson系统还在继续地学习当中。

第二是在医疗方面的虚拟助手。开发在围棋比赛中战胜人类的AlphaGo的公司Deep Mind，它下设一个叫Deep Mind Health的部门，即医疗健康部门，这个部门利用AlphaGo积累下来的机器学习技术，预测病人住院期间病情恶化的情况，从而帮助医生和护士更早地发现病人的病情，及时采取治疗方案。作为医生和护士的虚拟助手的同时，病人也可以用来自助，像国内也有一些医疗方面的App程序，比如"康夫子医疗大脑"，它通过学习海量医学书籍，构建起了庞大的知识图谱，可以帮助用户做预期的诊断，然后再提供医疗的建议、用药的建议以及病愈之后的身体管理和饮食管理等。

第三是为患者动手术的医用机器人。医用机器人主要体现在外科手术领域，机器人通过机械臂，可以提供非常高的精确度和手术的可靠性，大大降低了外科医生的劳动强度，而且，机器人在微创手术的区域定位方面，可以达到非常高的精度，既可以让患者在手术后创口很小，也可以让病人快速地痊愈。在应用机器人方面，中国国有的天智航公司和我国最有名的骨科医院北京积水潭医院合作开发了一个骨科机器人，这个机器人已经在全国累计完成了3 700多例的手术。在可预见的未来，医生会和人工智能一起来为我们做疾病的诊断和治疗，也会有机器人出现在医院的手术室里面，这样的未来，让我们的健康更加有保障，整个社会的医疗资源就能够大大丰富。当然，医疗健康的问题不仅仅是所谓的诊断和治疗的问题，我们作为一个现代社会的人，也要注意自身的健康，不要等到生病的时候再来找人工智能，人工智能可做的是为用户提供健康管理的方案，这才是使我们的健康更有保障、医疗资源极大丰富的体现。

二、数字经济中的人工智能

（一）机器学习在寿险反欺诈领域的应用

欺诈这个现象，长期以来都困扰着寿险行业，在其发展的过程中，是一个急需解决的重要问题，它影响着保险行业健康发展。中国人寿作为我国最大的商业保险集团之一，在反欺诈方面也投入了大量资源进行能力建设。随着技术的不断进步和海量数据资源的积累，中国人寿也应用机器学习等技术，对寿险领域存在的潜在欺诈案例进行挖掘和追踪，降低传统案件处理过程中的人为不确定因素，提高识别准确率，节约人力成本（钱维章，2017）。

中国人寿在对历史相关数据进行深入分析研究的结果中发现，重大疾病保险、短期健康保险和意外险欺诈案发率较高，这些险种都属于人身保险。而重大疾病保险、两全保险、定期寿险均涉案金额相对较高。从这两组数据可以看出，重大疾病保险在两项指标中都比较突出，因此，重大疾病保险也成了反欺诈的重要关注内容。

（二）机器学习在保险资产管理领域的应用

作为我国首家保险资产管理公司，人保资产在业内一直积极探索和尝试用创新技术推动保险业资产管理的发展。2018 年 1 月，人保资产发起成立"人工智能发展与应用小组"，希望在"智能风控"领域实现突破。团队从发债主体信用资质变化等大数据入手，着手开发具有人保资产特色的"机器学习算法"，通过精准程序设定，让计算机根据市场内企业公开的财务指标"研判"和"学会"信用资质变化的一般规律，并自主应用此规律开展智能化信用评估（王小青，2019）。

人保资产在大数据和人工智能技术的帮助下，还开发了信用舆情智能分析系统。这个系统可以大大降低人工核查的一些弊端，并提升其效率，同时也能降低资产管理方面的风险发生的概率。通过机器学习和自然语言处理加工，对市场上传播的各类信息进行过滤，使计算机能够对文本有倾向性，能对发债主体的舆情变化尽早发现尽早预警，并以此为依据之一，对发债主体的信用评级进行相应的调整，及时调整投资布局。

第四节 区块链应用赋能企业数字化转型

一、区块链技术基本定义

区块链技术起源于 Nakamoto S.（2008）发表的一篇奠基性论文《比特币：一种点对点电子现金系统》。区块链是一个分布在全球各地、能够协同运转的分布式核算、记录的数据存储系统，由于交易记录在此记账系统中分区块存储，每块只记录部分，同时每个区块都会记录前一区块的 ID（identity，身份标识号码），按交互化的、分布式新型记账系统。区块链具有三大特点：

一是去中心化。区块链技术不需要中心服务器，不存在中心化的硬件或第三方管理机构，连接到区块链网络中的所有节点权利和义务都是均等的，数据块由整个系统中具有维护功能的节点来共同维护。

二是透明性。除了交易各方的私有信息被加密外，区块链上的所有数据对所有人公开，所有参与者的账本都公开透明、信息共享。

三是安全性。区块链技术支持的交易网络中所有交易采用加密技术，使数据的验证不再依赖中心服务器，极大提高了全链条上发动网络攻击的成本和篡改信息的难度，维护了信息的安全性和准确性，降低了信用成本。另外，由于所有节点都拥有相同的全局账本，所以个别的节点被破坏或消失不会影响到整体。

二、区块链技术的主要分类

区块链划分的标准不是参与节点的多少，而是整个系统中记账节点的门槛和记账权的分散度。按参与对象范围的不同，区块链可粗略区分为公有链、联盟链和私有链（表3-3）。

表 3-3 区块链按参与对象范围和关系的不同分类

	参与对象	方案价值	适用领域	优点
私有链	单独的个人或实体	不完全解决去中心化信任问题，但改善可审计性；具备智能合约属性	公司、政府内部审计和测试，政府主导的产权登记等	容易部署，能实现较好地控制
联盟链	预先预订或特定发起的组织	多中心化，大幅解决信任问题、降低成本、提高效率	银行或国家清算、结算	控制权易设定、扩展性较好、可提供较快的交易频率
公有链	任何对象都可以参加	去中心化、去信任化	广泛应用于支付、金融资产交易、存在性证明等	灵活性大，能部署丰富的应用程序

（资料来源：中投产业研究院）

（1）公有链参与对象广泛，每个参与者均参与记录和保管记录，比特币是典型的公有链。

（2）联盟链节点参与者是开展相似业务或有着共同需求的群体，如数十个国际大银行共同参与运作的 R3 CEV。

（3）私有链则不仅节点更少，其更本质的特征是所有节点可能最终都是由一个实体控制，一个公司内部的区块链系统可以是典型的私有链。

三、区块链技术产业发展规模

（一）市场规模

中国区块链市场发展迅速。2017 年中国区块链市场规模仅为 3.3 亿元，到 2022 年产业规模增长至 84.6 亿元，年均复合增长率为 91.32%，且 2018 年和 2019 年增速达到百分百以上，但在 2020 年受到新冠疫情影响，区块链行业进入调整期，增速有所减慢，然而市场规模仍保持继续增长。随着各地政府的关注和重视，预计未来我国区块链以及相关衍生产业的市场规模将持续增长，如图 3-1 所示。

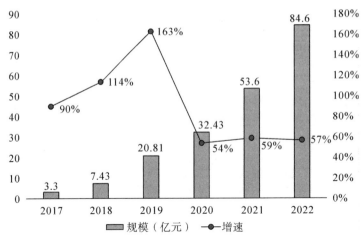

图 3-1 2017—2022 年中国区块链市场规模及增速

（资料来源：IDC 前瞻产业研究院）

（二）企业数量

企查查数据显示，2014—2023 年这十年，我国区块链相关企业每年的注册量总体上呈现出逐年增加的趋势。其中，2018 年注册量同比增加139.6%，达近十年增速峰值；2022 年注册 5.21 万家区块链相关企业，首次突破 5 万家；2023 年，我国区块链相关企业注册量增加至 6.33 万家，达近十年注册量峰值。如图 3-2 所示。

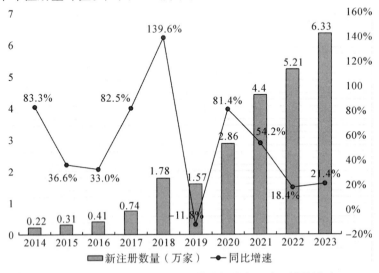

图 3-2 2014—2023 年中国区块链相关企业注册量及增速

（资料来源：企查查）

四、区块链技术赋能企业数字化转型

（一）区块链非对称加密技术保障企业数据安全可信

在数字经济时代，数据安全问题是困扰企业的一大难题。即便是互联网巨头也无法妥善解决内部数据泄露的危机。但随着区块链技术的发展，区块链的多种加密机制和多方维护的联盟链方式使数据的存储环节和流转环节变得更安全；区块链的签名验证机制使得数据在流通时更加可信、可验证。因此，区块链技术的发展解决了数据共享最基础的信任问题，使数据在共享的同时又能够有效防止被滥用，从而保障企业数据安全可信。

（二）区块链助力企业数据资产化，加速数据流通变现

数据资产是企业资产的重要组成部分。使企业的数据资产产生收益，才能实现其市场价值。区块链技术依托分布式账本结构与智能合约功能，可以为企业数据建立一个数据信任共享生态，企业可在生态中实现智能化的数据资产交易、数据资产授权与数据价值转移等应用场景，从而实现企业数据的市场价值，让数据为企业带来切实可变现的收益。

（三）数据资产上链登记，提升企业数据资产认证确权效率

在互联网时代，数据资产广受资本市场追捧，因此数据资产的确权就显得愈发迫切。然而，即便是在全球范围内，也没有形成一套成熟完善的数据资产确权的解决方案。但是随着区块链技术的发展，区块链技术去中心化全网记账的特点可以为企业数据资产进行上链确权，通过多重签名等技术实现数据认证。由于认证数据不可篡改，因此可以保障企业数据资产的唯一性。同时，认证数据公开透明并能及时查询，从而增加企业数据资产的流动性。

（四）区块链赋能企业数据存证溯源、可管可控

区块链是一种不可篡改的、可溯源的、全历史的数据库存储技术。区块链上存储的数据具有不易被篡改并可追溯的特征。在企业大数据流通环节，利用区块链技术实现数据资产登记、认证确权、数据交易等，相关信息及数据流通等都会被记录在区块链上，能够方便企业快捷地实现数据资产和数据流通的溯源，并实现企业数据的可管可控。

第四章 数字化商业模式——助企业效率提升

基于当前数字经济时代的发展背景，加强商业模式创新对推动企业数字化转型起到了非常重要的作用。由于数字经济环境的影响，供需结构在原有的基础上发生了相应的变化，生产要素与需求之间出现了新的关系，形成了新的商业模式。数字经济时代的到来为企业发展提供了新的视角，数字经济势必成为企业商业模式创新的重要切入点。因此，有必要从商业模式创新入手，探讨数字经济背景下的企业商业模式发展对策和建议。

第一节 商业模式基本概述

在数字化时代，企业商业模式已经发生了巨大变革。商业模式数字化是企业家和管理者必须做出的战略选择。因为商业模式决定了企业如何利用内外资源与能力来有效创造客户价值，并保证产品交付的流畅性和稳定性，最终构建出新的运营模式与价值创造方式。数字化商业模式通过全新数字化流程的引入，并删除多余的行为，来为利益相关者创造更大的价值。

一、商业模式的概念

商业模式通常被认为是企业价值获取和价值创造的一种方式。从过程的角度来看，商业模式是贯穿于企业价值创造全过程的各种企业要素和资源的整合、协调和发展，以价值输出为目的的一系列价值创造活动。因此，商业模式可以理解为企业通过业务经营来实现价值创造和获取的基本逻辑。那么，要探究数字化商业模式的本质，就需要把握数字技术和业务经营间的关系。数字技术具有"使能"和"增强"两个基本职能。其中"数字使能"指的是通过数字技术使原来不可能出现或无法进行的交易变成可能，它强调的是利用数字技术实现以往无法实现的新型商业模式，一般是基于数字技术开发新业务，体现为数字业务化；"数字增强"则是指在原有的基础上实现某种性能、要素和价值的提升，它体现为数字技术与传统业务的融合。因此"数字增强"强调的是利用数字技术完善现有商业模式，利用数字技术拓展已有业务，体现为业务数字化。综上所述，数字化商业模式是企业利用数字技术对现有业务或者新业务开展数字增强或数字使能，创新和完善价值创造与获取逻辑，通过业务数字化和数字业务化两条路径，充分发挥数字化的优势与潜能（张敬伟 等，2022）。因此，数字化商业模式的实现路径有数字业务化和业务数字化，具体形态可划分为以下 3 类，如图 4-1 所示。

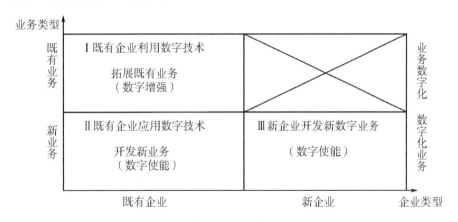

图 4-1　数字化商业模式的内涵

二、数字化商业模式的特征

1. 数据驱动

数字化商业模式的核心数据。应用数字化技术搜集、分析和应用大数据，可以使企业更好地了解客户需求，预测市场变化趋势，进而优化其产品和服务。数据驱动的商业模式可以使企业能够更精准地定位目标客户，并提供个性化的产品和服务，从而提高客户的满意度和忠诚度。

2. 平台化

数字化商业模式需要借助互联网平台，将传统商业模式转变成线上线下一体化的商业生态系统，如果没有互联网的使用，亚马逊、阿里巴巴、Facebook、谷歌等都不可能实现。通过创建互联网平台，企业可以整合用户资源、销售渠道和供应链，从而实现资源共享和优化。

3. 创新性

数字化商业模式的成功离不开创新。企业需要不断地进行技术和商业模式创新，才能适应快速变化的市场环境，从而帮助企业在市场竞争中脱颖而出引领企业发展。

三、商业模式的常见类型

（一）网络营销模式

1. 大众化营销

大众化营销（Mass Marketing）将所有的消费者视为目标市场，没有特定对象或市场区隔的策略。非网络的方式是透过报纸、电台或电视广告，单方面地将广告传递信息给社会大众。特点是曝光量大，但是营销成本也高。在网络上施行大众化营销，最常见的是到大型入口网站置放广告，如爱奇艺的首页广告。装置的 App 也可见到大众化营销的广告。大众化营销逐渐走向传统媒体与网络媒体的整合策略，例如许多品牌广告，在花了大成本制作之后，在电视上播放一段时间便会下架换新，以提供电视观众新鲜感；下架的广告便置放到网络上，可供长期点阅观看。在 bilibili（简称 B 站）上可观赏到历年来精彩的广告，不只是强化品牌形象，也为商品持续带来广告的效益。

大众化营销特点如下：

（1）注重品牌与产品的形象和特色。

（2）没有市场区隔，触及的消费者广。

（3）通过重复广告的方式加深消费者印象，并提高品牌认知。

（4）营销成本高。

（5）传统媒体与网络媒体产生综合效益。

（6）商品大多为知名品牌的大众化商品。

2. 在线关系营销

关系营销（Relationship Marketing）是基于持续的关系维护为企业带来持续的获益。企业需要维护关系的对象，不只是顾客市场（Customer Market）以及和企业有往来或对企业有影响力的对象，还包括内部市场

（Internal Market）、潜在员工市场（Recruitment Market）、供货商市场（Supplier Market）、推荐者市场（Referral Market）以及公共部门的影响者市场（Influential Market），六种市场都是企业需要维护关系的重要对象。在网络上要能建立良好的外部关系，最有效的方式仍是以连结网络社群来建立良好的品牌形象。

在电子商务的应用上，关系营销的操作，需要让顾客在交易过程及后续的使用上，能感到满意；企业可借由顾客关系管理，来持续强化企业与顾客之间的联系，以促成顾客忠诚度、能重复购买、在网络产生口碑的效应。在做法上，可参考下列建议。

（1）电子邮件

可根据顾客提供给网站的个人信息与购物记录，定期寄出新产品介绍或促销信息。

（2）定制化网页

当顾客进入网站，可提供个人化的首页，如 Amazon 在顾客连结到网页时，会在网页上呈现该顾客的名字，并依照顾客过去的购买记录推荐书籍或其他商品。

（3）在线顾客意见调查

可借由简单的问题，实时获得顾客对该服务的看法或态度。例如，Amazon 会在回复顾客的在线或 E-Mail 提问之后，询问顾客这项服务是否解决了顾客的问题。但是网站必须做真实的调查，也就是汇整意见后，对于顾客抱怨能有效地改善。当顾客感受到网站有真实的改善，会感受到尊重，并建立良好的品牌印象，对于形成忠诚度将产生重要的影响。

（4）在线实时语音或简讯互动

电子商务销售商品的类型越多，顾客越可能有更多不确定问题，让他们难以在网站上购买，从而转向实体商店。网站可利用在线电话或是简讯软件（如聊天室软件），提供在线实时服务，可快速解答顾客的问题，并促成交易。

3. 许可营销

许可营销（Permission Marketing）这一模式是在消费者答应接收营销信息的前提下，营销人员可提供其商品信息或促销讯息。与许可营销相反的是干扰营销，常出现在消费者不注意或未事先告知的情况下，往往会令人反感。基于电子商务的情境，寄发电子邮件几乎不需要营销成本，所以常造成滥用的情况；每个人的电子信箱常被广告信件"挤爆"。某些网站在网友连结之后，随即弹跳出大篇幅遮蔽屏幕的广告，却通常会干扰使用者。这些不当的营销方式，引发消费者反感，导致该营销无法发挥真正的效益。

电子商务网站应该在基于尊重顾客的前提下来设计营销策略，才能营造良好的顾客关系。在顾客注册时即询问接收电子优惠信息的意愿，让消费者自行点选愿意或拒绝。消费者认为该网站所寄送的信息是有用的，且愿意接收，就构成了许可营销。在这样的情况下，从电子邮件接收到商品信息，进而产生购买意愿，才会有助于消费者关系的建立。

4. 集客式营销

集客式营销（Inbound Marketing），又称为"引入营销"，其是应用社交媒体上的品牌或企业内容来吸引网友连结到企业官网。推出这一模式，主要是社交媒体兴盛所带来的机会。企业可在各类型社交媒体制作有吸引力的内容，例如微博、公众号推文、抖音等。相较过去的付费广告（Outbound Marketing），企业制作和购买媒体广告，以干扰的方式播放给消费者，但效果却越来越差。付费广告的模式包括电视广告、平面媒体广告、网站横幅广告或 E-Mail 邮寄广告等。

企业要操作集客式营销，主要掌握三个原则。

（1）让网友发现你（Getting Found）

品牌制作的内容，或经由社群传播的内容，能吸引网友到你的网站来，也就是能创造流量、导入流量。

（2）转变（Conversion）

网友到访官网之后，要设法让他们愿意留下数据，让企业开始和他们联系，并建立关系，让他们成为潜在的顾客（Leads）。企业要把握这些潜在顾客，强化关系，进而让他们成为企业的顾客。

（3）分析（Analyze）

将所有的数据做综合分析，例如有多少到访的网友转化成潜在顾客？有多少转化成顾客？借由分析信息，以修订社群媒体的内容策略与官网的顾客转化策略。

常见的集客式营销例子，如营销人员将品牌制作的微电影，或有趣的广告影片，置放到 bilibili（简称 B 站）供网友观赏。影片结束后会提供连结，或是告知官网或商品信息。另外，抖音上有许多的食记分享，提供丰富的视频及介绍，吸引网友阅读，最后再告知美食店家或餐厅的名字、地点或电话等。

集客式营销特点如下：

（1）获取新顾客的成本较低。

（2）属于内容营销。

（3）不靠干扰营销也能吸引消费者注意。

（4）透过顾客引来新的顾客。

（5）营销内容需要有创意。

（6）透过影片、文章或网址发表。

（7）网络上点击率非常高。

（8）顾客会自愿地被获取。

（9）容易成为意见领袖。

（10）顾客主动搜寻。

（11）可产生口碑、病毒营销。

（二）软文营销模式

1. 软文营销的定义

对于软文营销，我们可以这样定义：软文营销，是指通过特定的概念诉求，以说故事、摆事实、讲道理的方式让潜在消费者进入企业设定的思维圈，通过强有力的针对性心理攻击，迅速实现产品销售的营销模式。从本质上说，它是一种软性渗透的商业策略，主要借助文字表达和舆论传播促使潜在消费者认同某种概念、观点和思想，从而达到宣传企业品牌、推广和销售产品的目的。可以说，软文营销是一种生命力极强的广告形式，也是一种很有技巧性的广告形式（吴建琴，2019）。

美国传播学家哈罗德·拉斯维尔提出过一套传播模式——5W 模式（胡小英，2015）（图4-2），该模式经过不断运用和总结，逐步形成了一套成熟的 5W1H 分析法，也称六何分析法。这种看似简单的分析法，可使思考的内容深度化、科学化。

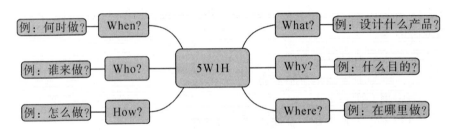

图 4-2　5W1H 分析法

（1）第一个 W：目的（Why）

这是软文营销的核心。软文营销同其他任何一种营销方式的目的都一样，都是促进产品销售。只是软文的打广告方式比较隐蔽，有时候软文会全文介绍某家企业或机构，比如软文《能吃到鱼翅的巴西烤肉店》，有时候产品的名称在软文中会一带而过，比如《一位老板的坎坷红酒创业路》，有时候企业和产品的名称都不会出现，软文只是为企业和产品进入市场而预热，比如系列软文《人类可以"长生不老"》。

（2）第二个 W：对象（What）

你最希望潜在消费者知道企业哪方面的信息、产品哪方面的特性，潜在消费者最需要的产品或服务是什么，那么你就需要在软文中提供什么内容。比如，脑白金的系列软文，就全面地解释了脑白金技术，为"今年过节不收礼"的脑白金产品火遍全国奠定了舆论基础。这需要你对自己的产品非常熟悉，对目标消费群体的心理、动机等也都要透彻分析。

（3）第三个 W：地点（Where）

这里的地点主要是指发布软文的渠道。现在，软文几乎无处不在，可以说，有人的地方就有互联网，有互联网的地方就有软文。因此，软文的用武之地相当广泛。微信、微博、博客、空间、论坛、游戏、官网、贴吧、企业网站等平台，都可以为软文所用。这主要是看软文的内容符合哪个或哪些渠道定位，就可以在哪里发文宣传。

（4）第四个 W：时间（When）

软文的发布往往有一个既定的时间安排，比如，这一段时间在哪些互联网平台发布哪篇软文，下一个阶段怎样调整等。当发生热点新闻或事件的时候，比如世界杯、园博会等，我们也可以适当借势，并选择恰当的切入点，随时跟进。

（5）第五个 W：人员（Who）

人员有两种指向，一是潜在消费者，二是软文操作人员。在策划软文营销时，首先，我们要清楚自己的产品定位在哪个消费者群体，我们的潜在消费者有什么特征。你的目标是谁，软文的对象就要是什么人。比如，《打开明星珠宝箱》这篇软文从标题上来看，其目标消费群就很明确，即对明星及对珠宝首饰感兴趣的女性。

有时候，软文会交由企业推广宣传部门操作。有时候，软文的运作，如构思、写作和发布等，需要与一些专业的营销机构合作。那么，我们就要选择那些行业评价优良的机构操作软文，以保证软文质量。另外，我们还要安排人员做好软文的跟踪和效果评估工作。

（6）最后的 H：方法（How）

方法就是软文要怎么写，这是软文营销最见功底的地方。要求我们用最适合的写作手法把产品最独特的地方表述出来，要做到生动新颖，富有可读性，以吸引潜在消费者的视线和思维。

2. 软文营销的六大要素

软文营销是一种具有顽强生命力和极高技巧性的广告营销方式。软文之所以被称为软文，其核心就在于一个"软"字——绵里藏针，藏而不露，吸引潜在消费者于无形之中。等到你察觉到这是一篇广告的时候，你已经被其中的故事吸引、被其中的情感打动，不知不觉掉入了企业精心设计的"文字陷阱"。

软文营销所追求的，是一种春风化雨、润物无声的传播效果。软文营销的文字不一定华丽，内容不一定震撼，但往往能够推心置腹、娓娓道来，用拉家常的方式，让消费者们觉得这是在为他们自己的利益着想。软文营销主要通过以下六个基本要素来实现这一目的。这六个要素环环相扣，紧密结合，缺一不可，如图4-3所示。

（1）本质

从本质上说，软文营销就是在互联网上打广告。这种行为和一般的营销推广方式有着相同的目的，即遵循商业行为的本性，追求以低成本换取高回报。

（2）形式

形式伪装是软文营销的重要基本要素之一。通常，产品广告会隐身在新闻、资讯、评论、事件、故事、管理理念、企业文化、技术与技巧以及包含文字元素的游戏等一切文字信息中。其目的在于通过这些内容吸引受众眼光，增加停留时间，强化受众对信息的记忆，进而激发对产品的兴趣，创造潜在消费者。

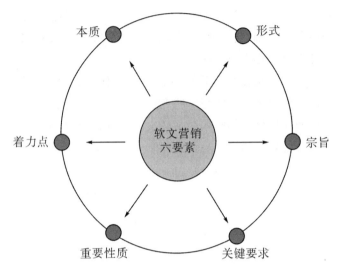

图 4-3　软文营销六要素

（3）宗旨

软文营销的最终目的是产生消费者，但这需要建立在制造信任的基础上。无论是通过理论分析得出人类可以活到 100 岁的结论，还是通过明星效应吸引受众眼球，或者通过情感故事赚得网友们的眼泪，软文营销都必须获得大家的信任，无论是对于企业的，还是对于品牌的，或者是对于产品的。只有大家相信你了，最后才有可能付诸行动。

（4）关键要求

关键要求是指在软文中，我们要把产品的卖点表述清楚。产品的卖点不同于产品的利益点。它一般是指产品所具备的前所未有、别出心裁或与众不同的特色，可以是产品与生俱来的，也可以是通过营销策划人的想象力、创造力而无中生有的，如"某款产品一上市全球热销 1 000 万件"。

一篇软文，不仅要把技术讲得透彻，把故事讲得真实，把信息讲得有用，还要能够让大家了解产品及其卖点，否则很有可能大家对产品只是停留在"哎哟，不错哦"的认知阶段，不会有进一步的了解，更不用说去复制或点击链接、购买产品了。

（5）重要特性

软文营销具有病毒营销的某些元素，都强调软文的口碑传播性。好东西，要分享。在软文中，我们要提供信息、提供价值、提供情感，只有受众获益了，才能形成口碑，软文才能被点赞、被评论、被分享、被转发。之所以强调口碑传播性，是因为一般而言，朋友介绍、分享或转发的东西，别人会更容易相信，也更容易再次把软文链接转发给其他人。这样，无形之中，我们就扩大了软文营销的潜在消费者群体。

（6）着力点

软文营销的着力点指的是兴趣点和利益点。不能激发大家阅读兴趣的软文，不能给大家提供利益的软文，都不是好软文。为了吸引大家的兴趣，可以借助一些时下的热点话题，如世界杯、电影首映等。而一些技术性、知识性的帖子之所以受人欢迎，其根本原因就是给大家带来了利益。

3. 软文营销的设计与策划

（1）通过调研来明确需求

软文营销作为一种营销行为，在进行具体的操作之前，也必须通过调研进行市场分析。通过调研，我们可以分析潜在消费者的特征，更好地策划软文话题、制定正确的媒体策略、吸引潜在消费者的注意，从而保证软文营销活动的准确性。一般来说，软文营销调研可以从内部调研和外部调研两个方面进行。

①软文营销的内部调研

首先，无论是做任何一种营销推广活动，了解企业或行业的自身情况，都是最先需要做的工作。在进行调研时，你要了解企业的创业史、管理模式、经营模式、所获荣誉、所参与的公益活动或赞助活动等。了解这些，可以为软文营销提供丰富的素材，尤其是新闻型软文。如果你要宣传自己的网站，就要了解自己网站的性质，是社交型网站、购物型网站，还是新闻型网站、行业型网站，然后找出网站所有的特点。之所以强调了解自己的企业，主要是因为企业不同，营销需求也有差异，而且营销推广比较忌讳盲目地模仿别人。只有根据自身情况，做出自己的特色，才能更好地树立品牌。

其次，你要分析产品的特性。只有对产品足够了解，才能够为软文营销确定最佳的主题和切入点，并成功地将消费者的需求、品位和产品的特性、卖点联系到一起，写出来的软文才可能让读者真正"走心"。比如，如果你的产品是体育用品，那么软文营销所针对的自然是爱好运动的人群；如果你的产品是母婴产品，那么软文营销所针对的自然是年轻妈妈这个人群。

再次，对于此次软文营销活动的目的，也必须明确。不同类型的软文，会给受众不同的阅读感受。如果你想将企业广而告之，可以使用新闻型软文，让企业占据头条新闻的位置。如果你想通过引导概念带动销售，就需要提升软文的技术含量，并且不要急于求成，甚至可以拉长软文营销的战线。总之，软文的主题、类型、题材等，都必须适应和符合营销目的。

最后，在确定了以上内容之后，你要针对软文本身进行调研，以确定营销活动应该采用什么样的主题、类型、素材等。这些因素可以在某种程度上决定软文营销的效果。这一点需要结合软文营销的外部调研而确定，比如，如果我们的目标消费者是90后，那么软文的语言风格就要符合他们这一人群的语言习惯，使用一些火星文、网络用语等，这样才能拉近和对方的心理距离，产生信任，获得更好的营销效果。

②软文营销的外部调研

在互联网思维中，第一思维就是用户思维，或称用户体验。在网络营销学中，用户被放在了最重要的位置。只有深入地分析用户的特点和需求，才能更好地提供服务，满足需求，才能写出真正满足用户需要、促使用户转化的软文。因此，在撰写软文之前，要针对软文所围绕的产品去分析消费者，找到适合产品的精准用户。软文写得再好，目标消费者看不到，等于没有做任何的宣传活动。我们需要了解哪些网站、论坛、博客、微博聚集着自己的精准用户。在这样的平台上发布软文，才会事半功倍，才能真正把企业的钱花在刀刃上。

对企业主要竞争对手进行调研，主要是要了解对方做了哪些软文营销动作，以及其营销活动的效果如何。我们可以以此作为参考和借鉴。并不是所有的企业都会自己撰写软文，因此就需要和一些营销机构合作，或者聘用一些软文作者。对于这些营销机构、软文作者的资历、作品等，你有必要详细了解，以便做出最优的选择。

（2）软文主题确定

软文策划是一个脑力活，但有些人却把它做成了体力活——把搜集到的一些资料整合在一起，修饰一下文字，顺畅一下思路，就完成了软文策划工作。这样做出来的软文，十有八九都是没有主题或者有主题也不够明确的。读者看了之后一定会云里雾里，其效果必定会大打折扣。我们常说，谋定而后动，三思而后行。这些格言无一不在强调方向性的重要。不管做什么事情，制度制定也好，计划修正也好，首先要有一个正确的方向，方向错了，以后的路就很难走对。软文营销也是如此。对于软文营销来说，主题就是方向。软文的诉求主题是什么，那么你的引文、案例、故事、数据、图片等，就都要围绕着这个主题来选择和组织。

①主题明确而集中

软文不会长篇大论，通常不会超过 1 500 字，甚至更少。想通过这样的文字篇幅把要表达的信息全部传递出去，需要很好地设计构架、组织内容。我们既要保证内容完整，又要惜墨如金，把你的笔墨集中地体现在一个主题上。我们总是说软文要注意其针对性，意思就是强调要有一个明确的主题。

②挖掘主题

在软文立意的时候，我们可以通过新浪新闻、百度指数以及一些热门论坛去关注一下互联网的最新动态。这可以帮助我们在确立主题的时候获得一点灵感。一篇好的软文一定要具备广泛的传播力。如果我们能够通过一些网站找到潜在消费者需要解决的问题或者感兴趣的话题，往往就可以借此挖掘出一个高质量的软文主题。

③合理设定主题

软文的主题，除了可以从互联网上挖掘，我们也可以自己设定。首先，你要明白软文的诉求是什么，就是你这篇软文的中心论点是什么，也就是要通过软文宣传什么。比如，你可以选择行业背景、市场反应、产品优势、消费者对产品的使用心得等，这些都可以作为宣传对象。

以利益点为软文主题。简单地说，就是以产品能够带给消费者的利益承诺为软文的主题。我们可以以产品的功效为主题，即突出产品的某种独特功能、效用。通常，我们称之为卖点，或 USP（独特销售主张）；或者以产品的质量为主题，即在软文中突出产品的优良品质，如 Holison 服饰发表于消费者权益日的关于产品质量的致谢信——《好来西在您身上，您在好来西心上》；或者以物美价廉、经济实惠为主题，为潜在消费者提供直接的物质利益，这种以价格为主题的软文既可以进行高价定位，也可以低价定位。

以精神满足为软文主题。与利益满足相对应的，我们还可以以精神层面的满足为软文的主题。通常，这种主题的软文会更容易获得消费者的喜爱。我们可以以培养或改变消费者某种观念为目的制作软文广告。这种软文的目的是引导消费者形成对与促进产品销售或树立企业形象有关系、有影响的认识或关注。比如，以推广品牌为主题的软文，可以帮助消费者建立对品牌形象的信赖度，进而会喜欢上企业的产品。我们还可以以情感为主题，即以满足消费者某种情感需求为主题。情感需求的种类很多，如爱情、亲情、友情、闲适、快乐、荣誉、时尚、归属感、自尊心、成就感。虽然消费者情感需求的满足是以物质需求的满足为基础的，是附加在产品上的，而且往往需要通过某种情境的联想或共鸣才能实现，但情感需求的满足往往比物质需求的满足更容易带动产品的销售。

（3）软文整体结构设计

一篇软文，有了好的标题，只是成功了一半。任何一篇软文，都是由多个部分组成的。软文通常篇幅不大，短小精悍，言简意赅。如何安排这些部分，怎样使内容更好地衔接，起承转合，环环相扣，有逻辑，有条理，并且充分地利用素材，都是软文策划的重要过程和内容。有了好的结构，文字才能丰满起来，文章也不至于虎头蛇尾、喋喋不休。好的软文结构可以让读者更多地吸纳软文所要传递的信息。通过精巧的设计，读者可以了解软文的风格和特色。是情感煽动，还是清新优雅，是客观描绘，还是故事叙述，都可以通过结构完整地体现出来。可以说，结构决定了一篇软文的风格。而且，那种符合潜在消费群体喜好的结构设计。通常能够一下子抓住消费者的心。

①凤头猪肚豹尾

好文章一定是"凤头猪肚豹尾"式的，就是一开始要像凤头一样斑斓夺目，内容要像猪肚一样饱满丰富，结尾则要像豹尾一样简洁有力。一篇软文也可以据此安排结构。

凤头指的是软文的导语或引言，或者提出一个概念，其目的是：引起读者的注意和兴趣，制造渴望；表明软文的主题，说明主题范围、重要性和结果；预览软文的主体部分；表明软文作者的兴趣或观点，等等。

猪肚指的是软文正文。该部分是软文的主体。在这个部分，我们可以按照空间位置顺序、话题展开顺序、因果关系顺序、逻辑推理顺序、问题原因解决方法顺序组织内容，或者将你的主要观点逐一列出。软文正文的描述要清晰而实用，为读者传递价值。具体到内容上，我们可以采取幽默、反复、比较或对照、叙述、举例、总结归纳等描述方式。

豹尾指的是软文结尾。软文的结尾部分，主要通过一点震撼和回味，把读者拉回来，与主题相呼应，激发读者参与的兴趣和购买的行动力。

②软文写作的格式

上面所讲的"凤头猪肚豹尾"写作法，是写文章的通行方法。对这个方法，我们还可以进行细化，构成一个软文写作公式。

标题与引言要吸引人。引言与主副标题是一体的，起着承接标题、引出话题的作用，一般会概述软文的核心内容，旨在立即抓住浏览者的注意力。浏览者往往只会给我们几秒钟的时间来说服或引导他继续看下去。比如，你可以设计一个离奇的成功故事，再加上具体的数字，然后告诉大家这并不难实现。

故事与概念的阐述要真挚。在这个部分，你可以阐述企业理念、产品概念；可以列举消费者的产品使用体会，即客户见证；可以讲述创业、产品等方面的故事，充分利用大家爱看故事的心理。这种做法可以解除读者的怀疑，提升阅读的兴趣。如果是客户见证类型的，见证内容要贯穿始终，而且要加上最精彩的见证内容。如果写故事，最好以第一人称来写，并注意叙述要平实、感情要真挚、语言要口语化，如软文《一位老板的坎坷红酒创业路》。

产品推介要强化目标和要点。实际上，产品推介的内容并不是单独列出来的，更多的是融入整篇软文的，但产品推介的目标与要点是相同的。我们可以介绍产品的背景，放大潜在消费者的问题，强化他们对"解决问题的方案"的需要，并暗示读者我们可以提供这种方案，以帮助他们改善现状、解决问题。

为此，我们需要将产品的主要功能、特色方面的内容植入其中。为加强其说服力，你还可以为软文配图。通过功能与特色等方面的介绍，你要告诉消费者他们可以从本产品中获益，这种益处既可以是物质方面的，也可以是精神方面的。

行动呼吁。在软文的最后一部分，我们可以提出行动呼吁，比如"下次请客或者有人请客，我还来这里！""一举两得，何乐而不为呢？""那么，你还在等什么！"那种促销型软文，则可以直接写明优惠信息，如赠送试用品、产品性价比或者最后期限等，其目的是促使消费者立即掏钱购买产品。在软文的最后，你还可以加上网站或网页的链接，虽然广告嫌疑比较重，但在某些网站或论坛，这种做法是允许的。

第二节　数字化技术重构商业模式

数字经济时代下，数字化技术的发展对整个社会产生了深远影响，也正在改变商业模式。随着数字化技术的快速发展，企业开始采用数字化技术来优化其商业模式，改变企业进入市场和创造价值的方式，促进新产品、新服务和新业态的产生，以适应不断变化的市场和消费者需求。本节将探讨数字化技术对企业商业模式的影响。

一、数字化技术使企业能够灵活应对变化的市场和消费者需求

对企业经营来说，数字化意味着可以提供更优质的客户体验以及获得更多的商业机会。随着大数据、人工智能、数据挖掘等数字技术的不断升级，现代数字技术已经越来越广泛地应用于商业模式中。企业可以通过数字化技术的应用来跟踪和分析市场趋势，进而快速识别并响应不断变化的需求，这样既可以让企业在了解消费者需求和提供产品及服务方面能够更加智能和高效，还能提高客户对产品和服务的满意度与忠诚度（李菁，2023）。例如，一些大型的电子商务平台，既可以使消费者能够更便捷、更快速地完成购物，还可以通过对海量数据的分析来了解消费者的消费习惯，根据其需求推荐更适合的产品。因此企业可以利用电商平台来扩大其市场和客户群体，缩短交易周期并降低营销成本；再比如，在实体店购物，消费者在选装和试穿的过程中，可以通过 VR 眼镜等某些智能设备，更加直观和身临其境地了解自己的需求，这既能够提升消费者的体验，还能够加深品牌影响力。

二、数字化技术可以提高企业生产力和效率

对企业经营来说，数字化还意味着更高效的生产和管理方式。数字化技术的应用可以实现自动化管理和运营，优化生产、营销和管理等各个环节流程，从而减少人力成本与时间成本，并提高产品和服务的质量，以及企业的运营效率和市场竞争力。例如，人工智能技术可以在生产流程中用

机器替代人力，实现设备的智能化和自动化，并减少错误率和废品率，提高生产效率和产品质量。另外，自动化的客户服务系统可以减少客户等待时间，提高客户满意度。

另外，数字化商业模式还意味着更高的商业运营效率和更低的商业成本。数字化的商业推广通过对不同人群的锁定，分析各个锁定目标，细分市场，提供集中化信息，制定更优的商业战略，从而大大提高其商业运营效率并降低其商业成本。

三、数字化技术助推了数字化商业模式颠覆性崛起

大数据、人工智能、物联网、区块链和云计算等数字化技术的应用，可以使企业能够更好地了解并满足客户需求，优化生产流程和供应链，改进产品设计和营销策略，从而助推某些数字化商业模式的颠覆性崛起。以电商购物平台为例，拼多多采取"群体购买"的商业模式，通过草根用户、社交引流等方式，在低端市场打造出了霸主地位，亚马逊在同城送货和会员制度等方面推出了基于电商平台的"新零售"商业模式。

数字化技术的大量应用，助推了新的商业模式的创造和崛起。因此数字化技术正在重构企业的商业模式，为企业发展提供更多的机遇和优势。对于企业来说，数字化技术将成为企业商业模式变革的关键因素。因此，企业应该积极应用数字化技术重构商业模式，以适应不断变化的市场和消费者需求，提高生产力和生产效率。同时，企业还要积极与其他企业和组织合作，共同推动数字化技术的发展，为企业数字化转型创造更好的环境和条件。

第三节　数字化转型驱动商业模式创新

随着互联网的繁荣和信息技术的飞速发展，商业模式的概念开始兴起，并在信息技术环境中备受关注。现代信息技术的快速发展使企业赖以生存的外部环境日趋恶劣，原有的商业模式难以构建企业竞争力。企业要想在激烈的市场环境中获得竞争优势，需要进行商业模式创新。商业模式创新是指企业价值创造发生基本逻辑的变化，即把新的商业模式引入社会的生产体系，并为客户和自身创造价值，通俗地说是企业有意识地改变现

有的商业模式或打造一个全新的商业模式来满足客户多样化和个性化的需求。企业可以通过商业模式创新来实现差异化竞争，进而提高企业竞争力，并获得更高的市场份额和利润。随着数字经济时代的到来，数字技术与商业模式融合发展，那么企业数字化转型如何驱动商业模式创新呢？目前商业模式创新有 3 个趋势：一是从组织的角度，通过组织学习和经验积累，重新设计业务单元，创造新的客户价值；二是从产品和技术创新入手，企业需要注重与商业模式相关的创新技术，注重将新技术应用到企业的所有运营中；三是从战略的角度来看，企业必须理解市场不断变化的重要性，创新商业模式，提高企业的竞争力（陶翅，2022）。基于此，本节对数字化背景下企业商业模式创新存在的问题进行了分析，并提出了相应的对策。

一、数字经济与商业模式创新之间的关系

随着数字经济的迅速发展，企业原有的商业模式已经无法满足现代社会经济发展的要求；同时，随着互联网及数字技术的不断发展和深化应用，商业模式受到了极大的冲击。

在数字经济时代背景下，企业的组织边界具有一定的模糊性，传统的商业模式慢慢被淘汰，并逐渐形成了新的商业生态环境。同时，由于数字经济的影响，商业模式将不断进行创新改进，包括数字平台资源整合和跨领域协作。在数字经济中，数字信息技术与商业模式创新具有紧密的联系。

首先，数字信息技术成为商业模式创新的重要引擎，与传统行业关注的产品和服务相比较，数字信息技术可以更快速客观地了解客户需求，实现以客户为导向的商业模式创新。

其次，数字信息技术已经成为企业实现商业模式创新的关键要素，创新技术的应用可以整合企业的内外部资源，实现跨部门合作，这样可以提高企业的运营效率，而且有助于企业进入新的市场，开拓新的领域。

最后，数字信息技术可以改善企业的盈利模式，新技术的应用可以提高产品的市场布局和渗透率，在不断开发和整合新市场的基础上，新产品和服务可以更便捷地推向市场。

二、数字经济背景下企业商业模式创新存在的问题

数字经济发展的核心内容是用数字技术改造传统产业，加快传统企业

转型升级，进而为社会经济发展提供新动能。随着互联网技术的普及以及数字化技术的飞速发展，极大地推动了经济发展，深刻改变了传统的生产方式，推动了行业数字化、智能化转型升级。目前，中国数字经济飞速发展，已成为拉动中国经济增长的新引擎，但是基于数字经济下的商业模式创新也存在一些问题和困难。

（一）商业模式创新不足且竞争力较弱

数字化商业模式，是企业适应数字技术发展的规律而产生的新产品、新形式、新模式的统称，主要包含了网络信息平台的营销模式和服务模式。因此，需要不断地进行商业模式创新来适应数字技术的发展和市场竞争给传统商业模式带来的颠覆和创新。但是，当前很多企业都存在商业模式创新力不足、竞争力弱等问题，从而制约了企业数字化转型的顺利进行。以中国的大型零售企业为例，它有着品牌知名度高、口碑好等优点，但是由于缺乏对其品牌优势以及消费者需求的深入了解，导致其产品价格优势不明显。此外，我国大型零售企业的优势主要集中在商业流通领域，但由于其同质化竞争严重，已无法满足未来的竞争需求，导致其现有商业模式缺乏灵活性和创新性，进而制约了企业竞争力的提高。（朱盈颖，2022）

（2）以数字方式重复当前商业模式

在数字经济背景下，企业商业模式创新最大的诱惑就是以数字方式重复当前的商业模式。这是因为利用既有资源发挥更大作用似乎更具经济价值与战略意义，尤其是那些喜欢将业务从核心向边缘拓展的战略制定者。商业模式数字化是商业模式的一项创新，而不是核心优势的拓展。以传统的报纸向网络媒体门户网站转变为例，早期的报纸发行机构很多都认为在线广告量和报纸一样，并且网络媒体既不需要印刷和分发报纸而降低成本，又能接触到更多在线人群，因此许多人认为在线版本会比印刷版本带来更大的收益。但是他们却忽略了由于网络媒体门户网站众多，广告费遭到大幅瓜分，报纸发行收益甚至不如从前。因此，商业模式创新并不是以数字形式重复当前的商业模式。

（三）商业生态系统建设有待加强

当前，虽然我国的数字技术发展较快，但是其水平有待提升，人工智能普及率较低，同时商业生态系统建设也相对落后，导致数字化环境欠完善，上下游供应链之间无法协同转型。单个企业数字化转型的辐射范围较窄，集群效应较弱，转型资源匮乏。随着大数据、物联网、云计算、区块链和人工智能等数字技术在经济活动的应用和普及，数据资源成为新元素、新形式和新模式的重要载体。因此，随着数字经济的发展，行业应用和市场竞争愈演愈烈，越来越多的企业利用自身的技术优势和丰富的网络数据优势，不断开展业务活动并取得一定的成果，但也面临着巨大的挑战。（朱盈颖，2022）

三、数字经济驱动企业商业模式创新的路径与对策

（一）数字经济驱动企业商业模式创新的路径

数字经济背景下，信息数据逐渐成为帮助企业在市场竞争中生存和发展的重要因素，影响到企业商业经营的各个方面。在数字化不断推动的过程中，数字经济驱动企业商业模式创新的路径发生了变化，具体可总结为以下三条路径。

1. 以数字技术为基础驱动商业模式创新

基于数字技术的发展和企业价值创造方式的改变，形成了以数字网络、数字店铺为中心的商业模式。价值表现方面，改变了过去基于信息和数据解决客户实际问题的模式，逐渐形成了基于消费者价值创造的商业逻辑。基于数字网络、数字店铺为中心的商业模式，主要是通过充分利用先进的数字技术，逐步加强企业与消费者间的沟通，提高信息传递的效率，从而帮助消费者创造更多的价值。这种以数字技术为基础驱动的数字网络和数字店铺，不仅可以通过线下活动加强企业与消费者之间的沟通，还可以通过线上模式促进生产经营；在充分利用数字技术的基础上，还有利于企业合理优化配置闲置资源，比如，保证供需平衡、合理调整库存，数据传输媒体的作用可以帮助企业将闲置资源投入数字化交易平台，形成在线商业模式。（郑思权，2021）

2. 以消费者和企业共同创造价值推动商业模式创新

当前我国处于产业经济快速发展的重要时期，企业通过价值链内部的各项活动创造价值来实现商业模式创新等工作，属于较为稳定的商业模式。通常，在价值链内进行的活动涉及生产、技术开发、采购、管理和营销等多个层面。但在数字经济时代的发展背景下，数字技术应用带来的商业机会主要集中在消费者价值需求和价值创造两个方面。

关于消费者价值，主要产生于使用性和交易性，这就要求消费者本身对使用感受及体验的准确判定，在商品交易环节，消费者获得的精神体验

可以帮助企业创造 定的经济效益。企业在充分利用数字平台的基础上，可以产生更多有价值的信息资源，将其有效融合会进一步提高企业核心竞争力。对于企业而言，消费者需求发挥着非常重要的价值作用，以数字技术应用为基础，帮助消费者与企业之间建立联系，从而实现信息传输与共享，最终形成了长期共存的发展模式。消费者作为价值创造的基础条件，企业必须与消费者保持长期的沟通关系，在此基础上对产品进行合理设计和完善，才能有更好的消费需求和体验。目前国家正在逐步加强对数字技术的创新工作，进而消费者与企业之间的连接频率也在不断提高，最终可以在两者之间形成平衡的商业模式。（郑思权，2021）

3. 以跨界的商业逻辑推动商业模式创新

相较于传统经济，数字经济具有非常明显的特征，主要是不同主体和不同领域之间均可以开展跨界合作。在企业层面，通过数字技术和虚拟网络平台的充分应用，可以有效融合产业交易边界，既可以将过去的竞争关系转变成共赢互利的合作关系，又可以将原有的合作关系转变成共生互利的竞争关系，最终使商业逻辑在原有基础上发生转变。但是，处于不同发展阶段过程中的企业对于企业的跨界合作也有着不同的需求，企业在寻找合作伙伴时要根据自身的实际情况进行科学的分析和定位，获取适合自己需求的合作伙伴，才能掌握更多对自身有利的核心价值和相关信息，为企业创新活动的开展打下坚实的基础。在媒介渠道层面，数字经济时代打破了消费者与企业之间原有的传播媒介和流通渠道，通过充分利用数字技术，可以不断降低流通渠道成本，使消费者和企业在物流平台上可直接进行交易，成为企业目前非常重要的商业创新模式。此外，消费者利用数字信息技术所形成的全平台，可以让消费者相互分享消费体验，从而帮助企业找到更合适的商业模式。（郑思权，2021）

（二）数字化转型驱动企业商业模式创新的对策

随着数字技术的快速发展，数字经济逐渐成为中国社会经济发展的重要驱动，尤其是互联网和数字技术在中国的普及和应用，成为推动经济社会数字化转型的重要引擎。

1. 充分利用数据优势打造核心竞争力

随着数据资源的不断积累和流通，大数据、人工智能等数字技术将进一步应用于企业商业模式中，成为企业进行商业模式创新的关键因素。一是充分利用大数据、云计算、人工智能等数字技术，提升数据分析能力，提升销售的客户洞察力，提高运营效率；二是通过商业模式创新满足市场新需求，引领新业态发展；三是应用区块链等数字技术强化产业链分工合作，提升实体经济竞争力；四是挖掘和利用自身的数据价值，才能进一步提升企业的社会服务能力，形成核心竞争力，企业才能在愈演愈烈的市场竞争中获取更多的合作机会。此外，企业还要充分发挥数据优势、人才优势以及客户口碑等综合优势，打造企业核心竞争力，推动行业发展，促进产业转型升级。（朱盈颖，2022）

2. 构建全产业链生态系统

构建全产业链生态系统，进行产业链数字化升级是企业发展的必由之路。具体而言，一要促进产业链上下游企业的共同发展，以构建产业链各环节形成优势互补、相互促进和互利共赢的良好生态环境，进而形成新的商业模式。二要促进传统产业的转型升级，以提升产业链数字化的整体水平。当前，中国的制造企业已基本具备进行数字化转型的条件和能力，但由于上下游企业缺乏协同作战能力，需要通过技术整合的方式构建完整的产业链以及全产业链生态系统。三是企业需要利用数字化手段，积极发挥协同作用。大型企业可以充分利用自身优势，利用协同效应，加快形成由产业链和价值链相连的全产业链生态系统，更好地服务社会，提升经济发展新动力；四是通过开放合作共享全球数字产业资源和机遇。企业要充分利用自身优势，做好跨境合作，形成共同利益和共同责任，通过开放合作共享全球数字产业资源和机遇，推动中国实现更高水平的数字化经济发展。（朱盈颖，2022）

3. 完善相关法律法规框架

要促进数字经济健康发展，鼓励各种商业模式创新，就必须完善与国家安全、隐私保护和数据保护相关的法律法规，为企业和个人发展提供良好的法律环境。一是要健全相关法律法规。虽然我国的《数据安全法》明确了数据存储和使用规则、数据分类和分级制度、个人信息保护制度，并建立了数据管理的跨部门协调机制，但是面对数字经济这一新兴事物，依然有许多法律漏洞亟待填补。二是加强个人信息保护。虽然《个人信息保护法》规定了平台监管、商业秘密保护、个人隐私和个人信息安全等内容，但是，还有必要进一步提高个人信息保护安全标准，以有效保护个人信息的私密性，防止被滥用，实现更高效、更准确地监管。三是企业应加强对消费者信息保护。企业应严格遵守法律法规和有关部门的规定，建立健全内部数据安全管理制度和个人数据保护制度，完善消费者权益保护机

制，维护消费者合法权益，促进社会经济创新发展。（朱盈颖，2022）

综上所述，在数字经济时代，数据已经成为企业最重要的生产资源，谁有能力拥有和利用数据，谁就成为最有价值的企业。因为数字化和信息技术可以提高社会和企业的整体效率，鼓励企业设计更好的商业模式，提高竞争力。数字经济已经成为未来经济发展的重要方向，越来越多的企业正在参与数字经济商业模式创新。在数字经济环境下，企业通过利用数字技术，可以促进供需双方交易环境的变化，同时在交易时间和范围上满足一定的灵活性，进一步提高商品交换的速度，从而减少流通过程中花费的时间，对降低企业运营成本、提高企业生产率起到非常重要的作用。

第五章　数字化运营——助全价值链升级

互联网与信息技术的快速发展使传统媒体在市场运营中越来越力不从心。因此，人工智能、大数据、云计算等新兴技术使市场运营迎来了新的时代。这些数字化技术的快速发展使人们的思维发生了改变，人们越来越依赖网络带来的便利，也更倾向于通过网络获取各种资讯。同时，一大批资讯平台的出现，也为企业提供了更加广阔的运营空间，企业可通过微博、微信、社群、音频、视频、直播等富有时代特色的运营平台顺利完成转型升级，带来诸多"红利"。本章就通过一些运营平台促进企业的数字化运营发展，从而为企业提质增效。

第一节　数字化运营理念

随着数字经济时代的到来，全国掀起了一股数字转型的大浪潮，数字化带来的工具革命，一方面是带来了数字基建、数字客户在内的数字资产的建立；另一方面就是基于资产、客户管理的数字化运营。运营对于一家企业来说，是管理中最为核心的东西，它可以很好地将各个部门联动起来，有效地推动企业朝着良性的方向可持续发展下去，它能帮助企业顺利完成数字升级，实现智慧经营。那么什么是数字化运营？

一、数字化运营的定义

数字化运营，是指在运营过程中，脱离传统的方式，利用各种数据、智能工具来进行管理、制定内容、总结分析、规划战略方向。通过新技术与数据能力重塑零售行业的各个环节，升级体验，提升运营效率的方式。

数字化运营的意义不仅仅在于解放人力，降低成本，提升运营效率；更重要的是通过不断迭代，不断形成好的策略，进而让平台形成肌肉记忆，以为客户服务设置稳定、高质量的底线，更快、更准确地呼应客户需求并为其解决问题。

二、数字化运营的核心理念

在数字经济时代背景下，数据资源正在成为驱动我国经济转型和产业数字化转型升级的新要素和新引擎。数字化转型战略就是在数字经济时代的大背景下，通过企业各个方面的数字化如商业模式数字化、运营数字化、人力资源管理数字化和财务数字化等，让企业各个方面进行转型升级，并找到独特的战略定位，提高企业运营效率，强化其竞争优势。相关研究表明，面对变幻莫测的市场需求，推动企业进行数字化转型成为众多企业顺应变革趋势的主动选择。

在数字经济时代下，最重要的关键元素是"数"与"智"。"数"就是数字化，从消费端到供给端的全域、全场景和全链路的数字化；"智"就是智能化，是指基于数字化的闭环进行智慧决策，实现精准响应市场需求的变化（陈雪频，2021）。因此，要成功进行企业数字化转型，打造真正的数字化企业，应当遵循以下五个核心理念（图5-1）。

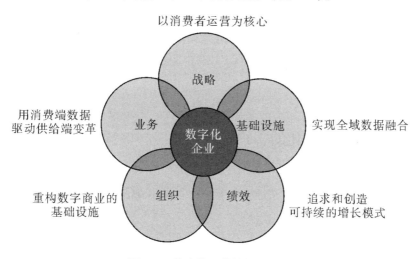

图5-1　数字化运营的核心理念

（1）以消费者运营为核心。以消费者运营为核心意味着要改变传统的以产品为中心的运营理念，转变成以消费者为中心，根据消费者数据深入洞察消费者需求，进而提升消费者体验。这要求数字化企业须具备实时服务海量消费者的能力，对消费者做到全周期、全场景的运营，实现对消费者数据资产的运营。

（2）用消费端数据驱动供给端变革。在过去，数字技术往往应用于消费端；在未来，需要通过消费端数据来驱动供给端的数字化变革，以实现消费端和供给端的双轮驱动，这是实现企业数字化转型的重要路径。

（3）实现全域数据融合。数据只有在流动和融合中才能创造最大的价值，因此数字化企业要能够基于数据中台实现自身数据的集合和分析，要能实现企业数据与平台数据的融合。以精准营销为例，就是要实现企业自身数据、互联网平台数据、社会宏观数据等的融合，这样才有可能实现对消费者行为的精细化洞察，并进而实现"千人千面"的精准化营销。

（4）重构数字商业的基础设施。数字技术是驱动全球商业创新的重要力量。例如，云计算技术已成为企业数字化转型的重要催化剂，以云端化、移动化、中台化等为主体的数字商业基础设施是推动企业数字化转型的技术支撑。

（5）追求和创造可持续的增长模式。企业进行数字化转型升级的目的是实现可持续的高质量发展。因此，数字化转型就是要让企业有能力实现"新品、新客、新城、新场景"的持续拓展，不断创造新增长点，也更有能力持续提高企业运营效率，从而实现企业运营模式的全面转型。（陈雪频，2021）

第二节　数字化的客户运营

数字化客户运营的方法通常包括六个阶段，如图 5-2 所示。

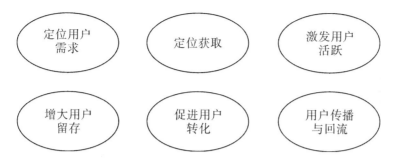

图 5-2　数字化客户运营方法的六个阶段

一、定位客户需求

需求，又称作需要，是指人们在个人和社会生活中感到某种缺乏并努力实现的心理状态，反映了客观现实中人类和社会的需要。追根究底，人们是通过怎样的机制出现需求心理的呢？根据"平衡论"可知，通常情况下，人们的生理和心理可以说都达到了平衡或均衡的状态，当某一方面存在"欠缺"时，就会出现不平衡，表现为令人不快的"紧张"感，需求则是为了降低或摆脱这种紧张感形成的心理状态。基于此，客户的需求可以视作客户的生理或心理由不平衡发展为平衡的动态行为，其表达形式多种多样，如对产品（服务）的愿望、意向、兴趣、态度和理想等。

一旦我们理解了客户需求的概念，紧接着要考虑的就是如何实现这一点。我们可以做些什么来确定客户需求？本节从以下几个方面着手，来探究具体的过程。

（一）发现客户需求

基于客户需求的概念，可以直截了当地将客户需求看作实现生理或心理平衡的过程，从本质上来看，不是明了客户想要什么，而是从根本上帮助客户解决生理或心理上面对的问题。用一个例子来说，客户想要一匹跑得更快的马，直接理解就是客户想要马，而当时有人造出了第一辆汽车，比马的速度还要快，因而，汽车才是当时客户的真正需求。值得探索的一点是，人们不能清醒地分辨出自己和他人的表面需求和真正需求，这在很大程度上增加了发现客户需求的难度，这也使运营商能够专注于创建一套有趣、方便、响应迅速的产品（服务），以满足客户需求。早在 1943 年，马斯洛就提出了需求层次理论，这也是人们对需求的初次认识。该理论在各领域中都有应用，是国内外心理学家探讨需求问题的重要依据，因而，也可以作为定位客户需求的重要理论。如图 5-3 为马斯洛需求层次理论。

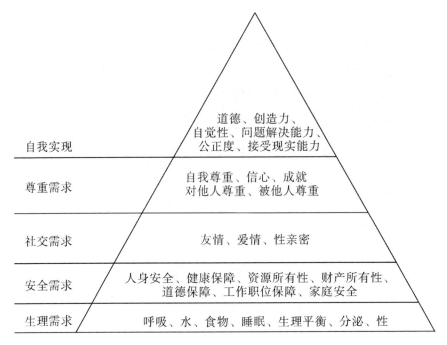

自我实现　道德、创造力、自觉性、问题解决能力、公正度、接受现实能力

尊重需求　自我尊重、信心、成就　对他人尊重、被他人尊重

社交需求　友情、爱情、性亲密

安全需求　人身安全、健康保障、资源所有性、财产所有性、道德保障、工作职位保障、家庭安全

生理需求　呼吸、水、食物、睡眠、生理平衡、分泌、性

图 5-3　马斯洛需求层次理论（1943 年版）

（二）分析客户需求

分析客户需求主要是从以下几个方面着手。

1. 客户访谈

通过客户访谈来采集客户需求，是直接与调研客户开展一对一或一对多的沟通，以获得客户需求的第一手资料。沟通方式通常是当面沟通，也可以借助电话、电子邮件、QQ、微信等。

2. 可用性测试

可用性测试具体来说为邀请客户亲身使用产品，并对其使用感受进行定期调查，了解客户在使用中遇到的问题，结合客户实际使用产品的行为来分析得出隐藏的客户需求。

3. 问卷调查

问卷调查是社会调查中用于收集数据的有效工具，也是客户研究中最重要的环节之一。

4. 数据分析

数据分析具体来说是依据客户在互联网上留下的行为和痕迹得以实现的，将统计代码嵌入产品（服务），获取客户真实的使用数据，进而更加直观、科学地分析出客户需求。

5. 需求过滤和汇总

需求过滤的具体过程为，先排除掉合理需求、不常见的需求和没有应用价值的需求，然后使用需求分析方法进行发现、验证和量化、过滤需求，最后提取和总结需求。

6. 需求排序

需求排序是基于客户需求的频率、比例以及客户反馈的重要性对需求加以排序，即先做什么，下一步做什么。

（三）描述客户需求

描述客户需求，也叫作客户画像，简单来说，把产品（服务）的客户以更加具体、形象的方式呈现出来，使产品（服务）团队成员可以直观、准确地了解产品客户的特点和行为习惯，以此为依据来完成产品的设计、开发。

（四）验证客户需求

验证产品的可行性，需要借助最小化可行产品（服务）MVP（Minimum Viable Product）这一概念。简单来说，最小化可行产品是以最简洁的形式制造出产品原型，迅速投入市场让目标客户使用，由客户提供使用感受和相关意见，从而不断优化产品原型，使其向符合市场的方向发展。最简洁的产品（服务）原型可以是界面设计图、具有简单交互功能的原型、视频、公众号等。它具有以下优点：降低投入、灵活调整，可以使目标客户真实地体验产品，从而获取真实有效的想法。此法有助于处理产品（服务）开发中的两大核心问题，一为此款产品能否满足客户的需求？二为客户愿意为产品付费吗？

二、客户获取

客户获取阶段又叫作"冷启动"阶段，对于新媒体来说，在产品设计完成的初始阶段生态体系尚不完善、能提供的服务也不充足，从没有用户到吸引到第一批客户并提供基本服务的过程。客户获取的方法较多，本节介绍几种有明显效果的方法，供读者参考。

（一）走访和了解客户

走访和了解客户一直是营销活动中最常采用的方法，在实施过程中有许多难以想象的阻碍，不过，采用此种方法是直接与客户沟通，可以直接获取客户的真实需求。在对客户进行走访的过程中，通过交谈的方式逐渐打开客户的内心，从中吸取意见，还能获得客户的正向反馈，这有助于企业度过创业初始阶段。

（二）社交红利引爆客户

社交红利是通过种子客户实现分享、转化再到分享的一连串反应，这在大多数产品（服务）的冷启动阶段是必不可少的环节。社交红利引爆客户，具体来说是，依靠社交网络链，结合六度分隔理论，即每个客户可以联系、影响的好友（亲戚、朋友、同学、同事）为一度，在此基础上借助6个人即可找到世界上任何一个人，产生节点。当节点同社交网络建立联系，则会引爆整个网络从而获取成千上万的客户。

（三）数据抓取

数据抓取能够完美地实现人工采集和标准化数据录入的功能，并具有便捷的优势。在客户获取环节，利用数据抓取能够由同类竞争产品（服务）和其他类似产品（服务）获得有价值的信息或客户。当然，在抓取之前，应该三思而后行，防止侵犯他人的权利。

（四）讲一个客户爱听的故事

故事可以促进人们更加直观、深入地了解世界的文化意识，可以生动地描摹令人痴迷的时尚情怀，从而以快速而简便的方式传达出大量的商家信息。即使不借助其他促销形式，向客户讲一个有吸引力的故事也能够吸引大量客户的关注和持续购买。

（五）优化搜索引擎

搜索引擎是基于一定的策略，使用相应的计算机程序搜集互联网上的信息，对信息加以归类和分析后，向客户提供检索服务，把客户所需的相关信息呈现出来的系统。不少客户会直接在搜索引擎中搜寻所需的信息，还有不少客户会在排名的前几位中浏览自己感兴趣的内容。此时就会表现出，排序位置越在前几位，具有的优势就越突出。在搜索引擎排序规则的指引下，采取其他人为调控的方式来影响页面排序的方法，即为搜索引擎优化。

（六）线下活动

在充分利用线上宣传渠道的同时，还要结合互联网产品的具体特征，如使用人群的特点和本地化特征，适当增加线下推广的方式。线下活动的方式通常为派发传单、投放线下广告、设置摊位搞有奖活动等。

三、激发客户活力

客户活跃主要表现为，客户积极使用产品（服务）并踊跃参与同产品、其他客户的互动。通过客户活跃能够评判服务的客户黏性和服务的衰退周期，是衡量客户运营状况的重要因素。本节主要介绍了以下几种激发客户活跃的方法。

（一）调整准入门槛

提高准入门槛。有些产品（服务）向客户提供的内容有一定稀缺性或有极高的价值，这时可以采取一些方法来提高客户的准入门槛，如设置护城河、对客户分级等，让真正需要该产品（服务）的客户进入，让并没有那么需要的客户远离。采用此法不仅能够使客户产生优越感，而且也会促进客户的参与度。此法比较适合个性专业产品（服务）或高端人群。

降低准入门槛。降低准入门槛有助于让产品更加简单易懂，不需要客户投入太多脑力、时间和金钱即可使用产品（服务），吸引更多客户使用产品（服务），及时回应客户需求，并提供反馈。

（二）持久补贴激发客户活跃度

激发客户活跃度最常用且有效的方法就是返利和补贴，两种方法有一定的差异，前者是给客户一定数额的钱，后者是客户先付款再得到一定折扣。利用补贴的方式不仅能够在有限的时间内干扰客户的单次购买行为，还能够在未来一段时间内控制和改变客户的购买行为。常用的补贴方式是把以前在线下开展的营销方式直接用在线上，如各大电商推出的"满200减30元""全场电子书买两本赠一本"。还有一种有使用期限和具体时间限制的优惠券，如在"饿了么"消费后，平台会赠送一张一天后或一周内使用的优惠券，这在一定程度上影响了客户在未来的消费行为。

（三）自主激励

自主激励是为客户设定一个简单而清晰的目标，允许客户积极开展以自己为中心的游戏或社交活动，激励客户分级实现目标从而提高活跃度的方式。如在比赛中获得更好的名次、在社交平台获得一定数量的点赞等。

四、促进客户转化

商业运营的本质是将客户的需求货币化。产品或服务，从需求分析到内容创建和客户管理，最终只能通过满足客户需求和应用相关技术来实现客户转化和货币化。客户转化是整个业务流程的主要目标，决定着整个产品或服务的成败。客户转换包括转换系数和转换频率。转化率是实际消费客户的百分比（公式：有效客户/所有客户的转化率×100%）。这里提到的有效客户是那些可以继续使用产品（服务）并为此付费的客户。转换次数是特定的活跃客户数量。客户转换可以是登录、点击、支付等过程。这可能是一个多阶段的过程，例如电子商务购买过程、金融产品注册和绑定过程。

下面介绍几种常见的促进客户转化的方法。

（一）做好螺旋上升式的需求管理

客户的需求是一切行动和结果的来源，是心理需求、支付能力和行为的总和。因此，它们包含了需求之外的各种需求。例如，如果我想买一部手机，我认为它是原装的，质量好，价格便宜，交货快，整个购买过程简单方便。我们发现，除了购买手机的目的外，客户还有许多其他要求，如时间、价格和体验。如果我们将一个明确的"购买手机"目标称为主导需求，也就是说，还有许多其他的截止日期、价格，而这些软需求，如体验，被称为"隐性需求"，通常是由限制和影响客户实现目标的能力的因素引起的，即客户实现该目标的成本因素。为了让客户参与购买行为，他们必须购买符合他们需求的产品。了解显性和隐性需求与转化率之间的关系；采取这些行动的成本是可以接受的，也是可以实现的。因此，可以从需求、转化率和成本等角度着手进行需求管理。

1. 探索和激发客户真实的需求和意愿

它是对客户变量的衡量，主要取决于客户自己的需求。同时，我们可以通过引导客户发现新的需求来刺激客户的需求，因为客户不知道他们从不知道的东西，就像在史蒂夫·乔布斯以前没有人知道 iPhone 一样。我们可以提高客户需求水平，例如，当我们举办一个活动时，我们想营造一种氛围，传达对活动的感知，并影响客户的购买体验。对客户情绪的影响实际上意味着进一步影响他们的购买需求。尽管需求的产生是由客户决定的，但我们发现客户自己的需求受到各种因素的影响，这些因素是我们可以思考、工作和扩展的方向。

2. 提高卖点和目标客户需求吻合度

当确定目标客户进行运营时，了解客户的真实需求并提高销售点与观众需求之间的一致性是很重要的。目标越高，客户接受度就越高，交易的概率也就越高。通常在实施过程中，客户被分为四个级别，并针对不同级别的客户实施不同的运营策略。第一层，这些客户是理想的目标群体，应该得到良好的照顾，经常与他们互动，并从事二次营销；第二层，这些客户的基本需求仍然得到了很好的满足，但他们对产品（服务）品牌的认可或忠诚度还不够。因此，重点应放在传达产品（服务）的品牌；第三层，一些客户对产品（服务）有一定的了解，但推广的销售论据不符合客户自身的需求。在这方面，有必要研究客户明显和潜在的需求，然后采取有针对性的工作策略，给客户留下深刻印象；第四层，这些客户基本上可以确保他们不属于您的目标客户，因此您不需要花费太多时间。

3. 降低客户的达成成本

客户性能的成本主要取决于客观因素和设计因素。例如，如果我们将客户从销售产品向转让产品的转变视为一种行为，那么实现将产品交给自己的目标所需的时间、精力和金钱就是客户必须支付的费用。我们大致分解了这种行为，得到了行为路径：当客户想要购买（需求）时，他们打开手机，打开应用程序，选购，付款，等待发货，然后收到商品。这种购买行为可能产生的成本包括时间成本、精力成本、金钱成本、习惯成本、心理成本等。运营部门必须确定如何通过渠道和设计来减少这些成本。这些方法通常分为三个方面：减少时间和精力，动态编程、页面节奏、高度可识别的信息，以及帮助客户更有效地找到目标产品（服务）的内容或细节元素；通过折扣、全额折扣、闪付、直接折扣、优惠券和其他折扣来降低资金成本和客户现金成本；适应成本习惯，使用布局、反馈、复制等设计，确保符合客户习惯。

（二）巧妙运用互联网免费经济

免费早已成为互联网行业的普遍做法。互联网的"免费"本质不是传统的"左口袋出、右口袋进"的营销策略，而是将商品和服务成本降至零的能力，这就代表公司的核心服务永远不会收费。QQ聊天、360杀毒、百度搜索就是这种模式的代表。由于以下因素，免费模式在互联网行业非常流行。第一，互联网大大降低了信息传播的成本，这是免费模式的前提。第二，产品可以通过互联网提供给许多全球客户，这进一步降低了边际成本。即使转化率很低，付费客户的总数也可以通过客户总数与付费率的乘积来确定。第三，免费对人们来说自然具有难以逾越的魅力。在使用免费产品时，人们有一种不会失去任何东西的思维方式，那就是更宽容、更开放、更灵活。因此，每个人都希望通过免费策略快速征服市场，实现客户转化。

（三）利用社交进行关系转化

从本质上讲，建立人际关系链是一种旨在实现心理动机或共同目标的资源协作和交易行为。我们合作和协作的次数越多，合作的成本就越高，我们建立和加强的关系就越多。因此，基于社会关系链的客户转化也是非常有效的。有三种方法可以使用社交媒体来转换客户。

1. 亲自询问

亲自收集客户反馈是参与社交运营的最有效方式。个性化客户反馈请求方法无疑会产生出色的效果，个性化反馈请求的效率是电子邮件请求的7~8倍。例如，家具销售助理可能需要一个小时的时间来帮助客户选择最适合他们家庭风格的沙发，在这个过程中，他们也非常了解对方，因此他们也在无形中建立了微妙的联系。这使得销售代表能够在销售期间或之后与客户进行更深入的接触，并建立相对关系，如质量反馈，从而实现客户转换和销售的可能性。

2. 客户"奖励"

即使种子客户可以分发和推广产品（服务），并通过消费者激励或授予新客户特权来奖励老客户，使用小额激励来刺激客户转化率的增长也是非常有用的。这也是转换客户的一种非常有效的方法。例如，提供购物折扣的应用程序——返利网已向老客户发出邀请，他们邀请新客户，都可以享受1元购买价值30元包邮物品的优惠，鼓励种子客户转向新客户。

3. 促使客户进行评价

当新客户选择产品或服务时，他们对产品或服务并不熟悉，但也面临着广泛的竞争对手。目前，查看以前的客户评论（口碑）是最好的依赖方式。良好的客户评论和大量的产品（服务）评论肯定会促进客户尽快转型。因此，客户评价（口碑）是吸引新客户不可或缺的有效方法。

第三节　数字化的平台运营

一、微信平台运营

（一）微信朋友圈营销的特点

总体来看，微信朋友圈营销主要具有以下特点。

1. 商家或企业与客户随时随地互动沟通

移动设备的可用性提高了信息传播的效率。与个人电脑相比，智能手机将不仅仅具有个人电脑的许多功能，其便携性更是带来了新的变化，让用户可以随时随地发送和接收来自微信朋友圈的信息，为卖家提供了巨大的营销便利。

2. 较高信息的到达率、曝光率利于提高广告推广的效率

广告产生的营销效果可以说与信息的可用性和曝光率有密切的联系，而微信朋友圈正具有较高的信息到达率和曝光率，两者不谋而合。当用户在朋友圈上发布信息时，信息将完整地显示在好友的朋友圈中。即时消息通常会提醒您动态更新。一旦用户打开即时消息，他们的即时消息将自动更新，这意味着发现已发布信息的可能性接近100％。

3. 高精准度传播，让商家和企业有针对性地进行营销服务

微信朋友圈打破了运营商、硬件、软件和社交媒体的壁垒，将人们的真实关系带到了手机上，并在真实世界和虚拟世界之间建立了"无缝连接"。潜在消费者会在商家或企业发布信息后积极互动。一旦商家或企业抓住了潜在的消费者，他们就可以有效地相互交流。

4. 半私密性的互动

用户可以在发布信息时选择可见区域。在窗口的同一可见层中的朋友可以看到发布的和交互式的内容，而在不同可见层的用户则无法看到彼此的反馈。例如，如果用户A是用户甲、乙、丙、丁的朋友，则A可以接收并评论四个朋友在朋友圈上共享的信息。如果其中用户甲、乙、丙互为朋友，但不是用户丁的好友，则用户丁无法收到用户甲、乙、丙的评论。这种半私密互动功能确保了客户来源和信息的排他性，卖家不必担心客户来源被盗，也不必担心其他用户的负面评论。

5. 低成本传播，节省商家和企业成本

微信是一款免费的软件，允许卖家在朋友圈上发布多张图片和文字的信息或者以链接的形式发布信息等，在使用过程中产生的数据流量由网络运营商支付。微信朋友圈是一个虚拟的封闭社交平台，为潜在客户带来直接利益，并降低公司的客户开发成本。同时，当客户对产品或服务的满意度提高时，也很容易形成声誉的效果，这些客户可以成为产品或服务的消费者和分销商，从而降低商家或企业的营销成本（谢芳，2016）。

（二）微信朋友圈营销策略

针对上述问题，本节主要给出了以下几条微信朋友圈营销策略。

1. 找准目标，重视差异化需求

男性和女性的需求不同，不同年龄段的需求也不同。消费者的需求取决于各种因素，公司必须提供以客户为导向的产品或服务。在微信朋友圈这样的封闭圈子里，交易者应该时刻关注用户动态和关注度，并在消费趋势、技能等方面表现良好。抓住消费者，准确捕捉他们的需求，找到他们的目标客户，分享有效的信息，对用户产生微妙的影响，并产生情感共鸣，激励他们做出消费者决策。

2. 重视互动沟通及时性和形式多样化

微信社交圈是一个交流平台和虚拟社交平台，娱乐和情感交流是必不可少的主题。微信朋友圈始终以微信为依托，充分利用语音、视频、图片等形式进行信息传播和共享。在当今快速发展的世界里，缓慢地互动和反应可能会给客户留下负面印象。我们需要充分利用微信即时通信的特点，及时互动，提高客户满意度。同时，注意开展各种形式的互动，如求"点赞"换礼品、送红包等，它有效地吸引了大量注意力，刺激了互动，这是一种相对愉快的互动体验。避免信息传播内容中的过度刻板印象，增加体验因素，如设计深思熟虑的问题，鼓励消费者反思问题，在无形中向消费者传达产品信息，有利于实现营销目标。

3. 以顾客体验为导向，改进信息推送模式

零售商或公司不仅应充分利用微信朋友圈的营销优势，还应了解信息传播的频率和信息内容的可读性，以便潜在消费者有兴趣获得这些信息。商家或企业在朋友圈上发布信息的频率高可能不一定更好，因为它们往往会产生负面影响。商家或企业应尊重客户使用微信朋友圈的习惯和刷屏规则，并选择正确的广告信息频率和时间来满足消费者。例如，上下班路上

的时间段，每天推送两到三次信息，可以有效地披露信息并发挥营销作用。

4. 注重传播过程中的感知体验和情感体验

传统的营销传播更侧重于提高产品质量、生产力或价格。由消费心理学的理论可知，人们无意识地抵制行为的推广。企业营销应强调产品或品牌在分销过程中的感官和情感需求，关注产品的技术细节和推广形式，关注客户接触产品的感官体验，给客户带来愉悦的感觉，这一点很重要。与此同时，情感体验的目的是触摸消费者心中的情感，创造和引导他们的偏好，并从对广告目的的积极印象中产生强烈的偏好。因此，商家或企业必须同等重视消费者关怀与产品利益，才能在客户心中产生情感共鸣，这不仅让顾客不反感，而且通过积极关注广告内容给人留下了深刻的印象。

5. 产品的质量和售后服务仍是微信朋友圈购物关注的重点

确保产品和服务的质量是营销活动的先决条件。如果客户在购买产品后遇到问题，他们的期望值会急剧降低，满意度会急剧下降，甚至产品在消费者心目中的形象也无法恢复，消费者将失去信心。因此，企业必须继续努力控制产品质量，做好整个销售流程中的服务工作，在此基础上，产品附加值的增加将迅速提高客户的心理满意度和认同感，从而导致购买决策和承诺。

6. 整合传播渠道资源

微信朋友圈正逐渐成为人们获取信息的重要渠道，这里收集了大量信息，企业需要将微信朋友圈与其他沟通渠道整合，以开拓全面的沟通渠道。在信息爆炸的时代，每一个平台都是流量的入口。公司必须使用不同的在线平台进行沟通和推广，例如在电子商务平台或官方网站上发布微信朋友圈流量；充分利用微信二维码来输入流量；不同社交媒体的流量转换，如微博、bilibili 和微信之间的流量连接，多渠道传播，增加流量，并引入潜在客户资源。

（三）微信公众号营销

微信公众号平台，英文名称为 WeChat Public Platfom，简称公众号。一般情况下是使用微信公众号开展自媒体活动。从本质上来说，是一场以一方对多方的具有媒体性质的行为活动。例如，政府、媒体和企业以微信公众平台为媒介，采用文字、图片、视频、语音等多种形式进行编辑，再借助群发的方式把信息传达给用户，并在线上线下与用户进行互动。

在如今这个互联网时代，微信作为自媒体营销的重要平台之一，受到了众多企业的高度重视。微信作为一个新兴的信息载体平台，凭借其零成本、功能齐全、覆盖范围广、便捷的优势，已成为一款中国数亿用户每天都在使用的社交软件。因此，企业在微信公众号营销时拥有了海量的潜在用户资源，更有利于企业做好自媒体营销工作。在微信营销中，不仅有公众号营销一种方式，还有朋友圈、扫一扫等微信功能都已经成为企业的营销方式。但是，毋庸置疑，微信公众号是企业进行营销见效快、效益高的营销方式之一。利用好微信公众号这个传播工具，能将企业的产品、服务更快地传播出去。企业可以从以下三个方面入手来认识微信公众号。

1. 公众号是微信进行自传播的重要前提

在很早的时候，微信公众号这个有巨大潜力的营销阵地就被众多企业注意到了，于是陆续有很多企业加入微信营销的阵营之中。这个时候，许多企业也逐渐摆正态度，不仅利用微信实现即时通信，还通过这个强大的自媒体平台进行营销。到2017年，大部分企业着手进行微信营销项目。微信公众号就是微信自媒体营销最主要的阵地。例如，优衣库官方的微信公众号属于服务号，在一个月内只允许向用户发送四次文章。通过分析优衣库的微信公众号发布的文章可以发现，它并没有将重心放在打广告方面，而是主要向用户推送一些具有时尚、国际范的与品牌气质契合的信息。这主要是为了满足用户的时尚品位，使用户在获取一些时尚方面的资讯的同时，对优衣库产生良好的品牌印象。

在利用微信公众号进行营销推广的时候，一定要在较为合适的时间发送相关内容。发送时间的设定直接关乎企业微信营销产生何种效果。发送的时间不合理，如在人们起床前或入睡后发送，都会打扰用户的休息，极有可能产生负面效果。因此，企业应考虑到用户的作息，在用户吃早午餐之前一小时或者18点到22点的时候来发送消息，这样才能既增加点击量，又抓住用户的心。

2. 微信公众号中加入便捷的购物入口

微信作为一个灵活、综合的工具，其公众号也拥有众多不一样的功能。企业可以在自己的官方微信账号中加入全面的购物导航，进行有效的微信传播。用户可以通过关注企业的官方公众号，在简单的引导下找到购物按钮，点击即可进入购物页面。这种简单快捷的操作提升用户的购物体验，用户体验好便有兴趣转发给好友或者朋友圈，从而让更多人关注该企业的公众号，帮助微信公众号进行良好传播。

3. 将新鲜元素加入微信公众号，更好地吸引用户

对于任何一家企业来说，注册并开始运营微信公众号，足以说明企业走上了自媒体营销的道路。这种营销方式，是众多企业进行公平竞争的一个重要方法，而发送的内容则是影响营销和传播结果的关键。为了吸引用户的关注，微信公众号一定要选择一些新鲜元素。下面选择优衣库进行具体说明。优衣库的微信公众号曾经发布了一篇标题为"空间'复联'英雄，穿 UT 战袍，领 10 万张电影折扣券！"的文章。优衣库紧跟流行的步伐，从受欢迎的电影《复仇者联盟》中选取一些元素向用户推送有关内容，吸引用户阅读和进行互动。

上述优衣库结合当下的年轻人感兴趣的元素，以创设悬念的形式，吸引用户点击进来一探究竟，也特别要求语言的年轻化，大大提高了企业的知名度。在企业的微信公众号营销中，一定要不断将一些新鲜、有吸引力的元素加入其中，让更多的用户对企业产生好奇，调动用户进行消费的心理，进而购买它们的产品，实现营销的目的。

对企业来说，在充分了解微信公众号的前提下，做到以上三个方面，并对这个平台加以利用和重视，才能更好地完成企业的营销任务。只有做好微信公众号，才能让用户对其多一份依赖，进而推荐给更多的用户关注。也只有这样，才算是真正玩转了一呼百应的微信公众号，做好了营销的工作。

（四）微信公众号运营与推广

当下，人们正处于信息爆炸的时代，随着智能手机和各种移动设备的普及和功能的更新，微信公众号作为一种重要的营销方式，受到了众多企业和自媒体人士的高度关注。其实，很多做微信营销的人并不知道自己运营的方向在哪里，也不知道究竟如何去做好企业的微信公众号。尤其是对众多企业来说，如何玩转微信公众号的运营与推广，已经成为如今企业发展必须了解的问题。

1. "阶梯式"运营微信公众号

（1）微信公众号运营初期

运营微信公众号的人都知道，要想营销效果好，就需要提高粉丝的数量和质量。于是，很多自媒体人在运营公众号之初就开始把增加用户数量作为主要工作。其实，这种做法是不正确的。微信用户在关注一个公众号

之前，都会出于好奇的心理，翻阅公众号的历史发布信息。如果公众号初期发布的信息只是为了增加粉丝量，内容做得不太好，自然就会让用户大失所望。

在微信运营初期要着重提升微信内容的质量，用高质量的内容不断吸引更多的用户。自媒体运营者可以在公众号上每天发布精品文章，还能在朋友圈、QQ 群、微博等社交媒体上分享这些文章，增加文章的阅读量。如果发布的文章有意义、有价值，那么用户更愿意定期阅读和留言互动。

（2）微信公众号运营中期

在对微信公众号的内容质量严格要求的基础上，企业就要重点提升订阅用户数量。内容质量的提高已经给用户留下了良好印象，有可能已经获得了一些粉丝。当然，微信公众号运营前期凭借优质的内容已经受到了一批用户的关注，这为开发新用户做好了铺垫。所以，对于中期的微信公众号运营来说，可以开展一些线上线下都参与的活动，不断将一些优秀文章分享到 QQ、微博等高流量的营销平台。在各大网站平台上做推广，来提升公众号订阅的用户数量，就能做好微信公众号的中期运营。

（3）微信公众号运营后期

经过初期、中期运营的公众号，在后期只需要将已有的用户转化为忠诚用户。这个时候，企业可以通过多渠道推送信息，并且在推送的过程中与用户进行互动，将普通用户转化为忠诚用户。自媒体应该严格按照前期、中期的运营要求，做好内容质量的提升和公众号订阅用户量的提升，才能轻松做好后期的微信公众运营工作。

2. 微信公众号的推广技巧

（1）内容推送技巧

微信公众号发布的文章中，要适当增加图文信息的占比，增强文章的可读性。当然，图片也不要过多，保证 1 500 字以内的文章有三张图片。

（2）关键词自动回复的推广技巧

企业在进行自媒体营销时，要正确设置关键词自动回复。如果订阅用户发送的内容含有指定的关键词，系统会根据一系列规则自动将设置的信息发送给用户。登录微信公众平台，在"功能"一栏找到"高级功能"，然后点击"编辑"去设置关键词自动回复，添加企业的回复规则。企业或者个人自媒体可以根据实际情况回复最新的消息，设置好哪些关键词对应什么内容。例如，设置关键词——"公司"，与其相对的是公司简介，当用户发送"公司"时，系统会自动把提前设置好的公司简介发送给用户。

在这里，关键词的设置没有太多要求，不过字数不能超过 30 个字。在实际应用中，关键词还是字数越少越好，不应设置太多，否则就容易使用户收到一些无用的信息，导致用户反感。

玩转微信公众号的运营与推广，对于企业的发展来说是极其关键的。因此，自媒体人在利用公众号进行营销的时候，务必从以上两个方面做好运营和推广的工作。在这个过程中，自媒体人要重视用户的感受，从用户的角度出发来玩转微信公众号。那么，这个微信公众号自然也就能得到用户的认可。

二、短视频平台运营

短视频，是短片视频的简称，是时下比较热门的互联网信息发布内容与方式，多发布在视频工具类平台或视频社交平台上。短视频问世之初，时长一般为 15 秒，随着短视频创作者要表达的内容越来越多，短视频的时长也在不断增加，30 秒、57 秒、3 分钟、4 分钟……也有人认为，时长在 30 分钟以内的视频都可以称为短视频。关于短视频的时长到底应该是多长，并没有一个统一的大众标准或平台标准。随着内容投资创业的热潮不断翻滚，很多企业、团队，甚至个人都投入了这场激烈的战斗中。

（一）短视频的特点

短视频具有以下几大特点。

（1）制作相对简单、工序少、周期短、生产成本低、传播速度快，具有传播生产碎片化特征。

（2）信息密度大，在几秒钟至几分钟的短时间内，融入具有一定情趣性、精彩度的内容，将图案、音乐、文字集于一身。

（3）社交属性强，所发布的内容容易引发受众关注、模仿。

（4）生产者与消费者之间没有明确界限，是制造 KOL（Key Opinion Leader 的缩写，关键意见领袖）与成为 KOL 的重要场域。

（二）短视频平台的选择

市面上短视频平台众多，根据相关数据显示：抖音、快手属于第一梯队，合计市场份额占比 54.2%；西瓜视频、火山小视频（现更名抖音火山版）属于第二梯队，合计市场份额占比 22%；其他短视频平台则属于第三梯队。本节主要选取市场份额占比前四的短视频平台进行简单介绍（李彪等，2021）。

1. 抖音

抖音短视频是字节跳动旗下产品，孵化于今日头条，是一款专注于音乐创意、视频社交的社区分享平台。用户利用抖音短视频平台表达自我、记录生活的同时，可收获有同样兴趣爱好的朋友，分发用户喜爱的视频。

2. 快手

快手是一款比较常见的用于记录、分享生活的短视频社区平台，最初主要是制作、分享 GIF 图片的工具应用。快手用户可以在该平台上以照片、短视频等形式记录日常生活，或以直播的方式与粉丝进行实时互动。用户通过快手平台可以看到真实、有趣的世界，也可以发现更加有趣的自己（毛利 等，2020）。

3. 西瓜视频

字节跳动旗下的短视频平台——西瓜视频，能够在算法的推荐下向用户分发短视频内容，帮助原创视频的创作者向全世界分享自己的视频作品。

4. 抖音火山版

抖音火山版是原本火山小视频的升级品牌，同样孵化于今日头条，是一款 15 秒原创生活小视频社区平台。在这个平台用户可以表达自己观点，也可以交到与自己志同道合的朋友。

（三）短视频内容的构建

1. 内容跟着定位走

要吸引更多的有效用户群体，首先必须确定明确的用户定位，以此来吸引具有相同特征或倾向的用户群体。

（1）选择自己擅长的领域。短视频平台主要就是为了吸引流量，因此作为创作者，首先应该清楚地知道自己所擅长的领域。找准了擅长的领域后，就可以通过平台专门来呈现这种类型的视频，这就是自我定位。只有准确的定位才能帮助创作者在短视频中获得优势，进而获得更大的流量。

①客观地审视自己，并确定特定的专业领域。要想利用短视频平台创造内容并获得数百万粉丝，首先必须客观地审视自己，并确定特定的专业领域。

②扩大现有品牌文化，加大创新力度。尽管目前大部分公司制作短视频的最终目的还是吸引流量，但是作为公司一定要坚持自身品牌和文化价

值观的力量，只有在此基础上进行的创新和规划才能获得更大的流量和品牌知名度。

（2）垂直细分，寻找未饱和领域

寻找市场尚未饱和的领域，这样的短视频会更有新鲜感，而且可以抢占先机，一鸣惊人。

①更高的辨识度。目前的整个竞争体系已经进入了高度同质化，要从中脱颖而出，只有长期深耕细分领域、知名度高的短视频作者，才能输出吸引用户关注和更多关注的内容。从受众的心理需求和平台的算法推荐出发，结合自己的擅长点，寻找适合自己的垂直细分领域，突出自己的特色，努力提高账号识别度，让用户记住你，才能得到更多成长机会的垂青。

②更易产生专业化内容。只有采取专业的方法才能最大限度地提高短视频内容。尽管说好的标题文案是成功的一半，但是如果所表达的内容缺乏价值，也是很难将用户留住的。而如果想要自己创作的内容能够给用户带来快乐或其他情感等有价值的体验，还是需要短视频作者具备专业知识和能力。

③强化 IP 属性。高的识别度和专业的内容，可以帮助账号不断叠加 IP 属性。垂直短视频有更强的议价和货币化能力，更有利于作者向强 IP 发展。对于短视频创作者，只要行业足够垂直，内容有吸引力和特色，他们就能抓住更多用户的心智，强化自己的 IP 属性。

（3）根据目标群体需求做定位

首先应该明确的是，短视频是提供给用户观看的，因此在进行定位时，作为短视频的创作者首先应该专注于目标用户群体，在对其进行分析的基础上创作出满足他们的需求定位内容，而不是根据主体的需要，为所欲为。

①找到目标群体，提炼主流需求。内容上要想获胜，短视频创作者应该将锚点瞄准目标受众，提取他们的主流需求，并获得更多粉丝。通过这种方式，短视频可以特别迎合他们的内容品位，更快更好地吸引他们的注意力，增加他们对短视频的关注度和转发量。

②解决需求上的痛点。痛点就是指目标群体迫切需求，但是目前却无法解决的。识别目标用户并对其主流需求进行提炼的基础上，还需要抓住目标受众的痛点，并在有针对性的短视频拍摄中加以解决，这样短视频创

作者才能达到最终目的。

一是对目标群体进行深入调查。对用户需求痛点的捕捉，要求短视频作者必须深入目标受众，了解他们的需求，并对其进行描述，以潜在地捕捉他们的痛点。

二是有效地满足需求的痛点。解决方案的提出要有针对性，短视频作者所创作的内容必须本着为目标受众消除痛点的目的。通过这种方式，它将彻底点燃目标受众，并迅速占据他们的头脑。

2. 短视频脚本写作

视频脚本是故事的发展大纲，确定整个作品的主要发展方向和拍摄的具体细节。短视频拍摄脚本是拍摄短视频前拟定的拍摄大纲内容，用来指导短视频的主题内容和拍摄的剪辑处理。短视频拍摄脚本主要包括画面的内容、景别、台词、拍摄方法和技巧等方面。创作者可以根据具体需求调节脚本的各方面内容。

（1）短视频脚本类型

①文学脚本。文学脚本，是各种小说、故事改编后，以蒙太奇表现手法，为准备拍摄的影视作品而创作的故事文本。详细描述影视作品的主题思想、故事情节、人物关系、场景环境、叙事风格等，主要有景别、镜头运动、台词、音乐等元素。

②分镜头脚本。分镜头脚本又可称为摄制工作台本，研究分析文学脚本后，以电影化手段，运用绘图或者表格的方式，分切成拍摄用的电影镜头，意在把握作品的整体节奏与风格。分镜头脚本既是制作视频流程中前期拍摄的脚本、后期制作的依据，也是视频拍摄时长与经费预算的参考。

（2）如何写脚本

短视频虽然篇幅和时长都是相对较短的，但是在脚本创作中，需要写上包括场景"序号"，人物在什么"场景"，不同画面、景别所运用的"镜头"，场景"画面"的描绘，每个镜头拍摄的"时长"，人物对白、独白等内容。

短视频脚本写作中需要注意抓住以下四点要领。

①注重标题创作。短视频的标题创作十分重要，决定着视频的传播范围、影响力度与关注程度。短视频标题创作要体现主题思想，带有引人好奇、不同一般、悬疑迷惑等元素，能勾起受众的了解欲，让他们忍不住点击观看。

②采用受众思维。短视频创作需要从受众角度出发，以受众的感兴趣点作为核心。只有站在受众的角度去思考、策划、创作，采用受众思维，才能创作出受众喜欢的视频。

③加强情绪表达。短视频需要在短时间内营造气氛、吸引受众，这样就要做到比传统长视频有更强烈、更密集的情绪表达。

④细化视频细节。短视频作为一种视听语言艺术，通过镜头讲述故事，只有流畅的情境才能感染受众情绪，吸引受众持续关注。因此镜头是否需要移动和切换、画面是否使用特效、选择什么背景音乐、什么位置嵌入字幕，这些细节都需要——细化。

3. 短视频拍摄技巧

（1）拍摄设备

创作者拍摄短视频需要完成的第一步工作就是选择设备。不同的拍摄规模，不同的拍摄预算，选择的设备也是不同的。

①单反相机。单反相机作为一种中高端拍摄设备，具有明显的优势：相机镜头可精确取景，所拍摄画面与实际画面几乎一样；更独特的拍摄效果、更自由的手调能力，创作者可根据实际需求调整光圈、曝光度、快门速度等；只要卡口匹配便可使镜头从广角到超长焦随意更换。但是单反相机体积比普通相机要大，便携性较差，缺乏自动变焦功能，变焦不流畅。

②摄像机。业务级和家用级是两种常用的摄像机种类。其中，业务级摄像机电池蓄电量空间大，散热能力强，适合长时间使用，通常见于新闻采访现场，但是画面质量较单反相机逊色一点。家用级摄像机也叫 DV（数码摄像机），它小巧灵活、携带方便、清晰度高、稳定性强，适用于多种场合，方便记录生活。它操作简单，可以满足拍摄者的多样需求，内部强大的存储功能可以实现长时间录制。

③灯光设备。摄影是光影的艺术，大部分短视频有基础三灯布光法便可满足基本拍摄需求。

主灯。主灯放在拍摄主体的侧前方，用柔光灯箱打亮拍摄主体的最亮部位或轮廓。

辅灯。辅灯也被称为补光，主要对没有被主光覆盖的地方进行补光提亮，亮度要比主光小。

轮廓光。轮廓光也被称为发光，对拍摄主体的头发、肩膀等轮廓起修饰作用，以增强画面的层次感、纵深感。通常与主光相对摆放，即在拍摄主体的后侧。

④其他辅助器材。

三脚架。三脚架可以稳定摄像机、稳定拍摄画面的输出，选购越稳定的三脚架越好。选购的时候也需要考虑其便捷性，可多角度流畅旋转的带轮三脚架是首选，避免移动镜头晃动的同时，可以平滑地运镜。

②话筒。短视频拍摄声音是否清晰是很重要的，因此选择配置的话筒很重要。如可以选择音质好、适配性强的 RODE Video Micro，在多人录制或者实景录制的情况下，准备好吊杆就可以完成清晰的录音。

⑤手机拍摄与辅助设备。创作者选择手机进行短视频拍摄，可以选择已具备强大功能，满足剪辑、拍摄、发布需求的华为、iPhone 高端机型。选择手机拍摄的最大优势是设备方便携带，创作者在任何时候遇到精彩瞬间，都可第一时间拍摄保存下来。手机与专业摄像设备对比，缺点也是明显的，拍摄像素较低以致拍摄质量不高，光线不足的地方拍摄噪点较多，手握拍摄的时候容易出现颤抖。因此创作者选择手机拍摄的同时，也需要选择一些设备辅助完成。

手持云台。专业的手持云台可以避免因手抖而造成画面晃动不清的现象。

自拍杆。自拍杆可以通过遥控完成多种角度的动作拍摄。

手机自动旋转器。手机自动旋转器可以使用手机进行 360°全方位全景拍摄。

补光灯。补光灯可以为光线不足的拍摄点增添光源，使拍摄物更加自然。

外置摄像镜头。手机增加外置摄像镜头，可以弥补本身拍摄像素低的不足，使拍摄画面质量提高，画面更加清晰。

支架。支架可以让创作者在拍摄短视频期间释放双手，也可让手机固定在某个位置，避免摔倒。

（2）拍摄技巧

①着重拍摄竖屏格式。如今国内市场份额占比最大的两款短视频平台——抖音、快手，都是以竖屏格式呈现视频内容，因此，着重短视频的竖屏拍摄是必要的，也是必须顺应的趋势。竖屏视频相较于横屏视频，除了能更方便手机用户观看、符合人手纵向生长的生理结构以外，还有着以下三点明显优势（阮甡甡，2018）。

一是竖屏视频迎合国人阅读、观赏习惯。在中国美术史上早就有竖幅画作，传统竖式山水画、春节对联以及古书籍的排版设计，纵向上的阅读观赏习惯早就留存在国人的基因里。而竖屏视频的纵深空间表现，也与中国传统竖式画作的散点透视、留白等美学特质有着异曲同工之妙。竖屏视频在景深上合理安排前、中、后景，可使相对较窄的视野范围营造出一种层次感和递进感，更能传递视频信息，情绪。

二是竖屏构图可以增强亲近感、交流感。竖屏在构图上会着重展现人、景的纵向透视关系，往往在镜框中放大人脸的比例，使受众有更好的沉浸体验，更能理解视频所承载的信息、情绪，受众与被摄主体之间的心理距离缩短，增强了受众对视频内容的亲近感、交流感，更好地产生情感共鸣。

三是竖屏格式更能突出拍摄主体、重点。观看短视频是受众在碎片时间内的一种快餐式消费，受众需要直观的视觉冲击，这要求视频能够明确、直接地传达信息。竖屏侧重局部、放大细节，更能突出拍摄的主体、重点，将受众注意力集中聚焦在内容本身，竖屏格式也更能突出自带垂直属性的人、物、景（国春阳，2019）。

②灵活调整构图方法。作为传统横屏构图方法的对角线构图，能使画面得到很好的纵深效果、立体效果，在竖屏中仍然适用。但竖屏两边较窄，画幅呈竖向导向，且更擅长表现自带垂直属性的人、物、景，因此竖屏在构图上要兼顾更多角度、视点，要根据不同的拍摄对象进行调整，为受众带来更丰富的视觉感受。

拍摄人物的时候，多点竖线条，少点横线条。虽然竖、横线条构图都能延伸视觉空间，但人物本身自带垂直属性，是一种"竖线条"。在狭窄的竖屏内过多出现横线条，会使受众感觉不协调、不舒服。在竖屏内要着重放大拍摄主体，背景删繁就简，还要适当地留白，突出主体视觉中心的同时，给受众留下更多的想象空间。

拍摄风景的时候，可以借鉴中国传统山水画的"三七开"构图方式，即画面的上下、虚实、空满比例均是 3：7，巧妙地留白，使画面更有意味。

拍摄静物的时候，可以选择放大细节、截取重点，充分展示拍摄物体的特点，也可以选择"之字形""S 形"等曲线构图法，使画面变得动态、柔美、和谐。

拍摄演员对白的时候，若是两人的对话，可以选择对角构图，即两个人分别被安排在画面的左上角和右下角，这样可以避免人物挤占狭窄的画面空间，画面达到平衡的同时，还增强了前后透视感，呈现一种内在的节奏。若是三人及以上的对话，则选择纵向多点构图，将人物错落分散在不同景深、不同高低的多个点处，使画面更生动、富有韵律。

③适配小屏幕的景别。短视频的传播终端往往是小屏幕的手机，因此竖屏拍摄要更聚焦细节，侧重凸显人物。在景别的选择上，除了交代人与人、人与景的关系要用到全景、远景以外，中景、近景、特写是视频景别使用率最高的，这样才能更充分展现人物，符合受众的观看习惯。但值得注意的是，不能一味地使用一个镜头，要多个镜头灵活切换，尽量避免"一镜到底"，减少受众因审美疲劳而放弃观看的可能。

④使用纵向移动镜头。竖屏两边较窄，画幅呈竖向导向，因此横向移动在镜头运动中并不适合展示，应该选择横向运动幅度较小的镜头。竖屏更适合选择固定镜头，或者纵向移动的镜头，例如镜头的上下运动，人物的攀爬、跳跃，物体垂直坠落等画面，更能延伸视觉空间，给予受众画面更多的想象空间。

⑤还原生活化的场景。影视用语中的"场景"用于表现情节内容的一个过程。竖屏视频的场景化构建，应该在充分利用竖向画幅的优势下，以创新手法，借助主观视角，高度还原生活，给受众一种最真实的场景体验，使受众在碎片化时间内能快速地得到情感共鸣，满足受众的快感需求。

4. 短视频后期制作

影视作品的后期制作阶段是指对拍摄素材进行整理、剪辑、配音乐、加特效，使之成为一个完整的作品。短视频作为影视作品的一种，信息密度大、节奏快，其竖屏格式两边较窄，呈竖向导向，因此在后期制作中要注意以下几项内容。

（1）横拍摄在竖画面呈现的应对策略

在短视频前期拍摄中，有一些素材是横屏拍摄的，在后期制作中可以选择将竖屏画面进行三等分，三格画面互相配合展示横屏内容，使线性叙事呈现一种层次感，如一格展示内容全貌、一格展示物体细节、一格补充说明信息，这样可以弥补竖屏在表现环境、关系上的劣势。这种情况下的竖屏画面划分还可参考漫画的分屏设置形式。

（2）每个镜头切换表达一个主体内容

观看短视频是受众在碎片时间里的一种"快餐式"消费，受众需要直观的视觉冲击，这要求竖屏传递的信息相比较横屏要更轻量化，受众不需倾注太多注意力，便能满足感官体验和情感需求。因此在竖屏短视频的后期镜头剪辑中，要做到一个镜头画面对应一个主体内容，这个主体可以是人、是物、是景，一定要清晰明了。每一个镜头切换都表达一个主体内容，假若主体过多，镜头切换频率太快，会导致受众对短时间内的内容记忆不深，记忆程度降低，视频想要传达的信息也会大打折扣。

（3）剪辑的节奏要明快、模式风格化

剪辑节奏是用剪辑手段处理视频结构、镜头长短后形成的一种韵律。短视频需要在短时间内传达明确、有效的信息，而且在此过程中要有趣味、有亮点。因此短视频的剪辑节奏要简洁明快，让受众在快速获取信息内容的同时又能满足其观看的情感需求。互联网上每天更新的短视频数量庞大，如何能在碎片时间内抓住受众的眼球，并培育一批长期、稳定的观看用户，短视频的剪辑模式是否有特点、有风格是很重要的。如短视频品牌"一条"，它的短视频都是采用不连续剪辑，后期均把色调进行泛白、调亮处理，并加上一些特效手段丰富视频内容。因此，创作者要为自己的视频剪辑模式打造一种风格，或对色彩做一个锦上添花的处理，或调节画面曝光、对比度、亮度等参数来调整画面光线的明暗，或运用动画特效，带给受众更多美的享受，让受众留下更多对视频的记忆点。

（4）音乐起伏与画面节奏有机结合

声音能够直接渲染情感、传达内在信息，声音的元素很多，音乐是其中的重要部分。如今很多短视频为了提高输出效率，在视频里一首音乐几乎从头铺到尾，并没有实现音乐的起伏与画面的节奏相结合，只有适度的音乐运用，才可以更好地反映视频内容信息。音乐与感情是相辅相成的，点到为止、不过度渲染情感的音乐才不会让视频传递的信息大打折扣。因此，短视频在后期音乐运用上，要注意匹配画面节奏，不同的叙事内容匹配不同的音乐，用音乐渲染主观情感更能提升视频的艺术趣味。

（5）正确的文字添加传递更有效信息

竖屏短视频两边较窄、画幅呈竖向导向，加上时长短，镜头切换较快，受众对文字信息的反应时间较少，文字承载信息的能力较弱，文字太多不仅会使传递的信息大打折扣，还会使受众感到疲劳。竖屏的拉伸是呈纵向的，在拍摄中着重聚焦中心，因此受众在观看过程中会把更多目光注意力放在屏幕中心，竖屏短视频的字幕在精简、放大的基础上，放在中间位置效果会更好，传递出的信息更容易被受众接收。

（四）短视频的营销推广

1. 运营者的任务

运营商的工作直接影响到短视频能否被粉丝关注并进入商业货币化的过程。

运营商的工作职责包括内容管理、用户管理、渠道管理和数据管理。尽管运营人员不直接参与内容创作，但可以根据市场和用户需求分析为短视频创作提供指导。短视频制作完成后，好的运营商可以充分利用每一次互动机会，增加短视频的社会影响力。运营在团队中的主要职责是在网上快速传播创意内容，获得粉丝，并专注于创意团队的整体规划。因此，运营商需要了解内容并进行沟通。简而言之，简单地了解网民的口味和团队内部的内容创作过程，并知道使用现有的设备和人员可以达到什么样的最佳效果。

对于运营者个人而言，运营是一项压力很大的工作，内部负责内容规划，外部负责内容推广，经常与各种人员互动，以尽可能地满足各种要求。

2. 运营者的运营技巧

电子商务在运营短视频时经常会遇到一些问题。例如，短视频的创意很好，但点击率很低或账户被莫名其妙地屏蔽。事实上，这些问题都是由于对短视频平台缺乏足够的了解。只有熟悉操作技巧，才能事半功倍。

好的运营者通常需要先做内容，再做营销；专注做垂直领域；掌握好发布时间；保证视频的质量。无论是新媒体、短视频，还是在微博、微信公众号写文章。如果我们不追求热门话题，流量会比其他人少很多，所以我们在拍摄时应该尽量选择热门话题。短视频平台都有价值，抖音的价值在于记录美好的生活，快手的价值在于展现真实的自我。

在抖音、快手等短视频平台上，官方网站已经明确写入了倡导竖屏的内容。如果分辨率不同，以其他分辨率拍摄的短视频可能在顶部和底部有黑边，或者在左侧和右侧有黑边。当系统首次审核短视频时，如果在短视频的顶部和底部发现黑边，就会怀疑它们是从其他平台移动或复制的，这会对账号的权重和流量产生影响。当账户的所有综合条件都很好，评分也很高时，就很容易走红。

短视频领域需要固定，但可以有多种形式的展示，包括教学、生活兴趣、才艺等。拍摄背景会影响平台推广。短视频平台每天都会添加很多新内容，可以达到300万~400万条。该系统将优先选择最佳内容并将其推送给观众。如果在拍摄过程中时间线不好，无论是用手机还是相机拍摄，结果都相对较差，噪音更大，面部灰色，缺乏立体感。因此，在拍摄时，时间线必须清晰。尽管不需要在室外开灯，但必须在室内开灯。一定要牢牢握住拍摄设备，在室内尽可能使用三脚架，在室外拍摄电影时使用稳定器。如果没有辅助仪器，一定要握住稳定器。选择好热门的背景音乐，如果我们拍摄了一个充满激情的正能量故事，却配上舒缓的轻音乐，这也是非常不合适的。所以，音乐应该符合主题，我们应该尽可能多地选择流行音乐。需要注意的是，短视频的发布时间也有最佳时间，通常为12：00至14：00和18：00至22：00，这一时间内短视频的点赞量和浏览量相对较高。当然，最好能够在固定的时间每天更新。

3. 提高视频播放量

当前，从拥有大量短视频的平台获得高流量变得越来越困难，我们不能修改平台本身的规则，只能从中挖掘可控因素，并加以利用。对于短视频的封面图像，尽可能选择全景或近距离的图像。这样，用户可以点击短视频，产生更多的影响，增加新鲜感。实用性、延续性、新奇幽默三个特点必然会增加短视频的转发、收藏和点赞数量。而这三方面数量的增加必然会导致短视频的热度上升，因此最终转化为高流量不是问题。增加短视频受欢迎程度的另一种方法是增加与用户的互动。在短视频运营的早期阶段，有必要积极回应评论区的内容。活跃的头条评论区除了及时回应用户之外，还可以从以下两个方面入手：一是内容，包括选择短视频内容的主题，选择有趣、贴近用户生活的话题，并将其作为内容引起共鸣；二是评论，自己评论，引导用户参与，营造一种热闹的氛围。头条新闻平台不断发展，随之而来的是机制的变化。要想在头条新闻中获得高收视率，仅仅依靠上述技能是不够的。因此，我们需要在未来的运营中观察和发现更多技巧。

第四节　数字化运营赋能全价值链升级

一、数字化运营赋能全价值链升级的表现

（一）重塑价值链分工与价值创造

数据作为一种新型生产要素，与土地、劳动力、资本等传统要素共同成为引领全球产业链、价值链分工的重要方面。新要素创造新分工，新分工驱动新增长，生产要素的变化通常引起经济形态的重大变革。当前，以新一代信息技术为核心的科技革命正加速推动全球经济活动的数字化变革，引发新一轮国际产业转移，使数字化背景下的全球价值链分工更具灵活性。一方面，由于传统价值链分工链条相对冗长，上下游行业的利润空间被不断压缩，而数字化能够实现不同功能的专业化、模块化和标准化，有效去除不必要的中间环节，降低价值链中低端环节的迁移成本与交易成本，进而打破时空限制，为分布于不同地理空间的企业参与价值链分工创造有利条件和必要准备。另一方面，产业数字化转型升级也在一定程度上打破大型企业对价值链上各价值创造环节的垄断地位，为中小企业参与价值链分工提供更多机会。可见，数字化变革能够进一步提高全球价值链分工的深度和广度，有助于不同国家或地区迈向价值链中高端，进而对重塑全球利益分配格局、驱动价值链分工转型升级发挥关键作用（王勤，2022）。

（二）助推科技革新与产业升级

技术创新对于推动中国经济高质量发展与可持续发展具有关键意义，新一代信息技术与不同产业的深度融合，还将进一步加速新一轮的科技革命和产业变革。一方面，数字技术的发展能够转变既有生产模式，提升生产效率，成为传统产业转型升级的重要驱动力。另一方面，数字化使得拥有丰富数据资源及新兴科技的优势企业能够在全球范围内优化布局，进一步丰富全球价值链分工的空间区位选择，提高价值链分工环节的数字化水平。此外，数字化使全球价值创造趋于知识密集化。

二、全价值链转型升级的路径

工业企业的价值链有五个方面：营销、研发设计、生产制造、供应

链、服务。当然，任何一个企业在这个价值链当中都不是独立存在的，总在跟客户和供应商相互合作。

企业在实现数字化转型的过程中，将数字化技术与企业价值链结合，形成数字化的运营体系是提升企业竞争力的必要环节。这不仅在企业的内部进行，也涉及客户与供应商互动合作的环节。如对内外部全价值链进行监控和管理，从上游供应网络的每一个成员，到制造工厂的每一台机器设备，再到每一个经销商，以及每一个客户和每一个销售出去的产品，都可以连接起来，从管理的视角进行数字化映射，从而确保对每个最小单元进行有效的管理。

通过这种更为精细化的管理方式，使企业的盈利能力不会因为外部市场环境的变化而波动。

（一）智慧研发

智慧研发的提出以系统工程和精益研发为理论背景，以智能科技在近几年的发展为技术背景。智慧研发这一概念伴随工业 4.0、工业互联网、智能制造的相继提出而产生。

智慧研发的特征有以下两个。

（1）具有完全和自由的正向设计能力，对客户需求进行合理细分、归纳、分析和管理，并据此形成产品或系统的技术需求和指标。

（2）数字化设计过程已经完成仿真化改造，设计过程本身就是一个仿真过程。仿真技术让产品的功能、性能完全透视化，实现实时掌控产品特性。

智慧研发体系运用云计算、大数据、物联网和信息处理等技术，将各类分散的工业软件、硬件、加工检测设备的分析计算能力，以及它们产生的数据、计算、知识等软资源，整合成逻辑统一的资源整体，实现信息流、物资流、资金流、知识流、服务流的高度集成与融合，打造集团化研发、产业链研发、开源研发、外包研发等开放式协同研发模式。

（二）智慧供应链

1. 智能感知技术

实体物流要想与互联网连接必须借助 RFID 技术、视频感知技术、GPS技术、传感器技术、条码识别扫描技术等智能感知技术，这些技术主要用在仓储、搬运、输送、集装单元、运输等设备中，其主要功能是定位感知、信息采集、过程追溯、物品分拣。通过视频传感器对物流作业状况、仓库管理状况进行实时感知的视频管理系统实现了迅猛发展，在自动输送分拣系统、全自动化仓储系统中，RFID 技术、红外感知技术、二维码感知技术、激光感知技术实现了广泛应用。

2. 智能物流技术与装备

智能物流技术与装备在制造业自动化仓库领域中实现了广泛应用，智能穿梭车技术得到了迅猛发展。智能穿梭车与密集型货架相结合使仓储设施的空间利用率大幅提升。在各种智能设备中，最容易实现联网运作的就是智能机器人。近年来，智能机器人发展速度极快，自动化物流中心出现了很多在激光导引、磁条感知等技术基础上打造的智能搬运机器人。在商品出入库、堆码垛方面，智能搬运机器人能根据指令自动对货物堆码垛，这是智能装备与技术在物流领域中发挥作用的主战场。物流互联网化的实现必须以智能终端产品、智能机器人、自动化智能作业机械为基础，只有在这些智能设备的作用下，现代物流才能成功迈进新时代。

3. 产品智能追溯

在物流领域中，产品智能追溯技术是应用得最早、最成熟、发展得最快、最早实现网络化的一种智能技术。早在十多年前，物流行业就针对食品、药品等商品在安全追溯系统方面做了大量研究，利用条形码、RFID 等技术构建了双向赋码追溯系统，对重点追

4. 对产品进行双向追溯

在互联网环境下，智能追溯技术能对移动的物流作业单元进行追踪与定位，如果该技术能进一步开放与共享，必将对物流互联网的发展起到巨大的推动作用。

5. 实现供应链上下游的信息共享

供应链上下游企业之间的信息共享是打造供应链合作伙伴关系的重要基础，在新生事物层出不穷的当下，上下游企业之间的信息共享显得尤为关键，所以企业应该积极引入大数据、云计算等新一代信息技术，加强企业信息化建设，为各部门及上下游合作伙伴快速、精准地提供信息服务。考虑到供应链上下游企业地域分布、业务类型、管理模式等诸多方面的差异性，要想打造各方无缝对接的信息系统，必须投入大量的资源与精力。

第六章　数字化人力资源管理——助企业软实力提升

数字技术的快速发展，给所有的行业都带去了崭新的变革，因此，要想实现公司的转型和提升，就必须以数字技术的推广和使用为出发点，对公司的内部管理方式进行变革，而这当中，与公司的运营效率有着密切关系的人力资源管理的数字化发展起到了非常关键的作用。在数字时代，公司的各项工作都变得更加方便和科学。以数字技术为支撑，推进人力资本的变革是现代企业发展的必由之路。

第一节　人力资源管理数字化转型的机遇与挑战

一、人力资源管理数字化的发展与理念

（一）人力资源管理的发展历程

人力资源管理是根据企业发展战略的要求，有计划地通过招聘、培训、使用、考核和激励等一系列过程对人力资源进行合理的配置，充分调动员工积极性，发挥员工潜力，为企业创造价值，以确保实现企业战略目标。人力资源管理的发展经历了"基础人事管理""人力资源管理""战略人力资源管理"和"人才运营与治理"四个阶段。

在基础人事管理阶段（HR1.0），员工被当作"人、财、物"三要素中的一个要素来管理，该阶段人事管理关注的是员工的信息管理。

在人力资源管理阶段（HR2.0），人像生产资料一样作为"资源"存在，企业关心资源配置的合理性。在该阶段，诞生了人力资源管理的六大模块，即人力资源规划、招聘与配置、培训与开发、绩效管理、薪酬福利

管理、员工关系管理。

在战略人力资源管理阶段（HR3.0），人力资源部逐渐成为业务部门的战略合作伙伴，通过人力资源战略支持公司整体目标的实现。在该阶段，人力资本从职能导向转向业务导向，HR 角色一分为三，即领域专家中心（包括政策、流程、方案的设计者，管控者和技术专家）、战略支持（包括解决方案集成者、HR 流程执行者、关系管理者）和共享服务中心（包括标准服务提供者、员工服务中心和 HR 流程事务处理中心）。

在人才运营与治理阶段（HR4.0），人力资源管理被看作整体，不再被切割成模块，该阶段的目标是实现公司发展过程中持续的人才供应。

人力资源管理发展四大阶段的主要区别如表6-1所示。

表6-1　人力资源管理的演变历程

人力资源管理演变	工业时代HR1.0	互联网时代HR2.0	移动互联网时代 HR3.0	数字时代HR4.0
工作重点	合规、行政设计、项目和职位	流程标准化	多元化、便捷化、共享服务	员工体验、数字思维、业务价值、透明
特点标签	基础人事管理	人力资源管理	战略人力资源管理	人才运营与治理
人才需求	效执行类人才	技术类人才		数字化员工
决策驱动因素	直觉主义	经验主义基于人力资源历史数据分析		基于海量数据，运用人工智能分析
衡量工作指标	绩效评估员工满意度	效率指标员工参与度	目标管理敬业度调查	后备梯队培育推动业务价值

（资料来源：亿欧智库整理）

（二）人力资源管理数字化的概念与意义

1. 人力资源管理数字化的概念

人力资源管理数字化是指通过应用新一代数字技术，以人力资源信息系统的革新为契机，优化人力资源工作的流程与效能。根据企业的实际需要，获得 HR 工作效率提升、员工满意度提升、HR 管理转型升级、管理层数字化决策支撑、助力企业组织建设等多种价值，最终实现企业传统人力资源管理模式的创新和重塑，从人力的角度助力业务成功。

2. 人力资源管理数字化的意义

随着社会形态的不断转变，人力资源管理的大环境也发生了非常大的变化，这促进了人力资源管理数字化转型。

第一个表现为员工比例逐渐上升。在当前的企业发展过程中，00后成为主力军，他们是互联网时代的见证者，其在价值观以及知识储备等方面与之前的员工有较大的差异，而且其在发展的过程中更加注重个性化的发展，这就使得他们在日常工作时更加追求个性，对个人发展的重视程度更高，能够更好地实现自我的价值。

第二个表现就是数字化技术的飞速发展，对员工的要求产生了较大的改变。目前，大多数的企业为了自身发展更加全面，纷纷利用云计算、物联网及人工智能等诸多的新兴技术来优化业务流程，使得企业内部组织架构得到优化完善，能够更好地提高客户的体验。这些综合性的变化都使企业内部的人才需求发生了较大转变，更需要复合型高素质的人才支持这些转变。在此背景下，对人力资源管理体系进行数字化转型，成为促进企业发展的必然举措。基于此，企业的发展理念以及经营理念都发生了较大变化，"互联网+"这一发展思想已经普遍存在于社会各行各业当中，这对人力资源管理提出了更高的要求。传统人力资源结构相对单一，而且在进行管理时主体缺失，这会使得人力资本的投入相对较低，而物质资本的投入相对较高，传统的人力资源管理模式已经无法满足外界环境变化，因此，数字化转型是时代所趋（张丽，2021）。

（三）人力资源管理数字化的核心要素

由以上人力资源管理数字化的概念可知，人力资源管理数字化并非简单地运用信息技术进行人力资源管理变革，而是利用新人才、新工作、新工具和新管理等基本要素对人力资源管理的各个方面进行全方位的升级改造。如图6-1所示。

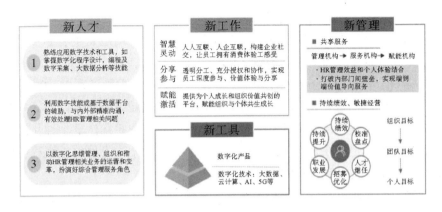

图 6-1　人力资源管理数字化的核心要素

（资料来源：艾瑞咨询研究院自主研究及绘制）

1. 新人才

新人才即数字人才，是人力资源管理数字化转型的核心要素。它是指企业内部熟练应用数字技术和工具，如数字化程序设计、编程及数字采集、大数据分析等技能的员工；能利用数字技能或基于数据平台的辅助，与内外部精准沟通、有效处理人力资源管理相关问题的员工；具有数字化意识，能以数字化思维管理、组织和推动人力资源管理相关业务的运营和变革，做好管理服务的员工（王涛，2021）。

2. 新工具

新工具即数字工具，是人力资源管理数字化转型的重要基础，可以为人力资源管理的数字化和智能化提供强大的数据、信息、技术和平台等支撑。当前以大数据、云计算、物联网、区块链、人工智能和 5G 等为代表的新一代信息技术正在以前所未有的方式影响着人力资源管理的运作和发展。如何利用数字工具来有效地进行数据搜集、挖掘、清洗和利用，是当前人力资源管理数字化转型面临的重大挑战之一。数字工具的作用主要在于能够科学地改进人力资源管理活动的操作手段和流程，例如利用远程办公系统等数字平台工具可以消除传统人力资源管理在时间和空间上的壁垒，实现员工事务线上办理，既提高了办事效率，还能够提升员工体验。

3. 新管理

新管理，是指在数字时代，人力资源管理的模式、流程和内容等都发生了深刻变革，更加强调运用数字工具来获取并分析与人力资源管理相关的有价值的数据来实现人力资源管理模式创新性，即人力资源管理流程化、自动化和智能化。人力资源的数字化管理，首先要搭建数字化的网络平台，构建程序化与自动化的人力资源管理模式；其次，要加快人力资源管理数字化改造，通过打造数字化的人力资源管理系统为企业发展有力支撑；再次，对人力资源管理的相关活动如招聘、培训、考核、薪酬和职业发展等内容进行数字化处理，并搜集和挖掘有价值的数字信息来建库；最后，利用数字工具来分析员工的行为和工作表现，实现员工工作绩效的精准预测，使企业的各项活动变得更高效、更快速。

4. 新工作

新工作，是指通过数字场景的搭建，使企业的工作界面和交流模式等得以创新，实现人人互联、人企互联，构建企业社交，让员工拥有消费体验式感受；使企业各部门间的团队协作拥有数字化特征，通过数字平台、数字工具应用等方式的改变来提升员工体验，实现员工深度参与、价值体验与分享。（王涛，2021）

二、人力资源管理数字化转型的机遇

最近几年，无论是在咨询公司还是实体企业，都在不断地对人力资源管理进行着数字化的研究。

根据德勤公司的说法，在公司整体的数字浪潮中，人力资源部门应该是数字转型的先驱。工作环境和雇佣模式的数字化，使工作和合作的形式逐步发生变化。

首先，人力资源部门要引导员工进行数字思考，引导员工进行数字变革，建立一个数字化企业。

其次，通过数字化平台、应用与服务，对人力资源管理的整体体系、架构与过程进行改造，提升人力资源管理工作人员的工作效率（刘洁，2022）。在人才管理的数字化过程中，并不只是对各类应用（Apps）进行了全面的开发，它还包含了以云端、数据分析技术为基础的新的移动平台，在该平台上对各功能模块的应用进行了整合，例如考勤、薪酬福利、招聘、协作、目标管理等。而我们所收集到的信息将会在任何时候任何地点向用户提出咨询。

最后，CEB 相信，数字化就是企业转型的过程，利用数字技术革新商业模式、创造新的盈利模式、创造新的价值。数字技术给人力资源管理者带来了机遇和挑战。当一个职位发生变化的时候，公司就需要重新考虑自己的招募策略，避免出现人员不足的情况。

国外一些大公司在实施人力资源管理数字化的过程中，也积累了一定的经验。在 IBM 看来，人力资源管理的数字化更趋近于"金字塔"，而想要更进一步，则需要从这个平台中获取更多的信息。通过数字的方式，我们能够更好地了解和预见人力资源管理的整体结构、员工的状况，并能够更好地进行人力资源管理的规划，因此能够更快地做出响应，提高工作的有效性。通过这些工作，可以提高公司的各种商业过程的可视性和明确性，提高公司的认识水平。与此同时，利用社会网络，加强员工与管理者之间的沟通，多层面的沟通也可以提高公司的整体形象。在此进程中，人力资源管理应大力倡导并推动这种变革，最终达到数字化人力资源这一转变。

在福特看来，"数字化人力资源"应从"技术"和"数据"两个层次来界定。从技术角度来看，一是为企业的员工及人力资源管理者们配备相关的技术，为企业员工进行数字赋能；另外，以前人力资源管理部门必须亲自去做的工作，现在也可以利用科技手段在网上进行自我咨询。而在数据方面，福特一直致力于挖掘大数据的潜力，通过对大数据的研究和对未来的发展进行预测，为公司的人力资源管理战略作出贡献。

三、人力资源管理数字化转型的挑战

人力资源管理数字化转型的挑战具体表现如图 6-2 所示。

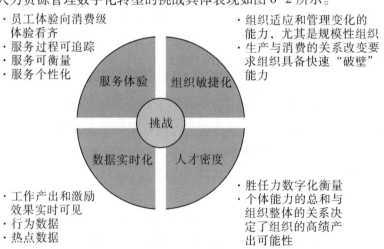

图 6-2　人力资源管理数字化转型的挑战

根据图 6-2 所示可知，人力资源管理数字化转型的挑战主要表现在服务体验、组织敏捷化、数据实时化、人才密度这四个方面。

服务体验：

· 员工体验向消费级体验看齐

· 服务过程可追踪

· 服务可衡量

· 服务个性化

组织敏捷化：

· 组织适应和管理变化的能力，尤其是规模型组织

· 生产与消费的关系改变要求组织具备快速"破壁"能力

数据实时化：

· 工作产出和激励效果实时可见

· 行为数据

· 热点数据

人才密度：

· 胜任力数字化衡量

· 个体能力的总和与组织整体的关系决定了组织的高绩效产出可能性

此外，人力资源管理数字化转型的挑战还表现在企业人力资源管理体系的不足上。具体而言，体现在以下几个方面（杨燕燕，2022）。

（1）招聘体系不健全，缺乏数字化人才。现代人力资源结构避免不了会有老龄化、中青年断代、知识保守化等现象的存在。一味地增多或减少招聘人数，都无法满足企业对人力资源的需求，反而会形成劳动力冗余与劳动力短缺并发的局面，造成这一局面正是由于在数字化生存时代下，数字化人才的数量与质量很大程度会影响企业的人力资源总质量。

（2）传统培训难以满足企业数字化人才需求。由于时间成本与组织管理费用高，培训频率低；资源使用率低，有效培训少，时效性差，既无法吸引员工积极参与培训，也无法保证培训成果满足企业发展需求。

（3）绩效考核体系落后于企业数字化管理发展。在数字化生存时代，企业要快速发展，势必会制定新的企业战略，不同岗位的岗位职责又会有新的变化，倘若人力资源管理人员无法及时调整绩效考核体系，也就难以对考核的结果做出合适反馈，无法建立有效的奖惩机制，这一方面挫败了员工的工作积极性；另一方面企业的整体效益更是会因为战略的变化而下降。

（4）落后的薪酬福利制度无法激发数字化时代员工积极性。马斯洛需求层次理论指出，人的需求分为五个层次，分别为生理需求、安全需求、社交需求、尊重需求与自我实现需求。当人处于某一层次时，会追求更高一层级的需求。在数字化生存时代，员工对薪酬福利的需求与往日已经大相径庭，企业的薪酬体系基本以传统的激励理论为设计依据，根据岗位发放工资和统一的福利待遇水平，并没有真正抓住员工需求的痛点，导致激励效果不佳。

（5）数字化时代对人力资源管理人员的要求变高。企业中，人力资源管理部门还是将大多数精力放在传统的人事管理上。在数字化生存时代来临之际，企业发展又对人力资源管理部门提出了新的要求，人力资源管理不仅仅是人事管理，还要有规划资源最优分配的前瞻性与专业性，这势必对人力资源管理人员的工作能力提出新的挑战。

第二节　搭建人力资源管理数字化平台

随着公司人事制度改革的深入，公司人事制度改革的必然是向数字化和智能化的方向发展。

第一，搭建人力资源管理信息系统，对人力资源管理实施线上线下的混合式信息系统。利用数字技术和平台，公司的人力资源管理部门可以把有关的信息用一个移动应用程序发送到公司的员工那里，从而节省了大量的时间和精力。在此基础上，对企业内部人员的基本情况进行了分析。

第二，完成了排班、考勤和工资计算的智能控制。利用数字化系统，可以实现智能化的排班与考勤管理，提高了资源管理的弹性，不仅可以对审核过程进行简化，还可以提高公司人力资源管理部门的工作效率。在智慧算薪中，将员工的考勤模块和员工的智能算薪系统相结合，实现了数据共享。

第三，搭建协作的服务平台，提高工作人员的服务水平。在建立了数字化协同平台之后，员工可以在线上请假、收看公告提醒等，从而提高了员工的体验度，让他们更愿意积极地利用这样的数字化平台。

一、构建人力资源数字化平台的业务模式

从顾客的需求开始，运用价值链模型对顾客展开深入的分析，并根据

这些分析来对产品和经营方式进行设计，这个过程中最关键的一点就是要对顾客的需求进行全面深入的分析，发现潜在的商机，从而建立起一个在公司内部的经营价值链。此外，公司还必须将公司的员工的整个团队都搭建起来，并在这个前提下，展开对公司产品及商业模式的创新和设计。

（一）构建新的人力资源生态系统

如果要让人力资源数字化平台能够被大部分企业所使用，并且能够让绝大多数的员工都能得到充分的使用，那么就一定要从最上层的设计入手，以对顾客的要求进行深入的洞察为出发点，运用价值链模型对其进行深入的剖析与重组，从基本上创造出具有高顾客满意度的产品及服务，构建出一个新的人力资源新生态系统。

1. 对顾客需要的理解

人力资源的一个最关键的条件就是它的功能能不能满足顾客的需要。例如，A 公司的成功，一个最重要的因素就是建立在以前的顾客的产品和服务的基础上，在这个基础上进行发展和迭代。所以，对客户的需要，尤其是可能存在的需要，进行深入的研究，并对其进行高效的梳理和处理，以此来为平台的产品和服务开发提供一个输入，只有如此，才能达到针对性，才能更容易地形成精品、爆品。A 公司已经组建了一个专业的产品小组，根据用户的需求，制定了一个研究和分析的机制，从以前传统的线下向线上过渡，逐渐向线上方向发展。所以，一定要对用户的需求进行深入的分析，从组织的绩效成长的视角来看，对标杆公司的典型实践进行学习，对公司人才的深度要求进行整理并评估，在此过程中，对公司的人才要求进行深入的分析，以此为依据进行产品的设计。

2. 构建企业的内在经营价值

以顾客的需要为出发点，构建企业的内部运作价值链，这是人力资源的一大特色，需要深入地考虑：

（1）顾客是什么？面向的对象是大型企业，还是中小型企业；根据公司的大小和所面临的人力资源问题，人力资源的需求是有差异的；

（2）人力资源的产品包含哪些内容？一个成熟的人力资源，包括了技术产品、内容产品、服务产品等多个方面。在此基础上，以各种产品和服务为基础，制定出了不一样的价格；

（3）如何进行市场销售？从市场的价值设计，到客户的获取，解决方案的设计，服务的提供；

（4）怎样建立一个中间平台？从技术支撑到产品开发，再到投入生产；

（5）为企业的后端提供高效保障，其中以人才与金融为核心，如何凝聚与培养一支高素质的企业队伍，并为企业的发展提供各种融资保障。

3. 打通人力资源生态价值链

与常规的人力资源软件相比，人力资源最大的不同点是，其自身就是一个生态系统。新的人力资源，不仅要对其自身的内部价值链进行考量，还要将人力资源生态价值链进行贯通，并将内容生产者、实用工具产品经理、顾问/讲师合伙人、知名院校专家学者、各地区人力资源公司/协会进行整合，它们之间可以在一个一致的交易/服务规则下，各尽其职，各取所需。

（二）优化产品/服务模式

1. 产品设计

根据实现形式和内容的不同，可以将其分为软件平台产品、内容产品、工具产品、服务产品四大类。"软件平台"的产品，是以一种"软件"的形式来供应。与传统的"软件公司"不同，人力资源是以一种租赁账户的模式来为顾客服务。内容产品的重点指的是按照行业和模块来提供的关于人才的专门知识，人才的云计算平台能够将大量的人才知识嵌入其中，让用户能够下载并进行在线编辑。工具产品的基本特征是：为了能够达到特定的要求，在进行了技术和内容的发展之后，最终所产生出来的一种产品。这些工具类产品通常具有一些特征，比如，具有准确的应用情境、容易操作、直观的作用，这些特征通常都是人力资源的核心部分。服务产品指的是支持软件、内容和工具，为了让这三款产品能够顺利实现，要对公司的客户进行指导，通常是以咨询和培训的方式展开的。

2. 服务模式设计

一个好的软件能够让使用者自己去操作，没有复杂的后续工作，这也是我们在开发人力资源云产品时要遵守的一个非常重要的原则。但是，当前，由于国内的公司，一般都存在着人力资源水平不高的状况，他们对人力资源云服务，尤其是对原创的互联网产品还不太了解，因此，就需要为其提供一些需要的服务，来确保其能够在人力资源上实现高效落地。一是网上授课与指导，将各种作业中的主要技术动作与技能制作成指导手册，并将相应的教学内容记录下来，供使用者直接进行教学；二是公司落地指导，有专门的内容专家，为公司提供系统的使用、内容的制作、落地实施等方面的指导；也有可能通过专业的技术支援咨询师来进行远距离的问题解决，而联机的远距离辅导也是可能的。（刘洁，2022）

二、人力资源数字化平台的创新策略

作为一种新兴的事物，目前，在国内还缺乏特别系统的、典型的成功例子。我们可以参考国外的成功例子，但是不能直接复制过来，尤其是与我国的发展特征和现实情况不相吻合的情况。所以，我们需要进行深入的创新，从而在这个领域取得成功。

（一）商业模式创新

1. 独立运营公司/多种融资模式

目前，许多从传统业务中衍生出的人力资源公司都具有一个特点，即新业务仅仅是旧业务的在线版本，新业务模式与旧业务发生碰撞时，新业务模式屈服于旧业务，从而新业务获取的资源和投资都不足。一项新的服务，要发展得更快，就要改变原有的服务模式，去做、去试验、去更新。人力资源企业要取得最后的胜利，在初期就会有大量的技术和运营资源的投资，并且还会有大量的资本来支撑，尤其是对于中小型的初创公司来说。解决融资问题的办法有很多，比如，众筹方式，在一个项目的初期，在一个新的产品还没有上市，一个新的业务模型还不清楚，想要获得投资者的投资非常困难的时候，就可以采用一个众筹的方式。另一种方式是采用内部合伙人模式，在核心技术人员、运营人员、服务人员等方面，给予他们一定的长期激励，减少他们的固定工资所占的比例，来缓解他们的资金问题。第三条路，就是加强融资的力量，设立一个专门的金融机构，雇佣一些专业的人士，来处理这些机构的财务问题。

2. 精益创业模式

一个完善的人力资源包含了极其庞大和复杂的内容，如果一次性都研发出来，耗时长、成本高，并且在企业落地应用也很困难。一种很好的做法是，采取一种"精益"的创业模式，也就是在一开始，先发布一款足以让顾客惊讶的新产品，等新的产品上市之后，再把它交给顾客，顾客在使用过程中会发现新的问题，并提出新的要求，之后，我们会以一种缓慢的速度，一步一步地进行，这样才能让这个新的体系变得更加完美。在此基础上，将优秀企业家的经验积累，逐渐对人力资源的各项职能和模块进行

优化，从而实现人力资源管理工作闭环，逐渐建立起一个实用、系统化、用户口碑良好的人力资源。（刘洁，2022）

（二）盈利模式创新

传统的人力资源软件大都采用了一种"一次购买"的模式，不管是进行个性化的开发，或者是进行模块化的使用，公司经常要付出大量的成本来购买，这也是目前公司的人力资源信息化水平并不高的主要因素之一。人力资源采用一种新型的预订+出租+服务购买等方式来实现其利润。而且还采用了一种按照每年来收取的收费方式，在开始使用的时候，公司的成本仅仅是数千元，而且大部分公司不需要通过招标就能够做出是否购买的选择。

1. 订阅模式

通过深入研究国际人力资源以及国内以企业服务为主要内容的，比如阿里云的定价和服务模式之后，结合人力资源的核心业务，提出了面向人力资源管理的在线学习系统、组织招聘系统、绩效管理系统等的定制化的解决方案。公司要以自己的具体需求为依据，以一种特定的时间来对有关模块的使用账户进行订阅，每一个模块都可以单独地进行购买，购买时限从一个季度到半年度、年度、2 年、3 年，甚至 5 年都有可能。这种模式下，只需将其所要做的服务和产品做好就能够为人力资源提供固定的续费收益。

2. 低价高附加值工具产品

目前，在市面上比较成熟的人力资源就是评测，而以北森为例子，它的平台上包含了各类素质、能力、领导力等评测工具。但是，就整个人才市场的总体要求而言，仍存在着许多亟待解决的问题，例如：产业的关键岗位薪酬调查报告，简易直观的人才盘点工具，精确的岗位画像等。这一类型的商品都有一个共同的特点：价格低廉，但是量大，且买且用。对于这种商品，就必须集中精力，深入了解顾客的需求，突破已有的商品模型，进行创意设计，打造爆品。在研发平台上，主要是针对目前最热门的手机应用，扫描一下就能使用，用过马上就能看到效果。

3. 线上+线下落地辅导

除顾客购买订阅服务、低价高附加值的工具产品之外，许多公司要想将这些服务实现，还必须接受人力资源服务公司提供的各种类型的训练指导服务，在方式上，可以采用线上和线下两种不同的方式。与以往相比，线下的指导属于传统形式，它是由平台派出专业的顾问教授，以项目咨询的形式为企业提供服务，并对企业各级管理者、员工、人力资源从业者进行操作，让他们能够将各种项目落地。在 2020 年，新冠病毒疫情暴发以后，在线辅导的方式得到了迅速发展，因此，在这个过程中，我们需要对公司进行在线指导，并对其进行规范，从而构建出一支专业的、具有针对性的、可操作的在线指导队伍。（刘洁，2022）

（三）技术创新

1. 算法与大数据应用

与传统的人力资源管理软件的不同之处在于，人力资源数字化平台上，所有用户的数据都会被聚集起来。为了方便用户阅读和检索信息，还必须加入当前最常用的方法。在这个过程中，通过对用户的搜索信息和个人标签的分析，自动地将信息推送到用户的面前。此外，该系统还能够在大数据的基础上，对其进行自动运算，从而生成相应的数据。比如，薪酬调查数据，以往的工作方式都是通过一家薪资调查公司来进行的，但如今已经不用了。在统一的人力资源数字化平台上，职位和薪酬信息都被规范化，根据后台的大数据和算法，会自动地生成薪酬调查数据；且这些数据是一个动态、实时的过程，这意味着如果有一个领域中的企业薪酬数据发生了变化，那么系统就会自动计算出当天的数据。

2. 敏捷开发

在互联网时代下，软件开发要遵循敏捷、高效等特点，而这方面在人力资源上表现得尤为突出。与财务软件相比，人力资源软件最大的不同之处在于，它具有很强的标准化程度，不管是从财务科目设计，或是三张表，还是各种税务规定等方面，它都比较容易被软件化，可以很好地被重复使用。但是，直到现在，在企业的人力资源管理中，不管是对于人力资源管理的各个模块划分，还是对于操作流程，都没有一个统一的标准和模板，这就是所有人力资源面临的最大问题。所以，快速确定需求、快速设计原型、快速开发上线和进行试验，然后进行快速迭代开发，这就需要建立一支具备灵活的开发队伍。（刘洁，2022）

（四）营销与运营创新

1. 建立典型应用标杆

要开拓企业客户市场，创建行业典型应用是一项重要手段，因为标杆的示范效应会更有说服力。每一个核心产品的上线，都应遵守这一原则。

当一个新的产品上线，并且在一个新的、不断更新的过程中，要在各个行业中寻找一个标杆企业，通过各种营销和公关手段，将这些标杆企业引入到一个新的标准中，并展开一系列的工作。

2. 整合营销

在销售和宣传方面，利用网络，通过微信、钉钉、今日头条，以及其他人力资源管理新媒介，建立一个三维的市场传播网络；在销售方式方面，主要是通过直接的方式，组建一个专业的销售队伍，并与其他各大城市中的一些已有经验的人力资源公司、软件销售公司等展开协作，形成一个共同的城市伙伴制度。

3. 重点提升人力资源专业水平

如果要让一个全新的东西被用户所认可，那么必然要进行一件事，那就是对用户进行教育与训练。这一点在人力资源上尤为明显，因此，一定要把提高每个区域的人力资源从业者，尤其是公司的人力资源主管的职业能力当成是项目进行的一部分。经过对不同层次的人力资源从业者的训练，提高他们对人力资源的认识，并在此基础上，对各种平台工具、数据应用技巧进行深入研究，为下一阶段的引进做好充分的基础。培训的形式可以是线下公开课，也可以是线上课程或者各种训练营；可以是有偿培训的，也可以是无偿的。（刘洁，2022）

只有持续地进行创新，才能取得胜利。如果想要在人力资源管理的这个领域中，成为一个有竞争力的企业，就一定要努力地进行创新，在不断地尝试和总结中找到适合企业自身的成长和发展道路。

三、搭建人力资源数字化平台的路径

重视对平台内容的构建，这是人力资源建设工作的关键。人力资源应当持续地对其在线的内容进行改进，提高在线的各种工具的开发品质，确保其产品的性能能够达到企业客户的要求。

（一）平台模块化，内容标准化

由于到现在，国内还没有制定出一套关于人力资源建设的规范，所以，人力资源建设过程中需要做的第一件事，就是要对这个平台展开模块化处理，这就需要打破以往的传统的思路，建立起一个全新的人力资源管理模式，并且要将内部的运作逻辑给打开。在这个平台的内容建设上，也要有一个统一的规范，但切忌大而全。

1. 平台模块化

传统人力资源模块包括人力资源规划、招聘、培训、薪酬、绩效、劳动关系等六个部分，在过去，这种传统的模块划分还能满足企业对于人力资源的需要；而现如今，它已无法满足企业规模化、企业变革发展的需要，所以它需要不断地更新。在对国内外众多基准公司的人力资源管理工作进行了深入的分析之后，新的人力资源的功能可以分为以下几个部分：第一，组织发展，具体包含了组织顶层设计、组织结构设计、职位管理等内容；第二，业绩管理，包括业绩设计、计划管理、业绩进度、业绩复盘、数据跟踪等；第三，薪资管理，包括薪资设计、福利待遇等内容；第四，对员工进行盘点，其中包含了对一般员工的盘点，对干部进行的评估，对员工的绩效、敬业程度、专业程度和价值观等多方面的评估；第五，招聘管理，提供各种招聘途径的连接，包括履历和招聘流程的管理、职位表的编制等；第六，培训管理，通过与平台上的各种培训信息进行连接，可以在公司内完成培训方案的设计、课程的管理、教师的管理、培训统计和成效评价；第七，SSC 服务系统，包括工资计算、考勤、社会保障、员工入职和离开、人事档案、人事统计等，可在线办理各种业务。

2. 内容标准化

有些人力资源平台在功能的设计上，往往会选择大而全的方式，例如：一个绩效模块号称可以支持 KPI、MBO、OKR、BSC、360 度等各种考核方式，看上去可以解决很多企业客户的不同要求。但是，如果我们对其进行深入分析就会发现，许多企业在绩效设计上都不懂得该如何去进行，所以，上述提到的这些考核方式，有很多都被证实是效果不好甚至没有效果的。所以，如果要让人力资源拥有一个真实的用户，并且能够得到顾客的高度认同，那么就一定要简化其功能，将其进行标准化，并将其进行统一，只有在这种情况下，才可以进行大批量的重复。而规范化的作业模板也将为高品质工业产品的迅速制作与系统引入提供便利。

（二）聚焦用户需求，内容生产与技术研发并重

1. 注重高质量内容生产

在进行技术研发时，要注重高质量的人力资源内容的生产，才能做到"拿来略加修改就能用"。人力资源的内容的生产包括以下几个部分：一是行业的人力资源的内容模板，例如标准职务序列、岗位说明书、薪酬设计方案、绩效方案等，这些是企业的人力资源管理工作的基础，以往大部分

都是通过聘用外部的咨询顾问来实现的。而如今，我们可以利用人力资源来获得，只要稍稍调整一下就可以使用。二是人力资源软件的基础部分，例如性格与职位的契合度，在基础部分，我们要根据不同的职业特点来进行性格和职位的契合度分析，并以此为基础，将不同职业中的代表性职位，以不同的方式进行契合度的设定，以数据和计算为基础，将测试后的结果与职位需求进行比较，从而得出结论。

2. 全力推进以算法/大数据中台和前台研发

在技术路径的选取上，力求使前台操作简洁、快速，后台数据系统清晰明了，这就要求构建一个以算法/大数据为核心的技术研究和开发机构，而不仅仅是一个单纯的文件储存系统，它应该是一个智能化的操作和数据系统。在客户展示、查询界面，可以参考今天的标题，采用瀑布式的方式，根据用户的查询、个人关键词，仅展示其最关心的内容。在各种软件的开发方面，要以算法为依据，比如个性与职位评定体系，它将算法和计算逻辑嵌入其中，在测试之后，就可以看出与目标职位相匹配的比例。另一个层面，就是在完整的平台数据的基础上，构建起一套完整的大数据中台体系，按照行业、地区等维度，对数据进行整合、清洗和计算，从而为公司的使用者们提供更多的决策支撑。

3. 以客户简单高效操作为核心出发点

人力资源能够得到推广的一个关键因素就是它的操作快捷，操作快捷并不代表它的体系就会很容易运行，在实际情况下，它的运行要非常地快速，并且要确保每一个项目的成功实施，就必须有大量的中幕后的产品和数据作为支撑。无论在产品的设计还是在系统的研发过程中，都要遵守"极简"的原则，尽量减少使用过程中所涉及的各个环节和行为，以便于迅速地将这些环节和行为进行推广。但是，这样的"极简"仅仅是对使用者进行了简单的处理，而对后台的处理，尤其是对资料的处理，则要求有一个立体的、形象的、完整的、客观的系统反映出实际的问题。

4. 按行业做精细化开发

传统的人力资源系统以其软件的功能为中心，但是，人力资源这种新的人力资源系统，一定要能够适应不同行业的公司用户的不同要求，这就要求在平台内容的研发上，按照不同的行业对其进行深入的众创和开发。可以采用行业内容众创的模式，公司建立一个专业的行业项目团队，对行业内容进行分类，在开发的过程中，将各行业的人力资源从业人员进行统一组合，并根据项目进行分配和管理。

（三）强化落地应用，侧重人力资源工具研发与应用

1. 以人力资源工具为侧重突破点

基于公司的人力资源业务需求，人力资源要摆脱"大而空"的局面，更好地从人力资源需求的角度来看，以人力资源需求为核心，深入研究公司的用户需求，进行产品的创新，做好新的开发与发布工作，并在人力资源中构建人力资源业务驱动的运行体系。还必须持续地进行更新，对实践中的经验进行总结，对运营的关键环节进行精练，并逐渐对其进行深入地、持续地迭代，最后才能成为一个"拳头产品"，甚至是一个"爆款"的产品。

2. 狠抓客户典型应用

要让人力资源工具更快、更好地普及开来，首先要做到的就是要具有代表性的企业的使用实例。所以，企业的人力资源工具都会在正式发布之后，按照不同的企业类别，挑选出具有代表性的企业，然后成立一个特别的项目团队，进行具体的实践，总结操作过程中的经验和要注意的地方，最后再在各大营销平台上进行全面的宣传，让企业的顾客们能够亲身体验，从而实现企业的经营目标。

3. 以客户口碑为核心运营目标

在对人力资源进行评估时，客户口碑是关键因素之一。不管是在系统中，还是在内容、工具产品中，让顾客感到高度认同并给予肯定的产品，才是一款好的产品。在产品的开发中，要注重客户的感受，如销售对接、客户服务等。

四、完善企业人力资源数据管理系统

在信息科技的带动下，各行各业不断蓬勃发展，企业需要不断提升自我的核心竞争力，提升自身的服务水平，完善人力资源管理体系是提高企业效益的关键。现代企业管理的一个必然趋势是企业人力资源管理的智能化。

（一）当下企业人力资源大数据管理系统建设现状

1. 人力资源信息管理系统建设费用比较高

要想完成人力资源管理的信息化，就必须配备一些软硬件来完成。例如计算器、主机、输入输出装置等属于硬件，CSRFa 等属于软件。因为在

使用信息技术装备的时候，会涉及使用、试用、修改、培训等环节，所以不但要投入大量的资金，而且在维护和使用上也要耗费大量的精力。

2. 对人力资源管理的专业化要求较高

要想应用好这一种信息管理方式，就必须有更高的技能，这就需要有企业管理才能、计算机应用才能、综合信息分析才能、数据库应用才能等综合能力的员工，可以深刻地分析出信息的真实价值。

3. 对信息安全性没有给予足够的关注

在当今时代，大数据的价值是很高的，在如今信息化技术环境中，很可能发生黑客入侵、计算机病毒感染等事件，从而造成公司的资料被盗和泄露，这不但会对公司的核心竞争能力造成很大的冲击，还会造成公司的资料泄露。所以，在这种环境下，作为一个企业的管理人员，除了要提高对其的关注之外，也要采取更为有力的措施来保证它的安全性，并制定相应的安全对策，以保证企业的网络安全性。

（二）基于大数据的人力资源管理体系的建设实践

1. 建设思路

利用一种行之有效的方式，对公司现有的人力资源管理系统的业务流程及功能进行全面认识，从中找出那些需要对其进行优化的流程及功能，展开系统总体设计分析、系统需求分析、软件架构设计、系统设计、系统实现与测试、系统运行与维护等工作。此外，还会对各个系统的软件和硬件设施进行投资，对其进行改进，从而实现对公司的人力资源大数据管理系统的高效应用。对每个部分的功能模块进行细分，明确每个模块的主要功能，使用Python开发语言和MySQL数据库来实现每个功能，然后完成系统的实现以及系统测试，确保企业人力资源大数据管理系统的有效运行。

2. 架构设计

企业人力资源管理系统的总体架构分为四层，分别是数据接入层、数据库层、业务层以及展示层。

3. 子系统模块

人力资源大数据管理系统包括组织规划、员工管理、企业招聘、绩效评估、福利管理、薪资管理、数据报表、系统用户、系统管理共九部分。

4. 建设特点

（1）从企业的视角，对企业的组织结构、工作特征、资金水平、员工的电脑运用水平等进行综合考量，构建一套适用于企业的个体化的大数据管理体系。

（2）运用大数据技术，与企业评价标准、绩效评价标准等相结合，形成日、周、月、季度和年度报告等，为企业提供有效的数据。

（3）经过对系统大数据的分析，可以将所有的信息融合在一起，使有效的信息发挥出最大的作用，从而可以帮助医院的决策者在人力成本、人力资源规划等方面做出更好的决策。

（4）利用人力资源大数据管理系统，可以让管理者在公司的日常工作中，迅速、有效地处理好人力资源管理工作，从而减少人力资源管理的费用，让管理者可以把注意力放在公司的战略目标和长远经营上；另一方面，通过对庞大的人力资源管理数据进行及时采集、整理和分析，可以为制定和执行战略决策提供强大的支撑，从而提升企业实现组织目标的可能性。

一个能在这个时代里生产并发展起来的公司，必须是一个跟上了时代步伐，各种体制都在持续地改进和完善的公司。要想获得更好的发展，公司就必须对所有可以对公司管理产生影响的体制和制度进行改进，还必须强化与人力资源大数据系统管理有关的制度，进而促进企业的总体运营效率。（赵波等，2021）

第三节　提升领导者数字化领导力

一、数字领导力的概念

数字领导力的概念最初由国外学者阿沃里奥提出，其将数字领导力定义为"在数字化转型影响下，促使个体、团体及组织在态度、情感、思维、行为及绩效方面发生变化的社会影响过程"。国外学者范·沃特在阿沃里奥的基础上对数字领导力的概念进行修正，将数字领导力定义为"有效利用和融合数字化与企业传统运营模式的能力"，即在认知和了解当前企业运作模式的前提下，为自己和组织选择性地采用新兴数字化管理手段，以及使用现代化方法的能力。

2019 年，国外咨询公司联合发布的《全球领导力展望报告》，该报告在大量企业调研分析基础上，对数字化领导力进行了重新提炼，总结了 6

项对企业实际绩效产生影响的领导力（图6-3），包括：

一是数字领导策略，使用数字化技术带领及管理业务团队。

二是数字适应力，领导者必须能够适应不断的变化。

三是数字执行力，将数字化思维手段变成现实，制定有效的计划及配套做法。

四是数字化协作力，是指打破员工之间的信息壁垒，让员工共同努力解决客户和企业的问题，通过共创整合，创造价值。

五是数字人才开发力，领导者需要持续发现并迅速吸纳善用数字化的人才，充分赋能，释放他们的潜能。

六是数字全局观，在数字化时代，领导者利用更开放的数字化方式找到企业创新的机遇。

对于中国企业的调研发现，管理者仅在数字适应力和数字化协作力两方面表现较为突出，其他四方面普遍偏弱。

图6-3 数字化领导力六要素

（资料来源：《全球领导力展望报告》）

二、数字领导力的提升路径

2020年，世界经济论坛在发布了《工业4.0背景下，数字领导力发展趋势研究报告》，此文章在其基础上进行归纳和演绎，总结了企业领导者数字能力提升的以下几条路径。

（一）建立参与问责机制

数字经济驱动着各行各业持续快速发展，企业领导者们很难像原有模式一样掌控一切细节，因此，原有的自上而下的管理方式不再适用现阶段的企业发展，此时领导者们利用数字领导力的方法是授权团队成员以一定程度的决策自由度，并建立参与问责机制。组织需要通过建立制度，来实现对于团队成员的统一管理，并鼓励团队成员为实现企业共同目标贡献想法、见解和知识。

（二）强化使命愿景感召力

数字领导力的提升并不是提高对于技术的熟练掌握程度，其本质还是对于人的管理和激励。因此，若要提升数字领导力，就不能过度地依赖技术，这样容易让管理者对企业战略方向失去洞察力。这种情况下，要求领导者去破译复杂技术内核，为员工勾勒出数字化时代企业发展的新蓝图，更好地激励员工去理解新窗口下企业战略实现的可能性和可落地性，让员工们在一个强大的目标影响下进行创造并发现其自身工作被赋予更大的价值和意义，这样才能帮助企业更好地成长。

（三）赋能员工创新动能

据调查，1964 年全球企业的平均寿命是 33 年，到 2016 年这一数据降至 24 年，预计到 2027 年将降至 12 年。颠覆性变革力量逐渐在对各行各业产生巨大影响，企业只有时刻保持创新和活力才能生存下去。对于数字领导力开发而言，最大的障碍就是过度关注企业现有状态，而忽视未来发展。我们需要的是不断畅想未来，赋能员工创新动能，并制定实现未来的路线图，才能让企业免受这场颠覆性变革为传统企业带来的毁灭性的打击。

（四）秉持开放包容心态

数字技术打破了行业壁垒，缩短了上下游企业之间、企业与用户之间的距离，我们的世界比以往任何时候都更加互联互通，而此时，只有具备包容性和开放性的领导者才能应对这种万物互联互通为企业发展带来的机遇和挑战。目前，很多传统产业的经营方式正在发生快速迭代，共享经济、数字经济不断衍生出很多新兴事物，领导者需要了解各种新兴事物的各类功能和技术创造的可能存在的发展趋势，才能为创新战略找到正确的解决方案，对于整个团队来说，最重要的也是要开放包容，在企业运营的舒适区和常态圈之外开辟新的价值增长途径。

（五）提高敏捷决策效率

世界经济论坛最新发布的《全球职工就业调查预测报告》显示，到

2022 年，将会有不少于 54% 的员工需要学习新的工作技能才能完成工作任务。其中，预计约 35% 的员工需要长达 6 个月的额外技能培训，9% 的员工需要持续 6~12 个月的技能培训，10% 的员工需要一年多的额外技能培训。数字经济时代要求我们要不断学习新的事物，同时对于领导者而言，需要的是快速做出反应，未来企业的成败往往会取决于员工接受新技能、领导者接受新理念的速度，领导者亟须创新机制来让团队更加敏捷灵活高效，来应对各种压力和变化，通过创造一个终身学习的环境，可以为自己和团队迎接新未来提供良好基础。

第四节　组建数字化团队

当前时期，人们越来越依赖互联网络进行交流，社交软件、企业交流软件、线上营销 APP、互联网广告越来越成为企业进行商业推广的载体。要推动企业的营销活动由传统方式转变为依托互联网及线上载体，就要在营销中积极利用数字化技术实行数字营销，组建线上营销团队，使团队具备专业性及规范性。此外，还需强化对营销团队、企业组织者的管理，将管理同技术进行深度整合，推动企业转变当前的营销架构，推动全员加入数字化营销之中，还要注意强化企业的组织文化建设，鼓励员工，增强员工加入企业活动的热情。需要强调的是，有些企业因为传统思想及信息化水平的制约，在营销团队的建设方面还存在缺陷，使营销团队不能整齐划一集中管理，在提升员工工作热情方面存在短板，也就影响到了企业的生产经营质效。所以，要立足企业的数字化管理手段，指出如何才能更好地创建营销团队并强化对企业的组织管理，这样才能为企业的发展提供有力的参考。

一、企业管理数字化的特点

（一）人才架构的资本化

企业管理数字化，也就是企业充分依托数字化技术强化对人才、业务、营销、财务等工作的管理，把企业的综合管理、业务管理同数字化技术进行有机融合，借助互联网载体，推动企业管理更加符合现代化管理的要求。企业的数字化管理决定了企业人才模式的特点和发展趋势，也就是企业今后的发展会更加需要能够熟悉互联网技术、了解信息和数字化技术的专业人才，同时还需要这些人才具备一定的业务能力，这样才是符合企业发展的人才。"人才资本"对于企业今后的竞争力将产生很大的影响，因而企业在团队建设方面面临新的标准和要求。一方面需要营销工作者熟练了解互联网知识、信息技术知识，具备一定的网络思维，另一方面又需要具备相应的营销策划能力和实行广告推广的能力，增强员工的业务拓展能力。强化员工队伍的整体素质，才能增强在市场上的竞争力，使企业更加具备核心竞争力。

（二）组织体系的动态化

企业利用数字化技术开展管理，企业的综合管理方式也会发生改变。同时这种改变会推动企业持续加强组织建设，也就是能够解决不同部门间沟通不畅的问题，增强沟通的顺畅性，这样就能加快企业内部营销、业务信息的流转速度，也就可以逐步形成由管控到赋能的转变，由原本的阶层固化发展到依托建设平台实现利他性发展，由原本的各自为营发展转变为协同互助，推动企业在数字化方面实现新的发展，逐步形成和发展新功能、新结构、新能力、新目标。而且，企业在实现数字化转型发展时，工作重点还是要落在如何利用数字化技术对企业发展过程中存在的问题进行解决的能力，也就是企业的发展既要实现业务数字化，还要同时确定好商业发展战略。而且，企业的发展在管理上要做到虚拟化、新型化发展，不再依托过去的 KPI 指标对人员进行评价，而是健全考核模式，提升考核的科学性。

二、数字化背景下营销团队创建和组织管理现状

（一）营销团队人员选取不当

当前，因为电商业务的发展以及营销方式的变化，不同企业的营销团队在开展产品营销时都面临着很大的挑战。之前企业在组建营销团队时将人员的专业、技能、营销思维等工作作为重点，不会过分要求员工在信息技术以及互联网思维方面的能力。企业的营销规则从线下开始向线上发展，需要营销人员在互联网思维、信息技术方面具有更高的能力。而且，企业在跨区域组建营销队伍时，在成本及管理方面有较大的难点，所以，企业要强化对数字化营销队伍的组建。

（二）营销团队的观念与方式有待调整

目前，许多企业在建立营销团队以及面向团队进行管理时，有很多员工因为自身有局限性，使用了不合理的营销方式。一方面，有些企业销售人员思维固化，不能看到互联网营销、线上营销的价值，而且因为受到传统营销惯性的影响，在使用互联网对产品进行推广宣传时，还存在无法精准确定营销客户群、产品推广不具有针对性等问题；另一方面，企业在进行营销工作时，营销对象并不能单纯定位在企业的朋友圈，不能简单发布一些产品信息，而是需要学习营销知识、技术本领，营销员工要深刻领会客户诉求。特别是一些从事销售的员工，更是要学习如何将技术同营销本领融合，使自己具备线上营销的能力。但是在具体工作中，很多营销团队在这方面做得并不好，线上营销工作没有特色，缺乏创新点和吸引力，无法获得有效的客户群。

（三）组织管理体系需要进一步完善

当前，一些企业在组织管理架构方面存在指标单一、绩效管理不全面的问题。例如，有些企业利用数字化技术追求营销利润的最大化，要求销售人员使用微信、QQ 等线上工具完成广告宣传及推广等工作，同时还要求其他员工也一同进行产品推广。有些企业甚至要求员工在个人的朋友圈发布同产品相关的信息，而且对于员工的管理缺乏专业性和指向性，所有的考核都是一刀切的管理方式，使员工的工作热情受到影响，容易使员工对工作产生抵触心理。有些企业的员工在绩效管理方面还使用传统的考核方式，造成企业在管理体系和管理理念上都同数字化管理的要求存在不协调性。

三、数字化背景下营销团队创建和组织管理策略

（一）建立全员数字化营销队伍，优化管理模式

企业在全面执行数字化管理时，结合营销团队建设实际情况，在组织工作的创新性以及团队建设方面，都需要依托数字化管理的要求，将上游组织同下游组织进行有效连接，也就可以使团队建设更加具备管理规范性。可以组建足够完整、规范且各方面都符合标准需求的数字化营销管理团队，要组建虚拟化的营销队伍，新成立的组织可以在原来营销小组的基础上进行延伸，这样就能使原本的营销队员依然能成为领导的核心，可以突破业务重组，加强上下级联系和员工与领导之间的联系，可以依靠运营小组强化员工间的工作对接，由员工对营销工作实行考核。

一是担任运营小组管理的人员需要为企业的管理者、销售小组、推举

运营小组对工作实行全面管理，确定好营销目标，使得全体营销成员都能在实现企业战略目标方面具有统一性；二是原本组织结构中的岗位设置情况应当可以强化员工间的沟通，使员工可以更好地同技术部、组织部及策划部、财务部开展沟通和交流；三是原本就是销售部的员工可以继续负责运营小组中的有关工作，确保营销基础资料具有准确性，这样能拉近上下级间的距离，强化信息交流，压降管理费用，同时可以使全员的工作积极性被调动起来，增强员工工作热情，从而可以推动企业建立起"全员营销"的工作理念。

（二）打造数字化营销管理平台

当前，企业在开展数字化营销管理的前提下，营销团队的建立要高度注重提升员工的互联网思维，培养他们利用数字化进行营销分析的能力，提升他们的网络使用能力，可以采用"对内培训和对外引进人才"的联合培养办法，促使员工了解和掌握营销管理要点同时兼具互联网使用能力，使人才具备利用数字化的能力。比如，在对内开展人才培训方面，企业内部开展营销管理有关工作要面向企业员工开展互联网知识宣讲，提升员工的思维能力，帮助员工了解互联网知识，使员工对互联网知识有更高的敏感性。此外，还可以结合培训工作以及人才选拔制度，在销售部门或是企业不同的岗位人才中开展选拔，从中挑出那些业务能力强的员工作为营销团队的主要工作者。而且，还要对员工的思想进行统一，强化企业文化建设，可以组织一些团建活动，使员工更加有凝聚力，强化员工对企业品牌的认知力，同时愿意主动在自己的朋友圈中宣传企业的文化及产品。企业还要提升营销岗位工作者的薪资福利，使得企业在招聘岗位人才时能够吸纳大批的业界人才，也就能增强数字化工作的专业性，使得营销团队的建立更加有保障。实行数字化营销管理，主要是利用数字化技术，搭建企业独有的数字化营销管理平台，建立"商业智能与大数据＋内存计算＋云计算＋中台架构＋人工智能"工作框架。这样企业才能利用数字化技术更好地对员工个人创造的收益进行统计等工作，在工作中需要坚持指标分解、确定绩效管理计划、开展绩效辅导、实行绩效评价及对绩效结果进行反馈、应用，推动营销业务实现精细化发展，确保企业内的员工都可以加入营销活动中，而且还能取得一定的酬劳及权益。

（三）加强对大数据的应用

数字化发展时期，人们会更加广泛地使用互联网，网民在使用网络时就会产生自己的网络足迹，将网络足迹整合在一起就会形成消费群体的"大数据"。网络购物逐渐发展成为主要的消费方式，消费者的网络购物特征也可以利用大数据技术对不同的消费群体进行定位，这样也能使企业更精准地划分消费群从而有计划地开展营销工作，也才能强化市场竞争力。利用大数据技术开展营销工作一般包括如下内容：一是能够结合消费群体的年龄、生活方式、工作及生活环境等建立消费者基础档案，还可以分析消费者的消费行为、习惯及能力，使产品营销工作能更加精准地定位客户；二是可以围绕目标客户全面推广产品，结合产品的宣传反响决定是否需要对产品进行优化及改进。通过逐次加大推广力度，企业就可以了解客户人群的实际需求，也就能提升产品在市场中的竞争力。

（四）加大企业品牌宣传与推广力度

数字化发展时期，企业的发展尤其需要注重发展企业的品牌影响力。最近几年，我们的生活质量越来越好，人们在消费中不但关心产品的适用性，同时也关心产品的文化属性，我们国家的居民消费行为展示出他们对于品牌文化的追求。所以，进入数字化发展时期，企业在开展营销工作时，也要强化企业的品牌文化建设，使用网络媒体加大文化宣传。或者企业也可以依托自媒体平台对企业的品牌文化进行宣传。例如，可以使用抖音建立官方账号，在账号中更新品牌故事，这样就能对企业文化起到良好的宣传。具体对企业文化进行宣传和推广时，在内容方面，还是要尽量主打视频内容，因为视频更能增强消费者的感受，使消费者认同企业文化。比如，百岁山矿泉水视频宣传中并没有直接介绍产品，而是从笛卡尔与奥古斯汀之间的爱情侧面引入了百岁山矿泉水，使得矿泉水定位在高端市场并且可以体现贵族文化。这一广告获得了很好的推广效果，虽然百岁山单价高出很多其他矿泉水，但依然成了消费者愿意购买的饮用水。我们国家在宣传企业文化方面还有一定的弱点，需要利用先进经验，做到不过分凸显企业优势也可以将企业的文化渗透到其他文化作品中，这样才能起到很好的宣传效果。

企业的价值需要依托"人"来进行创造，营销团队实施营销、经营工作中的基础就是强化组织管理。特别是当前我们国家经济增速快，企业竞争压力大，要探索同数字化营销相契合的营销队伍管理模式，对组织管理方案做出创新，这才是不同企业的新追求。企业应当利用数字化营销手段完善管理方式，建立既可以了解互联网知识又知道如何进行有效营销的团队，使企业取得良好的发展。当前在建立新的营销队伍中还存在的缺点，可以依托建立跨部门、扁平化数字管理体系，使员工队伍的管理同企业考核、数字化营销团队的建设能彼此促进，从而加强企业管理水平。

第五节　提升员工数字素养

员工作为企业构成的核心要素，其数字素养水平的高低是决定企业数字化转型成功与否的关键力量。在数字化背景下，企业许多工作已实现了自动化，员工需要具备一定的信息技术和数字素养才能更好地完成工作。员工数字素养水平的提升，既可以让员工能更熟练地使用办公自动化软件、管理信息、协同办公等工具，从而提高企业运营效率；又可以帮助企业更好地适应市场环境，提高企业竞争力。因此，员工数字素养是衡量企业竞争力的重要指标，也是数字经济发展的重要基础。

一、员工数字素养的内涵

员工数字素养，是指在数字化环境下，员工具备的获取、处理、评估、应用信息的能力，以及运用数字技术解决实际问题的能力。因此，员工数字素养不仅包括对数字技术的应用能力，还包括对数字信息的获取与评估能力、利用与创新能力。在数字经济时代下，数字素养是员工必备的一项基本能力，对于提高员工个人能力、助力企业实现数字化转型具有重要意义。具体而言，员工数字素养的内涵主要包括以下三个方面：

一是数字技术的应用能力。数字技术的应用能力是员工数字素养的基础，它包括员工使用计算机、互联网和移动终端等数字技术的能力，具体而言是指员工对操作系统、办公软件、多媒体处理、网络应用和信息安全等方面技能的应用能力。

二是数字信息的获取与评估能力。员工的数字信息获取与评估能力是数字素养的重要组成部分，它包括员工对数字信息获取能力、理解分析能力，以及对数字信息的真实性、可靠性和有效性进行评估的能力。在当前信息大爆炸的时代，员工的数字信息的获取与评估能力极为重要。

三是数字信息的利用与创新能力。员工的数字信息利用与创新是数字素养的核心部分，它包括对数字信息的加工整合、创新和应用的能力。数字信息的利用与创新能力是数字经济时代个人与社会发展的重要支撑，是数字素养的高级阶段。

二、员工数字素养的评价指标

依据上述对员工数字素养内涵的界定，可以从数字技能、数字应用和数字意识三个方面对员工的数字素养进行评价，具体指标见表6-2。

表6-2　员工数字素养评价指标体系

一级指标	二级指标	指标内涵
数字技能	电子办公技能	是否能熟练应用计算机、手机移动端等工具开展电子化办公
	信息搜集技能	是否掌握数据搜集渠道、方法，如问卷调查、网络爬虫等
	数据分析技能	是否能利用软件工具开展数据清洗、数据统计分析、数据回归分析等工作
	数据展现技能	能否绘制形式多样的数据图表，直观、全面地呈现数据
数字应用	业务数据分析工作量	从事业务数据处理分析的时间占总工作时间的比例
	业务数据分析广度	能否将多业务环节的数据以及外部数据进行综合性分析，辅助经营决策
	业务数据分析深度	能否运用统计学与机器学习等数据挖掘算法，深挖数据价值
	业务问题解决有效度	是否有通过数据分析有效解决业务问题的经历
数字意识	搜集意识	对企业内部的业务数据、非业务数据以及外部数据是否有留存意识
	管理意识	是否会对所获取的数据资料进行梳理、归类和更新
	分析意识	碰到业务问题，是否会有意识地从数据中找原因
	安全意识	是否有保护数据安全的意识与措施，如加密、脱敏等
	表达意识	工作汇报与交流的材料中，是否经常用数据图表来表述工作内容

三、员工数字素养的提升策略

在企业数字化转型的大背景下，企业如何提升员工数字素养，从而助力企业完成数字化转型呢？

（一）打造企业的数字化环境

企业数字化环境的打造需要从"硬环境"和"软环境"两个方面着手。其中，"硬环境"是指企业信息技术的应用环境，"软环境"是指企业的制度环境和文化环境。

构建数字化"硬环境"，一是要建立企业的业务信息生态系统。员工数字素养水平的高低取决于企业是否能够提供大量可靠的数据作为素材。但一直以来，企业"信息孤岛"现象普遍存在，饱受诟病又难以解决。信息孤岛不仅使员工难以获取全面的数据，还容易导致数据不可靠问题，这都大大降低了数据分析的价值。企业所有的业务活动都是相辅相成的，因此服务于各业务活动的管理信息系统应是一个完整的业务生态，信息可以在各个业务环节流转并产生新的数据信息。由于属于同一个业务生态系统，可以大大提高数据的完整性、可靠性、共享性和一致性。二是要建立智能化的工作场景，无感化采集员工的行为信息，并与其业务信息结合起来进行综合评估分析，既有助于塑造企业的数字化文化氛围，又有利于增强员工的数字化意识。

构建数字化"软环境"，首先要完善企业的数据管理制度。对数据资料从采集、整理归档到共享运用和安全管理等方面进行制度优化和完善。比如，在数据采集方面要强调数据标准的统一性，提高数据录入的规范性；在数据整理归档方面，要提高数据资料的覆盖广度，实现无纸化；在数据共享运用方面，要加强不同业务之间的数据互通与共用，以提高数据价值；在数据的安全管理方面，要加强权限管理，降低数据泄露的风险。其次是要在企业内部营造数字文化氛围，构建企业数字文化的理念宗旨，将数字化元素写入企业制度中，要求员工在进行业务汇报时要用数据说话，提出的观点要用数据来佐证等。（杨康 等，2022）

（二）开展数字化培训

开展数字化培训是提升员工数字素养的重要途径，需要从培训计划、培训内容和培训跟进等方面展开。

在培训计划方面，要分岗施策。因为岗位不同，其属性特征就不同，首先要对岗位进行分类，根据"一岗一策"的方式制定有针对性的培训计划。并且即使属于同类岗位，由于员工在年龄、学历以及个人能力等方面的差异，其培训的内容和方式也应有所不同。

在培训内容方面，很多企业容易在数字化思维培训和数字化技能培训两个方面走极端，要么只有数字化思维的灌输，缺乏技能培训，要么过于重视数字技能培训而忽视了数字思维的引导。因此，要提高员工数字素养，既要加强员工在电子办公、数据处理、数据分析等方面的技能的培训，还要提升员工对数据重要性的认识和数据安全等方面的培训。

在培训跟进方面，要加强员工学习的持续性。要使数字化培训发挥作用还需要推进员工持续性学习，这就需要外部环境和内部动力共同作用。在外部环境方面，可以通过打造学习型组织，倡导员工在工作中同步学习，将工作过程与学习过程融合在一起；在内部动力方面，可以通过培训学习效果的正向反馈，建立员工学习的自回路，刺激员工学习的积极主动性。

（三）使用协同办公平台

协同办公，是利用互联网、计算机和信息化提供给多人沟通、共享、协同一起办公的一款在线软件，随着我国 3G、4G、5G 以及 Wi-Fi 网络的不断普及，以及移动智能终端用户量的不断攀升，协同办公已从传统的 OA 办公向更高要求的移动办公转变。而协同办公平台则是协同应用软件的开发平台和运行支撑平台，主要为协同办公提供协同工具和协同引擎服务。协同办公平台可以将不同职能部门的工作情况汇总到一个可视化的平台上，便于团队成员共享文件、沟通交流、协调任务，还可以促进团队成员间的协同学习和知识分享，从而使员工的数字化沟通能力和数字化协作能力得到极大的提升。

第七章　数字化财务——助企业价值提升

任何企业的发展壮大都离不开财务的有效运作。当前，随着企业数字化转型的快速普及，数字化财务也越来越普遍地被企业所接受与运用。在企业数字化转型体系中，财务数字化转型占据了基础性的枢纽地位。通过数字化财务，企业可以有效提升自身的价值。企业财务数字化转型的价值是横跨企业成长生命周期的，并且越到后期，财务数字化转型的综合性价值越发凸显。本章重点研究数字化财务提升企业价值的相关内容。

第一节　构建财务共享中心

一、财务共享的形成与发展

（一）推动财务共享形成的驱动因素

放眼世界，财务共享已经成为一种趋势，甚至在许多商业发达国家财务共享已经成为一种常态。特别是一些大型的跨国公司，财务共享给很多企业的管理者带来极大的便利。但是，回顾最初，各个国家的各种企业为何几乎在同一时期都采取了财务共享模式，并很快发展成为一种必然的趋势，这背后的真正原因，以及核心驱动又是什么呢？

1. 外部因素

"获得长期竞争优势的唯一方法就是在全球范围充分运用企业的各种能力，从而使得企业整体的运作能够比其各分散部门的独立运作更加有效。"惠而浦首席执行官约翰·惠特曼的这句话几乎道出了全部原因。随着全球化竞争的普遍加剧，企业在规模扩大以及实现国际化增长的过程中，如何在多个市场保持统一、高效的管理机制是每一个企业都面临的问题。在控制成本与快速发展之间找到平衡，已经成为跨地区、跨国企业的重大课题，而财务共享则是一个被实践证实的行之有效的方法。

2. 内部因素

随着全球化的发展，企业的跨国发展已经成为趋势，商业文明可以冲破地域、文化、信仰、民族等各种围墙，为不同国家、地区和种族的人们提供服务和便利。然而企业在不断发展壮大的过程中，业务的剧增，以及跨地区的管理等都是企业要面临的问题。此时，企业急需一种解决方案，能够快速、高效地将分散在世界各个国家和地区的分部进行标准化的管理，特别是在财务管理方面，对财务共享具有迫切的需求。通过简单统一的、标准化的处理，使得企业的管理者能够更为直观、便捷地进行管理；同时也简化了各个部门之间工作衔接的冗余，极大地提升了效率。财务共享通过对企业内部重复性作业的整合，对流程进行再造，显著地节约了成本、提升了效率，于是各个企业纷纷将财务共享作为企业发展的必要过程。

（二）财务共享的发展

1. 随着技术的发展而发展

财务共享服务的发展是伴随着财务管理模式的变革，经历了分散、集中、共享和外包四个阶段。就目前的发展趋势来看，科学技术的迭代日新月异，而且科技始终是推动社会发展的核心力量，财务共享的发展也将会随着技术与社会的发展而不断取得新的突破。

2. 财务共享服务的持续改进

（1）从优秀到卓越

财务共享服务的实施，是企业标准化管理和实现规模化的重要条件。当企业的财务管理模式实现了从传统到创新的转变，企业会获得更加强劲有力的发展势能。同时，随着企业的发展，对财务共享服务也在持续地进行优化和改进，这又使财务管理模式实现了从优秀到卓越的飞跃。然而这一过程应该像细水长流般永不停歇，需要具有持续推进变革的信念和决心。

企业的发展包括对业务领域的拓展，对组织结构的调整，对战略目标的优化，经过一系列的管理变革，才能建立一个较为有效的财务管理系统。然而必须指出的是，希望通过一次变革就能建立起一个稳定、完善的财务共享中心是不可能的。因为企业一直处于动态的发展过程中，社会发展也一刻不曾停息，技术突破更是争分夺秒，所有这一切都注定了财务共享服务不可能是一成不变的。实际上，财务共享服务中心的构建，是一个持续演进的过程，企业的管理者和经营者，以及财务主管人员需要具备持续改进的意识，以及敏锐的洞察力。财务共享服务自身具有特殊的生命力，它的完善要建立在不断优化的机制之上，一经开始就不会有停歇的时刻。但这个过程并不是革命性的，也不会特别引人瞩目，而是不间断地实践和尝试，逐渐构建出一个充满活力的共享服务中心。

（2）建立长效的优化体系

一个健康的、充满活力的财务共享服务中心，应该始终处于动态的发展过程中。财务共享中心的发展并非偶发性地波动改进，而是持续地、主动地、不间断地进行的，它同时兼具计划性、组织性、系统性和全员性的特点。当然，财务共享服务中心的持续改进工作，并非靠个人的力量推动，它需要建立一套长效的支持性优化体系，从不同的维度以及管理的角度对整个组织的运营提供支持和优化措施。

在系统的维度，管理层、执行层都属于系统的一部分，他们分别代表不同的角度，考虑的问题也天然地处于不同的维度，这为优化和建设共享中心创造了有利条件。通过一个支持型系统的建立，企业员工和客户能够在一个良好的沟通平台上实现互惠互利，提升工作效率和服务体验。在支持性系统的督促下，可以定期召开系统讨论会，进而建立系统版本的优化机制。针对不同业务部门的需求，还可以建立分层级的培训体系，为员工的持续发展提供合理的支持，从而为企业带来更加有效、高质量的服务。

在制度的维度，同样需要建立长效的制度优化机制，使组织能够定期评估制度的有效性，发现制度是否已经出现滞后的迹象，并随时更新制度版本等。

在质量的维度，项目人员可定期对上下游质量节点进行评估，发现存在的问题并提出改进方案。项目人员需保持一定的敏感度，随时发现零星出现的问题，以及积极关注系统优化的各种可能性，保持积极的态度。

总之，财务共享服务的发展需要长期、持续地改进，它是一种积跬步以至千里的行为，贵在持之以恒。相信持续改进终会带来惊人的效果，保持积极、开放、坚定的信念，是确保财务共享服务中心长期、健康、稳定发展的基石。

3. 财务共享的全球应用

纵观全球，无论是在覆盖的广度还是使用的深度上，财务共享服务都得到了广泛而充分应用。尤其是在一些大型和超大型企业中，财务共享得到了普遍接受与广泛认可。同时，财务共享服务已由发达国家逐渐向发展中国家传播开来。

从财务共享服务在中国的推进情况来看，目前仍处于比较初级的阶段。大多数人对财务共享的概念还十分陌生，绝大多数企业还沿用传统的财务处理模式。然而，随着全球化的快速推进，中国本土企业要想顺利地、快速地突破国际市场，并希望在竞争中获取竞争优势，实施共享服务将会获得强有力的助力。

服务外包模式已经在全球范围内广泛地存在，其中财务服务的外包也逐渐成为一种趋势。通过观察发现，财务服务外包是全球业务市场的重要部分，在这方面，印度比中国要先行一步。这得益于印度具有大量的廉价人力资源，而且和中国相比，印度还具有相当的语言优势，因此，印度迅速占领了欧美财务外包业务的主要份额。在印度的班加罗尔，随处可见跨国公司建设的共享服务中心。

与此同时，东欧也在外包服务领域发展迅速。在国际市场上有一个不成文的习俗，美国更倾向于向印度外包业务，而西欧则更多转向其后院的一些东欧国家，并有人将中东欧比喻为欧洲的班加罗尔。但是近些年来美国公司也出现倾斜，他们也越来越多地将外包服务投向东欧国家。比如IBM、戴尔、摩根士丹利等公司已经开始采取行动。但东欧的外包市场规模较小，仅占全球外包市场的千分之五左右。

在中国，大连、天津等城市是最早提供共享服务的代表城市。GE、HP、Accen-ture 等公司在大连建有共享中心，天津曾是摩托罗拉在全球最大的财务共享中心。其他城市也陆续跟进，向美国、日本等国家提供各类共享服务业务。

（三）财务共享的必要性

1. 财务共享是大势所趋

共享服务出现于 20 世纪 80 年代的美国，很快又传到了以西欧为主的欧洲国家，有大量的事实证明，共享服务在绝大多数情况下都取得了成功。截至目前，它被广泛地认为是财务职能部门最佳实践的关键要素之一，这是"大势所趋"。任何拥有多个后台办公财务职能部门的组织，都能从财务共享服务中受益。展望未来，财务共享服务能确保企业整合财务处理流程，甚至还能让更高价值的活动不断产生商业效益。

2. 助力企业的规模化发展

财务共享从出现到发展至今，已经有几十年的历史，在西方发达国家，特别是那些最为成功的企业里已经得到充分验证。因此，只要全球化发展的趋势不变，大型企业要想走向世界，进行多元、深入的发展，开展财务共享是绕不过去的一个议题。因为不管何时，企业的发展都离不开降低成本、提升效益两个目标。而财务共享是通过验证的、十分有效地增强公司的灵活度和标准化的有效手段。

在企业扩大规模的发展中，财务共享也会起到助推作用。为企业实现快速增长、开拓新市场以及收购后的管理带来多种便利和可靠的支持。

一些财务管理者选择在公司内部进行转型，或者引入"精益管理""六西格玛"等手段，再结合相关的组织架构进行重新配置。还有一些财务管理者则采取了改变业务模式等更加激进的手段。

3. 财务会计转型的需要

传统的财务会计专注于会计核算，随着数据时代的到来，很多财务工作会被越来越智能的技术和软件所替代，这也为财务人员进行转型和升级提供了一股强大的推动力。公司在发展过程中，更加需要的是能够在管理决策层发挥作用的财务人才，而不是简单执行会计职能的普通技术人才，并且，随着办公软件的智能化发展，很多基础性工作都已经可以交给计算机来处理，那么原来的基础性财务人员则面临要么被淘汰、要么奋起突破，实现技能升级的转变。人的发展必须适应时代的趋势，在财务共享已经逐渐成为大势所趋的关头，财务人员也迫切需要向着财务共享的方向努力，并从中找到适合自身发展的位置。在这样的背景下，许多财务人员纷纷从财务会计转型到管理会计，这是当前我国会计领域变革的重大趋势。

二、财务共享中心的框架与组织

（一）财务共享服务中心的框架设计

1. 组织架构设计

公司经营战略和财务战略是设计财务共享服务中心的组织架构和进行组织变革的主要依据，财务共享服务中心的未来设计方向是以对共享服务中心的定位为依据而确定的。

在财务共享服务中心的组织架构设计中，首先要明确主要的运营职责与管理职责，建立与其他组织的沟通机制，然后以运营职责和管理职责为依据设置与划分内部职能。

设置财务共享服务中心的内部职能架构，划分服务中心的内部职能，都要建立在明确组织职能的基础上，要尽可能保证工作量和技能要求的统一性、业务流程的通畅性。从内外两个角度可以将财务共享服务中心分为两个部分，一是业务运营，二是内部管理，这两个部分又各自包含不同的模块（见表7-1）。

表7-1　财务共享服务中心的模块划分

财务共享服务中心		业务
业务运营	会计运营模块	（1）核算 （2）资金支付 （3）其他
	财务管理支持模块	（1）研究制定政策制度 （2）财务数据管理 （3）提供财务报表 （4）其他
内部管理	运营支持模块	（1）人员管理 （2）行政管理 （3）培训 （4）客户服务 （5）其他
	质量提升模块	（1）绩效分析 （2）内部稽核 （3）质量管理 （4）运营优化等

（资料来源：张庆龙，潘丽靖，张羽瑶，2015. 财务转型始于共享服务［M］. 北京：中国财政经济出版社.）

2. 办公选址设计

办公选址设计这一环节相对比较简单，主要任务是选好办公地点。一般要求基于对职场成本、人才供应量、人力成本、网络通信环境等要素的综合考虑来选择。如果是跨国企业，那么当地的政治环境、自然环境、税收政策等也是必须考虑的因素。此外，公司发展战略也是影响办公地点选择的一个重要因素。

从我国一些企业的财务共享服务中心的选址来看，有的企业选择在总部职能城市建立财务共享中心；有的企业在某些城市的后援中心建立财务共享服务中心；还有一些企业选择在一线城市繁华地区建立财务共享服务中心，这主要是基于对人员稳定等因素的考虑而决定的。

3. 财务职责及范围设计

在财务共享中心财务职责及范围的设计中，需要先拆分原来的财务业务（如会计核算、财务数据及报表、资金管理、税务管理等），然后上收到财务共享服务中心，形成新的财务业务职责范围。

4. 财务共享业务流程设计

在财务共享服务中心的框架设计中，业务流程设计是非常重要的一环，未来业务执行的效率和质量直接取决于流程设计得是否顺畅，而且顺畅的业务流程也是财务共享服务中心信息化建设的基础条件，后期系统自动化投入的程度也直接取决于流程最初设计的流畅与完善程度。

设计财务共享服务中心的业务流程还需要处理好一系列相关问题，如明确职责、管控风险、提升业务处理时效、落实人员编制等。业务流程的设计也会影响前后端业务流程的改造，如果在业务流程的设计中对前后端的业务流程予以考虑，则能够使财务业务流程的实施更加顺畅，而且也会大大提高公司的整体经营效率。

设计财务共享服务中心的业务流程要遵循全业务、全流程及整合性等重要原则。

（1）全业务原则

要完整考虑将原财务业务拆分后上收到共享中心的各类业务，确保没有任何一个问题点被遗留。

（2）全流程原则

从业务发生的第一个事项开始直到事项结束都要纳入财务业务流程的设计中，考虑整个流程，没有任何一个环节被遗漏。

（3）整合性原则

任何一个财务事项的发生都不是独立的，因此在财务共享业务流程设计中要从全局视角出发进行整体考虑，在集团各级机构有机整合各项核心财务流程、各个事项处理流程。

5. 财务共享运营模式设计

在财务共享服务中心的组织架构中不可避免地要涉及内部管理方式，也就是财务共享运营模式。作为一个组织实体，财务共享服务中心的业务具有标准化、规模化等特点，为企业提供相关财务服务，是企业进行集中管控的一个重要手段。

从财务共享的特点来看，财务共享需要具备多方面的运营管理职能，在财务共享运营模式设计中要突出与完善这些职能，下面简单分析几项简单的职能。

（1）内部稽核管理

财务共享服务中心在内部构建与完善包括资金支付稽核、账务稽核、业务流程稽核等在内的内部稽核体系，以便于更好地提供对外服务，保证对外服务质量。

（2）标准化管理

对可复制性的重复性工作制定统一标准和程序，将重叠机构和重复业务消除，促进财务共享服务中心工作效率与服务水平的提升。

在标准化管理中，要先制定标准、规范的管理流程，完善管理体系，重点管理流程的实施情况。

（3）绩效管理

设定财务共享服务中心财务业务的整体目标，采用绩效管理法对绩效目标达成情况进行定期考核，保证服务中心的平稳运营。

（4）内部财务管理

财务共享服务中心就像一个小规模企业，每年都会有成本投入和产出收益，因此有必要进行内部财务管理。

（5）人力资源管理

财务共享服务中心的业务模式不同于一般企业的业务模式，因此在人力资源管理方面也要采用不同的方式进行管理。

在财务共享服务中心的建设过程中，一般要经历项目期、初建期和成熟期等几个不同的时期，不同时期要采取不同的人力资源管理策略。

需要注意的是，流水线的作业人员在单调重复工作中容易感到枯燥、无趣，这会影响他们工作的持续性和稳定性，因此要特别注意对这类人力资源的管理，加强企业文化建设，开展团建和培训工作，稳定人力资源队伍。

（6）运营优化

采用内部稽核管理、标准化管理、绩效管理等管理方式，能够发现财务共享服务中心运营中有关工作效率、工作质量的一些问题，对此，需要加强对业务优化机制的建立与完善，解决现实问题，促进共享服务中心运营水平的持续提升。

在财务共享服务中心的运营优化中，采用签订服务水平协议的方式能够对各项服务指标加以约束，促进指标的优化。此外，还需要建立运营评价指标体系，对财务共享服务中心的成熟度水平做出准确的评价。

6. 信息系统架构和实现方式设计

在财务共享服务中心的建设中，信息系统作为一个支撑性的基石发挥着重要的作用。如果离开信息技术，就不可能产生财务共享服务中心，财务共享服务中心的快速发展是建立在信息技术进步这一基础之上的。只有先建设信息系统，以此为依托建立财务共享服务中心，才能保障共享服务中心跨地域处理业务的功能的实现，才能节约人力成本，提高工作效率，为企业创造更多的效益。

从整体视角而言，财务共享服务中心除了要有基本的核算系统外，还应该包括预算编制系统、费用控制系统、盈利分析系统以及用于决策支持的报表展示平台等，基于信息技术建设这些系统之后要在运营过程中不断升级改造、不断完善信息系统，提高各个系统的运作效率。

以上是财务共享服务中心的框架设计内容，对财务共享服务中心需要做什么和如何做的问题做了概括性的说明，并为具体的任务执行细节的落实提供了指引。

（二）财务共享服务中心的组织定位

1. 财务共享服务中心在财务组织结构中的位置

财务管理模型中有三个层级的财务组织，其中财务共享服务中心属于第三层级，第一、二层级的财务组织分别是集团总部财务和成员公司财务。

有些企业的财务共享服务中心隶属于集团公司财务部，有的则与集团公司财务部平行（董清馨，2022），这是两种不同的组织形式，如图7-1所示。这两种组织形式的区别见表7-2。

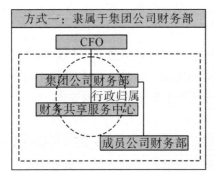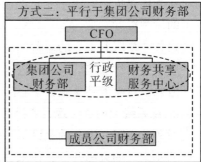

图 7-1　财务共享服务中心与集团公司财务部的行政关系

（资料来源：陈虎，孙彦丛，2018. 财务共享服务（第 2 版）［M］. 北京：中国财政
经济出版社.）

表 7-2　财务共享服务中心两种组织形式的区别

区别两种组织定位	隶属关系	平行关系
政策推行力度	强	弱
两部门协作关系	上下级关系	合作关系
共享服务中心汇报层级	多	少

（资料来源：陈虎，孙彦丛，2014. 财务共享服务［M］. 北京：中国财政经济出版社.）

不能片面地说上表中两种形式哪种好，哪种不好，只要是符合实际情况的财务组织形式就都是合理的，都是最好的。具体选择哪种组织形式，要从企业的发展战略、管理决策以及财务共享服务中心的发展阶段等出发来做决定。

在企业的财务组织架构中，如果共享服务中心隶属于集团财务部，则主要将工作汇报给财务部长，如果是作为独立部门与集团财务部平行，则直接汇报给财务总监。但无论是哪种组织形式，财务共享服务中心都具有会计核算职能，以便于将多维度财务数据信息及时准确地提供给集团公司，这对集团总部了解成员单位的财务状况十分有利。集团公司的财务部和成员公司的财务部具有财务管理职能。集团公司的会计核算职能与财务管理职能相分离，这是现阶段大型企业财务组织的一个发展趋势。

2. 建立财务共享中心后的财务职能情况

建立财务共享服务中心并将其投入运行后，企业的财务组织结构并不会发生变革，只是会在各级财务组织之间重新分配财务职能，使集团总部财务、成员公司财务以及财务共享服务中心的职能界面更加清晰和一目了然。

集团总部财务、成员公司财务和财务共享服务中心都有自身的财务职能，但侧重点不同，各自在履行职能时并非孤立，而是相互协作，三者的协作关系如下：

集团总部财务：实行战略管理，制定管理目标、财税政策，对成员单位、财务共享服务中心的业绩执行情况进行监督；

成员单位财务：执行集团总部的财务政策，推进财务管理任务的落实，协助业务部门提升业绩，并配合财务共享服务中心的核算工作。

财务共享服务中心：执行集团总部的会计政策，对总部的经济活动加以记录，向集团总部和成员公司财务部真实反馈会计信息。

（三）财务共享服务中心的内部组织划分

传统财务部门的所有基础性工作都是由财务共享服务中心所承担的，但因为财务共享服务中心与传统财务部门的职能定位、工作模式有很大的区别，因此财务共享服务中心的组织模式也必然要区别于传统财务部门。在财务共享服务中心内部组织的设计中，需要以企业对共享中心的不同定位为依据构建相应的组织模式。财务共享服务中心的内部组织主要有以下几种模式和划分方法。

1. 按小组专业划分

财务共享服务中心内部的业务小组按专业分工，根据各自业务流程提供专业服务。各小组直接面向其客户，即本小组对应的业务单元的员工；各业务小组设一名负责人，负责所处理业务。另设置一个支持业务小组运行的独立小组。共享中心经理直接面向中心内部各小组而工作。这种组织模式如图 7-2 所示。

在贯彻专业化原则基础上采用的这种组织划分方式达到了很高的标准化程度，有利于人力资源利用率的提升，同时也使得培训工作更加简化。

这种组织模式的弊端在于容易忽视各业务小组之间的联系，组织间比较难协调，从而影响组织整体目标的实现。

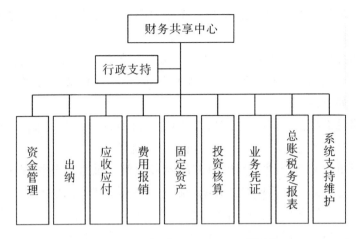

图 7-2　按小组专业划分的组织模式①

2. 按业务流程性质划分

在财务共享服务中心按照不同的业务流程性质划分下列 4 个业务团队：

结算组：负责资金操作活动。

核算一组：提供会计核算服务（费用报销、应付核算）。

核算二组：提供投资核算、固定资产、税金和报表等方面的服务。

支持维护组：提供财务系统机构、部门、人员等的维护，同时进行知识管理和 Call-center 的基本运营。

另外，上述业务单元的运行还需要有一个专门的行政小组提供支持。共享服务中心经理面向内部各业务团队的负责人而工作，如图 7-3 所示。

---

① 王兴山. 数字化转型中的财务共享［M］. 北京：电子工业出版社，2018.

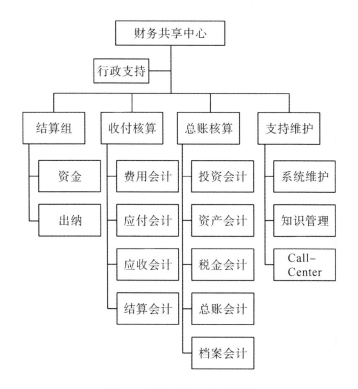

图 7-3　按业务流程性质划分

（资料来源：王兴山，2018. 数字化转型中的财务共享［M］. 北京：电子工业

出版社.）

3. 财务共享与 IT 共享并行模式

财务共享与 IT 共享并行模式中，两个团队的职能如下。

财务共享服务团队：为业务单位提供结算、核算和报表服务，其组织
结构与按业务流程性质划分的组织模式相同；

IT 共享服务团队：为公司提供 IT 服务。

另外，设一个行政支持小组。共享中心经理直接面向中心内各团队和
小组而工作，如图 7-4 所示。

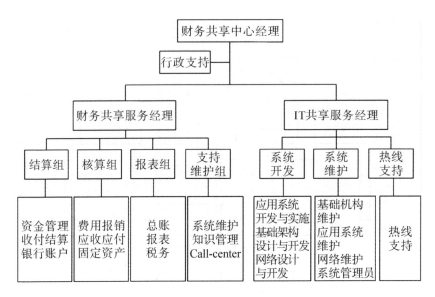

图 7-4 财务共享与 IT 共享并行模式

（资料来源：王兴山，2018. 数字化转型中的财务共享［M］. 北京：电子工业出版社.）

上述三种组织模式各有利弊，都有各自的优势和适用范围，也有自己的不足与缺陷，所以不能笼统地判断它们的优劣和好坏。要构建哪种内部组织结构模式，需要以共享服务的战略结构和战略职能为依据来决定，但无论选择哪种模式，都要保证在企业成本和客户满意之间达到一种恰到好处的平衡。如果置客户边界全然不顾，只依照业务职能进行内部组织划分，虽然能够将财务共享服务的规模、成本以及效率等方面的优势体现出来，但个别客户的个性需求则很难得到满足，客户满意度会受到严重影响。而如果按照客户边界进行内部组织划分，虽然能够提升客户满意度，但会失去成本、效率方面的优势。所以，财务共享服务中心内部组织结构的划分方式要通过战略结构定位（区域性共享中心还是全球性共享中心）和战略职能定位（内部职能部门还是财务外包服务公司）来决定，定位不同，选择自然不同。

需要注意的是，以上几种组织模式在组织模式的构建与选择中，除了要考虑战略定位外，还要对服务对象的业务特点、财务共享服务中心的发展阶段及业务范围等因素加以考虑，在综合考虑的基础上选择最合适的组织模式，这有助于控制成本，提升服务质量。

三、财务共享服务中心的业务流程建设

（一）财务共享服务中心的业务流程建设目标

一般来说，进行财务共享服务中心的业务流程建设主要是为了实现以下重要目标。

1. 实现组织的扁平化和财务信息共享

在财务共享服务中心的业务流程管理中，流程再造是一个核心环节。它是从根本上对企业财务流程进行再思考和再设计的一个过程，最终要达到的目的是提升企业的绩效，主要从降低成本、提升质量、优化服务和加快速度等方面落实。

通过流程再造，在企业内部建立新的管理模式，新模式以流程为中心，解决传统金字塔结构模式下存在的一些弊端与问题，如层级繁多、条块分割、低效等，将部门间的壁垒打破，促进部门间的横向交流与协助，去除不必要的管理层次，实现企业的扁平化管理目标。

在打造企业组织扁平化架构的同时，在流程再造过程中纳入信息共享，打破平行部门间的条块分割，解决信息闭塞、孤立和不对称的问题，通过流程化管理保证从源头开始一次性输入企业所需的关键信息，采用统一的方法加工、存储这些数据信息，然后企业各部门经授权即可自由使用，充分实现数据共享。（周晓洋，2010）

2. 其他具体目标

进行财务共享服务中心的业务流程建设除了要通过流程再造实现上述目标外，还要实现以下具体目标。

第一，建立通畅的企业资金链周转机制，防止资本闲置，提高资本利用率，畅通资本运转流程，有效管理应收款，促进企业效益的提升，保证企业财务目标的实现。

第二，对企业财务职能进行优化整合，强化企业资本投资决策，完善对资本使用的控制职能，促进企业财务能力的提升。

第三，实现企业盈利能力与偿债能力的统一和共同提升，减少二者之间的冲突。

（二）财务共享服务中心的业务流程建设原则

建设财务共享服务中心的业务流程，要认真贯彻以下几项重要原则。

1. 从企业战略角度出发的原则

财务共享服务中心的业务流程建设中，作为核心环节的流程再造是一种非常重要且有效的企业管理方式，采用这一管理方式与手段能够促进企业战略目标的实现。企业长期可持续发展的战略需要是流程再造的根本动力和出发点。企业管理者要站在战略发展的高度对流程再造予以推动，在流程再造过程中创造有利条件，提供所需资源。

2. 以人为本原则

进行财务共享服务中心的业务流程建设要贯彻以人为本的原则，使个人的能动性与创造力得到充分发挥，使员工在每个流程的业务处理中有效合作，鼓励员工创新，提高工作效率。

3. 以企业的资金运动轨迹为主线的原则

企业的经营活动是包含企业资金筹集、资金周转、资金分配、资金循环利用等一系列环节的系统复杂的过程。通过财务流程再造，要建立顺畅的资金周转机制，提高财务管理效率，降低财务风险，保证资金周转的正常、高效和安全。

4. 以为顾客创造价值为目标的原则

在财务共享服务中心的业务流程建设中，识别哪些流程对顾客有增值作用，哪些没有增值作用，对增值性流程加以重组，将非增值性的流程剔除或简化，以此促进企业财务流程的优化和运作效率的提高。

5. 风险控制原则

建设财务共享服务中心的业务流程，还要防范与控制企业财务风险。财务风险是企业未来财务收益的变动性以及由此引起的丧失偿债能力的可能性（张庆龙，2015）。有效控制集团各个分公司的财务风险，便能够使集团总部的财务风险得到很好的控制。

对于有较多资本市场业务或投资、并购频繁的企业来说，财务风险控制尤为重要。在企业财务流程再造的过程中，要纳入风险识别、风险评估、风险预警以及风险应对等工作内容。必要时，在财务流程管理中应将财务风险控制作为一项核心内容予以重视。

（三）财务共享服务中心业务流程的科学实施

分析并重新规划设计财务共享服务中心的关键业务流程后，必须进一步推进和执行流程，防止只是进行形式上的流程管理。如果不执行新的业务流程，随着时间的推进，企业的发展发生一些变化，具有即时性的流程方案就失去了有效性。因此，完成流程设计后，必须及时有组织、有计划地推进流程的实施（黄荣，2022）。一般情况下，财务共享服务中心业务流程的实施要经历下列几个步骤与环节。

1. 组建团队

财务共享服务中心业务流程的实施与推广需要高层领导的大力支持，因此要组建一支包含高层领导在内的实施与推广团队，团队中还应该有一定数量的财务工作者与业务骨干，这些成员要满足的要求是有很强的业务能力、丰富的业务经验和一定的创新能力。

2. 选择试点流程

实施与推广业务流程时，可以先从一个分支单位入手，选取具有业务代表性的部门当作试点，选取的部门要具备流程实施成功率较高、流程管理效果显著等条件，这样更有利于顺利实施业务流程，减少阻力，对流程反馈信息的获取也比较及时。

一般来说，财务共享服务中心中适合作为试点流程的是费用报销流程、应付流程，适合作为流程试点单位的是集团主要分公司。

3. 实施总结

试点过程是一个复杂的过程，在这个过程中要不断发现问题、解决问题和调整方案，流程推广团队需要向业务前端不断深入，及时了解试点中存在的问题，找到问题成因，提出解决问题的有效方案。同时，试点团队要随时与领导保持沟通，第一时间汇报试点进度情况，整体把控流程实施过程。

财务共享服务中心的业务流程实施中，财务核算流程是主要聚焦点，在该流程的实施中，要对财务核算者的信息反馈及时了解，也要对客户的感观和意见有充分的了解，听取客户的合理建议与意见。

4. 逐步推广

在业务流程的推广实施中，要对推广计划加以制订，分阶段落实计划。财务业务流程的实施和推广并不是一帆风顺的，在这个过程中必须加强对人员的培训，讲清楚流程调整后与原流程的区别，减少人员的抵触情绪，使相关工作者了解新的流程，并积极配合流程推广。同时，高层领导也要在恰当的时机用合理的方式将业务流程再造的意义和价值讲述给员工及合作伙伴，这能够积极推动流程的落实。

在业务流程的实施过程中，要保证业务流程设计方案的有序推进，并在实践中检验业务流程设计方案的科学性与合理性。在全面推广流程的过程中，对相关信息进行搜集和汇总，多维度分析流程的实施绩效，包括时效、质量、成本等，进而不断优化业务流程。

总的来说，财务共享服务中心业务流程的建设与实施是密不可分的，流程的设计、实施配合以及持续优化是一个连贯的过程，各个环节密切衔接，缺一不可。图7-5能够帮助我们直观清晰地了解财务共享服务中心业务流程的设计与实施过程。

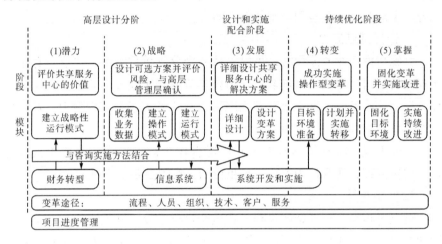

图7-5 财务共享服务中心的业务流程设计与实施

（资料来源：王兴山，2018. 数字化转型中的财务共享 [M]. 北京：电子工业出版社.）

第二节 数字化时代的管理会计

企业的数字化转型往往是从企业财务部门的数字化转型开始的，这就要求企业的财务人员改变传统财务"账房先生"式的工作方式，转变成懂业务，以数据为基础和中枢，为企业决策提供有效的数据参考，充分掌握企业数字资产进而实现企业价值提升。因此，在数字化时代下，许多行业人士或专家指出，相比"财务会计"，"管理会计"更能顺应数字时代发展需求，能更好地满足企业对财务数字化转型的新需求。

一、管理会计的含义

会计信息是帮助使用者进行决策的有效信息。那么，会计信息需要提供给以下决策者。

（1）管理者。在日常经营活动和经济决策中，管理者需要会计信息，以实现对其控制范围内的稀缺资源的合理分配使用。他们必须知道不同决策的可能结果，并得到对决策的实际结果的反馈，以提高决策效果，改进不良决策。

（2）所有者。现代企业两权分离，所有者远离经营实体，他们关注资本的风险和可能的回报。他们需要根据会计信息做出是否购买、持有或出售其投资的决策。同时，他们也关心企业是否有能力为其提供回报。

（3）债权人。他们为企业提供债权资本，关心企业能否按时偿还本息。

（4）员工。员工为企业提供服务，关心企业能否持续为其提供工资、养老金保障和职业发展机会。

（5）其他。供应商、顾客、政府部门、社会公众等，这些利益关系团体为维护其利益，也需要会计信息，例如销售、利润、股价等。

上述的信息使用者形形色色，但基本上可以划分为两大类：企业内部使用者（即管理者）和外部使用者。由此会计产生了两个分支：财务会计与管理会计。财务会计是为企业外部使用者提供财务信息的会计，它主要通过提供定期的财务报表，为企业外部同企业有经济利益关系的各种社会集团服务，发挥会计信息的外部社会职能。

管理会计是指以现代管理理论和会计学为基础，以加强企业内部管理和提高经济效益为目的，通过广泛利用财务会计信息和其他资料，对企业经济活动的全过程进行预测、决策、规划、控制、考核和评价，为企业内部管理人员和决策者提供有用信息的管理系统。

对管理会计含义的描述有很多，但应该注意掌握以下几点。

（1）管理会计配合管理理论的发展，从会计学科体系中分离出来，与会计有着千丝万缕的联系，需要利用大量的会计资料。

（2）管理会计的实质是会计与管理的融合，或者通俗地说，管理会计就是把会计工作应用到企业管理上的一种方法。

（3）管理会计的主要服务形式是数据，通过大量加工后的数据服务于企业内部管理。

（4）管理会计的预测、决策、规划、控制、责任考核评价等职能，也可以概括为规划未来、控制现在和评价过去，重点应放在规划未来上。因为提高经济效益，关键在于事先的正确决策。控制现在，是保证决策所确定的目标能够实现的手段。评价过去，主要是分清责任、考核业绩，同时也是总结过去，为今后的决策提供参考。所以，管理会计主要是面向未来的会计。

综上，管理会计有着比传统会计更为广泛和深刻的内容。虽然它是从传统会计体系中分离出来的，但在职能作用和方式、方法等方面突破了传统会计的框架，是以现代管理科学为基础，以提高企业经济效益为目的的会计信息处理系统，对帮助企业管理者科学制定经营决策、强化企业内部经营管理和提高经济效益等起着重要作用，是现代管理的重要工具。

二、管理会计与企业数字化转型

（一）企业数字化转型对管理会计的意义

管理会计的职责是深入企业了解其业务发展，通过财务预算、核算、分析和控制等一系列流程，对企业进行全程管理，深度参与企业决策，为企业决策提供有效信息。

数字化时代的到来，对财务专业人员的能力提出了新要求，要求财务人员要掌握一定的数字技能，借助数字化时代背景推动企业财务转型升级；数字化时代的到来还给管理会计工作带来了更丰富、更全面的数字信息，促使了管理会计与业务实现二次融合。例如，共享服务中心在实现会计核算集中的基础上，也促进了信息和数据的集中化。

在过去，由于受到"数据"掣肘，管理会计难以发挥其应有的作用，但现如今有了大量的数字化工具，有助于减轻事务性工作中由于数据处理带来的负担。因此，数字化转型对管理会计提出了更高的要求，管理会计人员应当及时提升自身的能力与素质，跟上数字化步伐，为企业创造更大的价值。

（二）管理会计对企业数字化转型的作用

1. 提升企业预测能力

管理会计往往是站在企业全局的高度来审视企业的发展与未来。因此，管理会计对企业决策者做出正确决策有着非常重要的辅助作用。当管理会计通过运用数字化工具，实现根据业务数据能够实时进行企业经营决策时，将极大地提高企业决策者的预测能力和决策能力，进而推动企业高效发展。

2. 提升企业管理效率，降本增效

管理会计人员通过运用数字化技术，可以实现高速精准地捕捉有效信息，从而在一定程度上降低企业资金使用成本，科学合理地改善企业成本结构，进而提高企业运行效率，降本增效。

总之，管理会计的本质是服务企业，帮助企业创造价值，规避风险，支持管理者决策。随着数字时代的不断进步与发展，管理会计的应用效果将不断提升，能更好地满足企业发展需求，为数字化时代企业战略目标的实现赋能。

第三节　数字化时代的财务转型与发展

在数字化时代下，财务数字化转型已经成为企业发展的必然趋势。财务数字化转型，不仅可以帮助企业提高财务部门的效率和精度，加速财务决策的速度和准确性，进而为企业带来更好的财务管理和决策支持；还可以减少企业财务错误与漏洞，降低运营成本，提高盈利能力。

一、财务数字化转型的内涵

财务转型就是将财务转向更适合企业管理与发展的方向，使财务服务于企业运营，不断提高企业的经营效益与管理效率。传统的记账模式被摒弃，取而代之的是全新的电子化记账方式，在此基础上，企业需要不断加强财务管控，财务人员也需要加深对会计相关要求的理解。财务转型的主要目的是使财务为企业的战略发展服务，使财务管理模式与企业运营模式相适应，不断提升企业的风险防范能力与企业创新能力。将传统的财务会计转向管理型财务会计，使会计人员不仅了解公司财务，还了解公司业务，使财务管理不断满足企业创新和发展的需要。

而财务的数字化转型则是指应用数字技术和信息系统将财务业务的各个方面，如财务管理、财务报告、财务分析等，进行自动化、智能化和数据化处理，以提高财务工作效率和准确性，并提供更准确、更及时的财务信息，进而为企业发展和战略决策提供更好的支持。因此，越来越多的企业开始进行财务的数字化转型，在财务管理中应用数字技术和信息系统，以适应数字经济发展的需求。

二、数字化时代下财务转型的必要性

（一）经济布局变化的推动

继农业经济、工业经济之后，数字经济成为驱动经济发展的重要引擎，不断促进企业开创新业务、新模式。企业价值的创造与企业的财务管理工作相辅相成，财务管理工作不仅能够保证企业的经济效益达到预期目标，还能够进一步提升企业数字化建设的脚步。然而，在当前新兴数字技术工具的加持下，传统财务管理模式已无法顺应企业发展阶段去获得企业有效业务信息的手段和效率，企业财务管理信息的披露时效同时受到影响，这也就意味着需要更有效地、更快捷地挖掘企业商业数据，从而管理收集更有价值的企业输出信息，成为数字经济时代对企业财务管理工作的现实需求（颜诗琪 等，2022）。

（2）激烈行业竞争的驱动

在这个产能过剩的时代，行业竞争愈演愈烈，企业要实现可持续发展，除了要不断通过创新和差异化来规避行业内卷带来的问题，还需要通过提升内部管理能力和管理效率来加强组织的各类能力。财务数字化转型一方面可以降低企业管理成本和协同成本，提升运营效率，另一方面还可以让企业具备更敏捷的能力应对市场变化，从而使企业能够不断地自我迭代和进化，实现企业高质量发展。

（三）企业财务统一化管理的要求

企业为了合理管控财务运作成本，在一定程度上作出了努力，尤其是财务部门逐步利用统一化的管理制度削减了财务工作不必要的资金用度；同时，为了让财务信息及时共享，进一步优化了各分管部门的财务目标，并统一了财务软件的使用，有助于财务部及时了解并实时掌握财务信息。但部分公司即便建立了具体的财务管理规章制度，但财务管理信息统一标准和统一管理制度的目标却难以实现，这种情况下，极易导致财务信息不准确以及运用效率无法达到预期标准。所以，为了企业财务的统一化管理，保证达到集中管理的具体需求，企业必须实现财务数字化转型。

（四）财务管理体系成熟发展的必然选择

财务管理作为企业最重要的管理职能之一，需要不断转型升级才能适应企业发展所面临的各种挑战。当前,国家也在倡导企业要逐步建立起世界一流的财务管理体系,而财务数字化是一流财务管理体系的"抓手"。因为有了数字技术加持,企业可以搭建财务共享平台,大大提高财务效率,为企业提供更高质高效的服务;同时,数字化财务可以帮助财务走进业务环节,为业务部门提供多维度、实时化、智能化决策支持,并且还可以实现供应商、合作伙伴和客户等供应链各环节的实时互动、数据自动交换与采集分析,形成开放式的财务管理新模式。因此,财务数字化转型是财务管理体系持续发展的必然方向。

通过财务数字化转型,企业的财务体系、财务组织职能、财务服务能力、财务管控等方面都将实现转型升级。其中,财务体系将改变传统的以人提供服务为主,转变成人机协同服务;组织的职能将改变传统的以核算型财务为主,转变成以管理会计为主;财务服务能力将改变以往以面向过去为主,转变成面向未来为主;财务管控将改变以前的事后应急为主,转变成事前的体系化为主;财务职能价值将改变以往的以低价值操作型为主,转变成高价值决策型为主。因此,财务数字化转型是企业财务管理体系成熟发展的必然方向和必然选择。

三、我国企业财务数字化转型中存在的问题

（一）财务数字化的应用和参与程度有待提升

目前,企业的财务核算、资金管理、费用报销及审核等基础财务模块已基本实现数字化管理和模块运用。但是,在构建企业数字化中心实现数据集中、打通业务端口的各业务流程的数据、对财务和业务数据进行分析和预测等更深层次需求方面,财务数字化应用程度还有待提升。

在企业财务数字化过程中,财务组织和财务管理者作为核心的使用者与数据分析者,大多数只扮演了数字化管理的参与者或数字化顾问的角色提供一定的财务建议,而不是作为核心推动成员拥有一定的参与话语权。因此,财务在企业数字化转型中的参与程度还有待提升。

（二）业财分离影响企业数据的衔接性与可用性

当前,企业的经营与财务的经营还不能很好地结合、协调。在日常数据分析与报告中,不能就数字说数字,而是通过数字挖掘背后的经济业务事项,与市场部、发展部等业务部门充分配合,避免信息交换耗费大量人力、物力,尽可能降低沟通成本。另外,各部门之间的数据对接、传递仍

然依靠手工对接，流通到下一环节的时间比较长。大部分的数据收集和记录，都是靠财务部门的人工操作，财务人员根本没有时间去分析和统计数据，也没有办法有效地防止和控制业务的异常，造成了财务部门无法与前端业务的运作进行有效地整合，其完全处在后端，事后才进行后续的处理。同时，业务与业务、业务与财务间的数据零星地散落在众多管理系统中，缺乏贯通，导致难以运用数据还原完整链条，更别提实现数据共享等数字化管理。因此，业财分离导致企业数据缺乏衔接性和可用性，这是财务数字化和业财一体化进程中需要突破的瓶颈（颜诗琪 等，2022）。

当前端业务出现问题时，如果不能防止，就会造成经济损失，事后的监管常常是迟滞的。市场、发展部门一旦形成一种习惯，就会觉得这是一种高效的做法，而对财务的监管，则会被视为一种"卡脖子"的行为。在部分国有企业的数字化转型初期，就未能很好地处理数字化转型中的各个难题，导致了数字化转型问题凸显，尤其是在数字化转型推动业财融合工作开展时这一问题更是难以得到有效解决。

（三）数字化信息管理针对性不强

数字化信息管理针对性不强也是导致企业数字化转型失败与财务战略目标不能实现的重要原因。一般来说，企业在进行数字化转型之前应当结合自身企业发展的实际状况对其进行分析，与此同时，企业还应当结合数字化信息管理过程中存在的问题对其进行"预防"。但就实际状况而言，当前我国部分企业在进行数字化管理的过程中还存在一定问题。

例如，企业未结合自身经营实际状况选用相应的数字化管理设备；企业未结合自身数字化管理过程中存在的实际问题颁布对应处理制度；企业未结合数字化管理流程问题优化企业数字化信息管理流程。这些问题的出现都会导致企业在落实数字化信息管理过程中出现问题，严重的还会制约企业财务管理工作的正常进行和开展。因此，企业在进行数字化信息管理的同时应当对企业发展的实际状况以及对企业内部管理的实际问题进行全面分析，提升其针对性。

（四）数据管理系统不规范，难以支撑企业决策

企业战略决策是企业数据的最终使用环节，而在企业，数据进入企业后，就会被冻结，财务没有分析和评价企业的数据，缺乏一套规范的数据管理系统，无法支撑企业的决策。例如，在项目完工后，未进行项目成本利润率、资金成本比率的分析，从而改善项目的管理。而对于工程维护项

目，也没有做过数据分析，缺乏经营风险的管理，企业的决策全凭合同规定的进度，根据项目建设和维护项目的回款优劣来确定是否进行两种不同的经营。

（五）财务管理制度不完善，影响数字化转型效果

数字化技术带来了一个新的、更具竞争性的时代，要求各企业以灵活、务实的态度，迅速地了解竞争的市场，并对市场的竞争进行再评估，企业需要在组织架构上进行革新，重新评估、协调，并计划人、财、物的结合。系统是企业发展和定位的重要原则，必须及早地调整、制定和实施数字化转型体系。

为了深化企业的数字化转型改革工作，企业管理人员应当结合自身企业发展的实际状况对企业的相应制度进行及时调整，从而使企业数字化转型能够长期稳定地进行。在管理系统中引入了制度，确保了流程的顺畅，而不会导致内部控制体系的失效。目前，尽管一些企业陆续引入了线上审批平台，但因为没有项目的资金规划，没有事先告知财务支付计划，所以出现了支付加速现象。支付加速不仅可能会影响正常交易，还可能存在盗刷的风险。这种情况的出现不仅不利于企业的数字化转型，还可能会产生相反的效果。因此，管理人员应当对其制度进行完善，如此才能取得数字化转型的良好效果。

第四节　数字化财务助力企业价值提升

会计并非独立的经营行为，也不能将会计信息发展成一座"孤岛"，只有充分运用数字化技术并将其与其他的信息结合起来，才能对管理和管理控制起到一定的作用。面对新时期的高质量发展需求，必须完善企业制度，创新财务工作，持续深化数字化转型。

一、财务数字化转型的具体路径

（一）战略层面：构建数字化转型框架

财务数字化作为企业数字化转型的重要枢纽，要对企业数字化转型的基础进行系统性评估，构建数字化转型框架，制定转型战略，并稳步推进。企业在推动财务数字化进程中，要将其视为一把手工程来抓。从管理

层角度来看，要实现成功的数字化转型，除了需要给予足够的支持，还需要系统性地梳理企业数字化转型与财务数字化转型间的关联，并在构建数字化转型框架的前提下推进财务的数字化转型，使两者之间能够实现真正的协同发展。另外，企业还需从组织架构、技术条件、资金投入和人员素质等方面收入，对企业自身是否具备进行财务数字化转型的基础条件进行系统评估，以明确财务数字化转型的目标。

（二）组织层面：科学调整组织结构和财务分工

数字经济的转变是一个巨大而复杂的工程，它既涉及技术的选择，也涉及行政的考虑，同时也涉及制度变革的内部需求。弹性制度的建立不仅能促使企业内部活动更加"灵活"，还能使企业的内部秩序更加具有科学性和落实性，这就为企业数字化转型的工作提供了直接保障。在数字时代，企业必须建立一种对外部环境的反应能力，以维持企业的竞争优势。

在云计算基础上进行财务组织改革，既可以实现企业重组的目标，也可以推动会计机构的转型。一个企业应该是一个敏捷的机构，它可以快速地调整战略、结构、人员、流程等。建立弹性的"内部制度"不仅能帮助企业的组织结构不断向合理化迈进，还能提升企业的"对外适应能力"，进而促进企业不断向科学化和现代化发展。企业管理上应尽量减少不合理结构，而合理的组织架构有助于企业的组织协调，通过优化部门间的协作，可以促进企业内部和外部的信息交流，提高企业的整体工作效率。

要加强财务部门职能分工的专业化建设，可以将财务人员划分为战略财务、业务财务、协调分工，从而构建一个清晰的财务管理系统。企业内部的不合理也会造成业财融合不畅的问题，企业内部的财会与各种经营单位的功能划分，造成了企业财务的组织与信息数据的分离，从而造成了经营与创造、实现的关系。因此，通过进行科学的分工能够更好地实现业财融合。

（三）技术层面：有效深化数字技术应用

财务数字化进程主要受到数字技术的推动，因此搭建数字化平台是实现财务数字化转型必不可少的重要条件。而企业在搭建财务数字化平台的过程中，一般需要经历标准化、流程化、信息化、自动化和智能化几个环节。首先，要构建财务共享中心，并以此作为切入点来实现信息化、流程化和标准化。相较于传统财务活动，财务共享中心对财务工作的理念进行了革新和全方位重塑。因此，财务数字化转型要以财务共享中心为重要切入点，这也是当前很多大型企业进行财务数字化转型的重要方式。其次，要加大数字技术的应用力度，使会计核算更加智能化和自动化。在构建财务共享中心过程中，要充分利用 OCR 以及 RPA 等新型数字技术，使财务核算能够实现智能化及自动化，并有效拓展财务共享中心运转的边界。最后，通过搭建数据中心平台，打通财务工作开展的边界，构建数字化财务生态数据。数据中心平台能帮助企业对数据进行提纯、加工、整合，从而为价值变现打下扎实基础。

（四）资源层面：优化配置资源，实现协同

业财融合在数字化大环境中是必然的发展趋势，企业的业务和财务二者是密不可分的。企业经营环境的优劣直接关系到企业的经营决策水平和质量，而企业经营环境的改变对企业的经营产生了深远的影响。不断持续贯彻业财融合，可以实现企业内部的动态管理，提高企业的服务质量，实现企业各部门间的平衡和协同，降低企业内部的矛盾。

一方面，"业财融合"能够实现财务和业务的深度整合、协同发展；另一方面，通过建立以价值创造为驱动的绩效评价体系与激励约束机制，有利于激发各业务单元参与经营的积极性和主动性。此外，"业财融合"还可以推动企业全面预算管理落地实施、完善内部控制体系等。比如，在宁波市轨道交通集团有限公司实施的数字化转型工作中，就有效融入了安全规划、建设、运营、管理等各个阶段的工作内容，适用于交通行业信息系统的全生命周期的信息安全管理，实现了企业内部各项资源的优化配置，比如资产管理、监控、门禁系统等管理内容，将这部分管理内容与实际的资源配置工作进行了紧密地结合，助推企业的数字化、智能化发展。

（五）人才层面：重塑财务人才职业能力

财务数字化转型将重塑对财务人才梯队的需求。随着信息技术和人工智能技术的普及和应用，一些简单的、重复性的基础财务工作即将被人工智能所取代。这意味着传统的财务工作若不进行转型升级将会被社会所淘汰，因此财务组织和财务人员必须面对自身主动或被动转型。当前的财务数字化转型已经进行到能够完成基础的财务自动化核算及更多的财务基础功能。因此，财务人员可以将职能价值更专注于人工智能难以轻易复制的高附加值活动上，拓展到财务内部控制、分析与决策支持、价值管理、财务 BP 以及战略规划等高端管理领域。与此同时，财务组织的思维及运作方式也将发生变化，对人才梯队的要求将转向能够贴近业务场景、掌握多领域知识、拥有多维度能力、懂得数字化技术应用的复合型人才。

（六）观念层面：积极塑造转型文化和转型观念

企业进行数字化转型，不可避免地会损害一部分人的利益，从而使数字化转型受阻。因此，要积极地进行转型文化和转型观念的塑造，从而有效降低转型的阻力，有序落实转型工作。首先，通过加大培训力度，加深财务人员对财务数字化转型的迫切性和必要性的认识，使其具备足够的动力推动财务的数字化转型；其次，要使业务人员明晰财务数字化转型的根本目的就是为业务服务；最后，在业务和财务融合发展过程中，要营造浓郁的文化氛围，使财务数字化转型能顺利进行，减少阻力，使得业务和财务真正实现协同发展。

二、数字化财务提升企业价值的策略

企业价值提升是企业经营的核心目标之一，实现企业价值提升有助于企业在市场竞争中占据优势地位，提高市场份额和盈利能力。

（一）以数字化应用为核心重构财务价值

未来，企业将在全新的数字化时代中完成变革。届时，数字化管理将连接企业各业务中枢、职能中枢和数据中枢，形成以数据发力，构建量化管理模型，推动企业发展走向新征程。财务人员作为企业数字化应用的核心使用者，通过数字化管理，结合财务专业的数字分析，帮助企业在新的市场格局和竞争赛道取得一席之地。同时，财务人员也将走出原有的舒适圈，走向由技术革新带来的另一个价值圈。而这个价值圈将以财务人员为核心分析者，以数字技术为媒介的智能化财务，以基于数据的分析和预测来提升企业运营效率，数字化管理将赋能财务价值提升，推动企业发展，提升企业竞争力。

（二）重构流程，加强数据治理

在数字化转型中，企业应当依据实际需要，运用信息化技术对企业财务管理的业务流程与程序进行明确规定，并在业务流程中嵌入财务管理规则，突破企业经营的界限，建立一个与国家管理部门、银行、客户的联动系统，实现与客户、供应商等的高效协调与整合。

在数字化转型过程中，企业规模、人才、技术水平和经营成熟度等都会受到影响。在资金等诸多因素的制约下，数字化系统会出现各种问题，在数字化转型的过程中，系统的互联和数据的共享将会变得非常困难，而解决这些问题，还需要花费大量的时间和成本。而将财务机器人与业务中台、数据中心结合起来，则是一种有效的方法，业务中心和数据中心相互补充，形成企业财务战略与治理的闭环。

如在四川华西集团有限公司以数字化转型助力业财融合时，其围绕着初期数字化转型融合力度不足的问题实施了积极的分析与管理工作，充分认知了业财融合实施中的问题，在平台中建立了相应的业务配置，平台坚持技术创新驱动、管理支撑、共建标准、开放共赢的理念，实现了业务与财务工作的充分融合，从整体上提升了业财融合质量。其中就建立有 300 项业务流程、800 多个业务模块以及 13 000 多个功能点，进而实现了"计划、招标、采购、供应、结算、融资"等于一体的业务数字化管理体系，实现了基于供应链的数字业务化模式。

（三）注重财务队伍建设，塑造组织数字文化

随着信息化时代的发展和智能化办公环境的不断变化，企业必须建立起一支综合能力强的高层次人才队伍，以财务战略为中心的财务团队，向公司战略管理部门提供决策支持，而非单纯地进行核算、税务、报表等财务基础工作（颜诗琪 等，2022）。

财务人员既要牢牢地掌握传统的业务技术，又要不断地训练自己的数据整合与统筹、数据分析与预测、数据可视化、数据挖掘的技术等新能力，例如展示信息的能力，以及跨部门的知识体系，善于和市场、经营管理部门建立良好的合作关系。

会计人员的工作已由审核、计算、记录等转变为以参与企业决策、解决突发事件、参与战略规划等专业活动为核心，由基础向高级转变，由记账向财务战略、业务财务、共享财务等转变，会计职能将越来越趋向于以数据为基础的管理者职能。

企业的财务工作涉及整个行业，因此，财务的数字化变革和创新涉及企业的各个层面。从数字化所需的各类数字化系统基础设施，到建立数字平台和维护生态系统，组织实施变革战略，数字化转型需要的资源、数字化员工的数字化、数字化的创新能力、数字化企业的数字化彼此相辅相成、相互促进、协同发展。

第八章 数字经济时代企业高质量发展的实现路径

随着信息时代的到来，数字技术在国内各行业得到了飞速发展并且与实体经济呈现出深度融合的趋势。数字经济、数字技术为主的数字革命已成为当今时代发展的主旋律，也是国家经济发展的重点战略和主导方向，更是"十四五"规划的新引擎。在这样的背景下，企业的高质量发展之路已经启程。"高质量发展是全面建设社会主义现代化国家的首要任务"，是"中国式现代化的本质要求"之一。国家提出的"高质量发展"涵盖了宏观、中观和微观三大层面，包括宏观层面的经济社会高质量发展、中观层面的产业工业高质量发展和微观层面的企业高质量发展。其中，"企业"是宏观经济社会发展的微观主体，是中观产业、工业发展的基本组织，因此企业高质量发展是实现产业和经济高质量发展的基础和重点。

第一节 企业高质量发展的内涵与特征

一、企业高质量发展的内涵

（一）"高质量发展"的内涵

2017 年，中共第十九次全国代表大会首次提出"高质量发展"的表述，表明中国经济由高速增长阶段转向高质量发展阶段。其后，国家的历次重要会议都有对"高质量发展"的补充、丰富和发展出台和实施了众多指导方针和措施，使"高质量发展"成为一个覆盖"经济社会发展方方面面的""必须长期坚持的要求"。此次大会再次提出"高质量发展"，并将其定义为"首要任务"，足见其重要意义。

"高质量发展"的核心要义是：坚定不移贯彻新发展理念，以深化供给侧结构性改革为主线，坚持质量第一、效益优先，切实转变发展方式，推动质量变革、效率变革、动力变革，使发展成果更好惠及全体人民，不断实现人民对美好生活的向往。"高质量发展"的目标是：推动我国发展朝着更高质量、更有效率、更加公平、更可持续、更为安全的方向前进。"高质量发展"的根本在于发展的活力、创新力和竞争力。

　　深刻理解"高质量发展"要有大局观，要从中华民族伟大复兴的大局，从全球政治、经济、文化、社会和自然的综合系统来思考。推进高质量发展，是在"百年未有之大变局"条件下，保持我国经济持续健康发展的必然要求，是适应我国社会主要矛盾变化、全面建设社会主义现代化国家的必然要求，也是遵循经济规律发展的必然要求。

　　与"高质量发展是宏观经济的高质量发展"普遍理解不同，国家提出的"高质量发展"事实上是涵盖了宏观、中观和微观三大层面，是三大层面的系统的高质量发展，包括宏观层面的经济社会高质量发展、中观层面的产业工业高质量发展和微观层面的企业高质量发展（赵剑波 等，2019）。其中，"企业"是宏观经济社会发展的微观主体，是中观产业、工业发展的基本组织，因此，企业高质量发展是实现产业和经济高质量发展的基础和重点，没有企业的高质量发展就很难实现产业和经济的高质量发展。

　　（二）"企业高质量发展"的内涵

　　企业高质量发展是"高质量发展"的内容之一。国家提出的"高质量发展"强调"质量第一""效益优先"，强调"发展的活力、创新力和竞争力"。因此，企业高质量发展也必然包括上述核心内容和要求。中国企业改革与发展研究会发布了《企业高质量发展评价指标（征求意见稿）》，它分别从效益发展、创新发展、市场发展、绿色发展、社会责任五个方面来评价企业高质量发展。但是，有学者认为其指标设置太多、个别指标存在交叉，同时未考虑"企业"这一市场主体在经济社会中的特殊定位和价值意义。比如，从客户价值角度来看，"企业高质量发展"是要"产品服务一流"；从利益相关方角度来看，是要追求"综合效益卓越"，包括创新发展、绿色发展和可持续发展的综合效益；从社会价值角度来看，是要社会声誉良好。

　　因此，结合国家"高质量发展"的要求，以及企业这一市场主体的特殊定位与价值意义，企业高质量发展是企业发展的一种新范式，指企业以实现高水平、高质量、卓越的企业发展质量为目标，超越以往只重视规模扩张、仅依靠增加要素投入的粗放式发展方式，具备"产品服务一流""综合效益卓越""社会声誉良好"三大结果特征，强调经济价值和社会价值创造、重视企业可持续成长能力塑造的发展道路。

二、企业高质量发展的特征

（1）创新驱动

创新是企业持续发展的不竭动力，高质量发展一定是由创新驱动的，须以企业为主体，强化技术创新和产品创新，才能不断增强经济创新力和竞争力。应该看到，提高产品创新能力是提高企业竞争力和产业竞争力的关键，创新能够提高产品和服务的附加值，降低资源消耗，以更少的生产资料生产出高质量产品。创新还能有力驱动生产率的提高和产品性能的提升，通过持续推进创新机制和创新文化建设，在不断地探索和迭代中实现产品、技术、管理和服务的升级，促进新科技、新模式、新产品、新业态的出现，不断推动产业向价值链的中高端迈进。

（2）质量导向

企业高质量发展需要始终坚持以质量为中心，以客户需求为导向，不断提升产品品质、提高服务标准。需要注意的是，高质量的范畴不仅是为社会提供高品质的、具有一流水平的产品与服务，即产品和服务质量；还应该包括高质量的管理，因为企业高质量发展必然是建立在高质量一流管理的基础上，具有一套行之有效的管理方式与相应的管理模式，能够对人才资源、物质资源、数据资源以及其他资源进行合理配置与开发，实现资源利用与配置效率的最大化。

（3）综合绩效卓越

企业高质量发展要求企业不能仅关注自身的财务绩效，而应实现内容更全、范围更广的综合绩效。根据上述企业高质量发展的内涵，综合绩效体现在三个方面：一是从企业自身来看，企业应当具有高水平、行业领先甚至是全球一流的经济绩效；二是从利益相关方角度来看，企业应当创造出可观的利益相关方价值，增强其价值获得感，满足其多元价值偏好和诉求；三是从社会层次来看，企业应当最大限度地实现对经济发展的贡献作用、对社会进步的促进作用以及对环境保护的直接与间接效应。简单来说，企业高质量发展意味着企业具备卓越的综合绩效，包括一流的经济绩效、对利益相关方的高水平价值创造和对社会进步的贡献绩效。

（4）可持续发展

企业高质量发展需要坚持可持续性原则，实现资源优化利用、环境保护、社会责任等方面的可持续发展。高质量发展要求我们能够创造更多物质财富和精神财富，满足人民日益增长的美好生活需要，尤其是要提供更多优质生态产品，满足人们日益增长的优美生态环境需要。

（5）国际化战略思维

企业高质量发展需要具备广阔的全球视野和国际化战略思维，在国际市场竞争中保持领先地位。具有国际竞争力的世界一流企业，应具备国际竞争力、影响力和带动力。其中，"竞争力"体现在企业能够跨越多个经济周期，在经济效益、公司治理、管理水平、风险防范、人才队伍建设等方面始终保持竞争优势，能在激烈的国际竞争中不断胜出、持续发展、创造价值；"影响力"体现在企业具有举足轻重的行业地位，在规模实力、品牌影响力、区域布局等方面处于行业前列，在行业标准、行业规则制定上有话语权，是行业的重要整合者；"带动力"体现在企业是行业发展和变革的引领者，在技术创新、制度创新、商业模式创新、管理创新等方面走在最前端，其产业培育与孵化能前瞻性地把握行业趋势，具有导向性和指引性。

第二节　数字经济赋能企业高质量发展的理论机制

在厘清企业高质量发展的内涵与特征的基础上，可以看出企业高质量发展是一个多维概念，它涵盖了创新要素驱动、产品服务一流、企业价值创造以及国际化战略思维等多个层面。数字经济作为一种新兴的经济形态，是一种立足于数据要素、数字技术、数字基础设施、数字生态场景以及数字治理环境的全新技术经济范式。数字经济主要具有四大特征：一是数字经济的运行以数据要素为核心生产要素；二是数字经济立足于互联网技术、信息通信技术；三是数字经济具有高度共享特征，即数字技术的通用性使其能够广泛地渗透到社会经济的各个领域；四是数字经济中的数据要素能够形成单独的交易市场，进而产生数据价值，包括数据存储价值、流通价值和交易价值等。

因此，从上述角度来看，数字经济赋能企业高质量发展的机制在于：数字经济能够重塑企业生产动能、重塑企业战略使命、

一、数字经济重塑企业生产动能，助推传统企业转型升级

企业高质量发展是基于全要素生产率的改进与迭代。在数字经济时代，数据要素成为高质量发展的核心要素，深刻地改变企业传统生产要素，为企业发展提供了更符合时代需求的动能变化。这是因为数字经济是基于移动互联、大数据、人工智能、区块链等数字技术的深化应用而产生的一种新的经济形态，这些数字智能技术渗入到企业价值链的过程中产生了新的生产要素——数据要素，数据作为企业内部信息的承载器，为企业决策、产品生产和销售等提供全新的信息。因此，在数字经济下，数据要素为企业高质量发展提供了全新的要素支持，以数字创新重塑生产函数，推动新的生产动能形成与演化，进而推动传统企业转型升级。

数字经济助推传统企业转型升级，主要表现在以下几个方面：

一是数字经济发展催生了数字生产力，推动传统制造业向先进制造业转型升级。数字经济的发展，加剧了市场竞争，迫使企业变革传统生产方式。一方面，在企业内部，资本的逐利性和市场竞争的加剧要求企业不断提高劳动生产率，以获取更多的剩余价值。而劳动生产率是由多种因素决定的，但随着数字技术与制造业的深度融合，劳动生产率更多地取决于科学技术的应用水平。因此，当某个企业通过应用数字技术提高了劳动生产率，就会引起其他企业竞相模仿，从而形成扩散机制，最终促进整个制造业的生产结构优化升级。另一方面，数字技术的发展在加剧制造业内部竞争的同时，又会使得不同制造业的利润率产生差异，进而加剧部门间的竞争，从而引发资本向高技术产业转移，资本的部门间转移又会促进数字技术的部门间扩散，从而推动整个制造业的数字化转型。

二是数字技术的持续创新和广泛应用催生出了市场对数字产品的新需求，促进了智能化设备制造、数字媒体设备制造、电子元器件及设备制造等高新技术产业的飞速发展，使数字技术在诸多领域走上了产业化的发展道路。

三是数字技术可以充分识别市场需求，形成以用户市场需求为中心的新经营模式、新商业模式。在传统企业里，研发者与消费者沟通渠道阻滞，导致研发人员对市场需求灵敏度不高，造成了大量人力、财力、物力

资源的浪费。数字经济的发展，为企业发展带来无限机遇。企业可以通过数字化创新平台使消费者参与产品研发设计，从而实现以市场需求为导向的生产经营模式，推动企业突破创新瓶颈。

二、数字经济推动效率变革，促进供应链效率优化

1. 在要素供给环节，促进资源利用率与要素配置效率提升

在数字经济发展的大环境下，为了满足市场对数字化工具的需求，涌现出了大量以数据处理为核心业务的平台企业，这些平台企业的发展使得数据资源在市场环境中互通共享，既提高了资源利用效率，又提高了要素配置效率，同时买卖双方通过数据共享即可实现精准交易，进而促进了企业运营效率的提升。

2. 在生产环节，促进降本增效

企业高质量发展是基于成本最小化以实现价值收益最大化的过程。在数字经济时代下，数字技术能够显著降低企业成本并提高效率。主要原因是在生产环节，企业通过应用大数据、物联网、人工智能等数字化技术，实现了全方位实时的智能化监控，这有利于企业及时发现生产环节中存在的问题，从而优化生产工序、提高生产效率、保障产品质量。同时，数字技术的发展使企业的分工形态突破了时空约束，推动企业参与整个产业链环节的协同能力提升。

3. 在流通环节，实现供需高效连接

流通环节是商品从生产领域进入消费领域所经过的环节。在数字经济时代，以数字化信息为流通媒介，实现了供应商、生产商、经销商的有机整合，大幅缩短了流通渠道的长度，减少了流通环节，实现了与消费者的直接对接，提高了供应链上生产与交换环节的效率，实现了供应链高效化。

三、数字经济加快全球价值链重构与升级

1. 驱动"以制造为中心"价值链向"以服务为中心"价值链转变

长期以来，我国制造业以组装、加工等低附加值环节为主，在国际分工中处于弱势地位。在数字经济时代下，数字技术、数据要素与制造业深度融合，一方面数字技术的应用使企业生产力大幅提升，技术创新能力日渐增强，从而推动我国制造业更多地参与到技术和产品的研发环节；另一

方面，数字技术为制造业的服务化转型提供了技术支撑，基于数字技术的现代服务业与制造业深度融合，推动了以制造为中心的价值链逐步转向以服务为中心的价值链，提高了我国制造业的产品附加值率，推动了我国制造业价值链升级（魏雪，2023）。

2. 颠覆传统研发模式，提高创新效率

数字经济重新定义了传统企业的研发模式，推动了企业创新效率的提升，主要表现在以下几个方面：一是数字经济发展有利于解决信息不对称问题，激发企业间形成良性竞争，促进企业在产品升级、功能用途、外观设计等方面进行持续创新；二是数字经济能够实现生产端与消费端的有机结合，使企业能够及时掌握市场动态信息，并应用数字技术对市场需求进行推演分析，从而更高效地开展产品研发设计，提高研发成果的市场转化率，实现创新效率有效提升；三是数字经济能够突破时空限制，将各行各业的创新主体紧密联系在一起，协同合作共同探索新领域，同时还能促进企业加强尖端人才队伍的建设，进一步提升企业创新效率。

3. 加速工艺流程升级，加快生产方式新变革

随着人工智能、工业互联网、物联网等新型基础设施建设的逐渐完善，企业利用大数据、物联网、人工智能等数字化技术优化资源配置、升级生产的工艺流程。通过实体经济与"互联网+"平台结合的产生模式，推动生产技术、经营管理等方面的创新，加速传统的低端工艺流程优化升级，打造新型智能化的消费者服务模式，加快企业生产方式的新变革（饶瑞竹 等，2021）。

第三节　数字经济赋能企业高质量发展的实践探索
——以制造业企业为例

一、数字经济推动"新制造"出现

"新制造"的出现有两大背景。其一，消费者主权崛起、个性化需求越来越旺盛。如《商业周刊》的一篇报道所述："在 20 世纪五六十年代，整个美国都是一幅千篇一律的景象，不仅背景大同小异，人们的愿望也大同小异。美国人最大的理想就是与同一层次的人看齐：不仅仅是赶上同层次的人，还要与同层次的人一模一样——拥有同样的汽车，同样的洗碗

机，同样的割草机（张弛，2016）。而产品丰裕度在 20 世纪七八十年代显著上升后，情况彻底改变了。我们从'我想做正常人'转向了'想与众不同'。"这种个性化消费的浪潮，近年来在中国也已经大量出现。今天的中国，已经是一个消费快速升级的社会，也是一个消费需求日益多样化的社会。比如，时装要求体现自己的个性，家具要匹配主人的喜好和户型，汽车要按照自己的需求来配置。个性化需求的大规模崛起要求供给侧能够给予满足。其二，互联网、IoT、网络协同等技术的普及，首先使得设备之间、工序之间，甚至工厂之间、市场和工厂之间的联网轻而易举，市场需求、生产、物流数据可以非常便捷地在市场主体之间自由流动。数据的自由流动和产业链上下游紧密合作是产业变革的基础。例如，在大部分的工厂内部，ERP（企业资源计划）与 MES（制造执行系统）都是两套系统，各自为政。产能情况、订单进度和生产库存对 ERP 来说只是"黑箱"作业。

二、基于新制造理念的模式创新

新制造还有巨大潜力尚未被挖掘出来，这一点马云早有认知。正是基于这一点，马云曾强调，如果将制造企业所有设备、生产线的数据全部打通，让它们全部实现智能化，就能使制造企业的价值创造模式发生根本性变革。除此之外，马云还表示，新制造的竞争力来源于其背后蕴藏的创造思想、体验、服务能力，而不是制造本身。

（一）按需定制

传统制造业是由厂商根据往期的订单情况制订销售计划。在这种模式下，厂商和消费者之间存在大量中间环节，很难了解用户的真正需求。随着生产力的不断提升，以及越来越多的创业者与企业进入制造业领域，行业面临严重的产能过剩问题。而新制造将由用户主导，从 B2C 模式转变为 C2B 模式，让厂商能够和用户无缝对接，基于用户需求与数据分析按单生产，满足用户个性化需求的同时，为自身创造更多的利润。

（二）云上大数据

未来的制造业是由数据驱动的，数据将成为不可或缺的重要生产资源。当然，想要充分发掘数据潜在价值，就要将大数据与云计算技术充分结合起来。推动传统制造业变革已成为中国、美国、日本、欧盟等经济体的重要战略，企业要充分利用数据来推动制造流程的精细化管理，促进生产线的柔性化、数字化、智能化。

对企业而言，发展新制造，打破数据孤岛是关键。传统制造企业内部以及上下游企业之间各系统处于封闭状态，缺乏统一的数据采集、存储、分析及应用标准，难以实现数据资源的高度整合与共享，不能实时了解生产线设备运行状况、库存信息、销售状况等，无法及时制定科学合理的经营管理决策，增加了企业经营的风险。

而转型新制造后，制造产业链中的商流、物流、资金流、信息流能够实现自由高效流通；MES、ERP、PLM 等信息化软件的应用，将有效解决信息孤岛问题；装备操作信息、运行状态、环境参数等将被实时上传至云端数据库；同时，企业将结合 PLM、ERP 等数据，对生产过程不断优化完善。以大数据技术为核心的智能应用将有力促进企业的流程、组织模式及商业模式创新，是建设智能制造云端的核心组成部分。具体来看，以大数据技术为核心的智能应用主要包括以下几点。

（1）生产过程的持续优化。

（2）产品的全生命周期管理。

（3）企业管理决策的优化完善。

（4）资源的匹配协同。

未来，制造业设备的全面物联化以及业务系统的无缝对接，将使从制造生产到客户交付的整个过程实现数据化、智能化，而对过程数据进行深入分析，将为企业经营管理决策提供强有力支持，催生一系列全新的管理方式、商业模式。

（三）柔性制造

柔性制造是个性需求崛起时代出现的一种新型制造理念，由于企业面临的市场环境与用户需求具有较高的不确定性，且技术更新迭代使产品生命周期越来越短，企业必须提高自身的灵活供给能力，力求在满足用户个性需要的同时，将成本与交付周期控制在合理范围。柔性制造未来趋势包括以下几点。

（1）生产线日渐缩短，设备投资占比不断降低。

（2）中间库存明显减少，厂房等资源得到充分利用。

（3）交付周期越来越短，用户体验逐步提升。

（4）成本损耗不断降低，生产效率明显提升。

（5）制造过程用户可参与，为其创造独特价值。

制造业服务化是新制造的典型特征，其价值创造并不局限于制造本身，更为关键的是用户获得的极致服务与独特体验，长期来看，世界经济低迷状态仍将持续一段较长的时间，中国制造业从传统制造向新制造转型也并非一件短时间内可以完成的事情，广大制造企业要做好打持久战、攻坚战的准备，加强服务与创新意识，不断提高自身的盈利能力。新制造给制造行业带来了新的发展机遇。行业头部的制造企业在智能化转型这条道路上没有停留在基础的感知阶段，而是努力地向新制造的高级阶段迈进，探索更多可能性。正因如此，那些迟迟不能坚定信心、做出决策的企业与那些积极拥抱新制造的企业之间的差距会越来越大。为避免被淘汰，接下来，制造企业要积极拥抱变化，主动改革，向新制造转型升级。

三、加强全面预算管理，助推制造业企业高质量发展

随着市场竞争日趋激烈，企业要在这种紧迫的竞争环境中抢占发展先机，确保优先获取生产资源与客户资源，就应从内外部环境分析出发，结合企业自身实际经营情况，加快推动管理模式的创新。鉴于此，制造业企业作为国民经济发展的重要力量，更应注重管理思维的创新与管理工具的革新，因此将全面预算管理作为增强企业经营效益、推动企业高质量发展的基本管理工具，将大幅提升制造业企业在市场竞争中的地位和优势。在此背景下，本书对制造业企业在加强全面预算管理方面的现状及问题进行了分析，重点对其当前加强管理过程中采取的主要优化路径方法进行了研究，并提出可行性措施及对策。自改革开放至今四十多年以来，我国现代工业化社会进程经历了一次翻天覆地的变化，在过去几十年的发展过程中，制造业企业已经呈现出产品覆盖领域广泛、生产规模大幅提高、技术设备日益先进等的发展势头。然而现代化的市场竞争再一次带来了新的挑战，我国制造业企业正面临着高质量发展程度不足的现状。制造业企业虽在产量与质量上有所提高，但与国外发达国家相比还有一定的差距，欧盟标准仍是世界上公认的最高权威标准，我国输出的具备国际声誉的品牌更是相对匮乏。为改变此种现象，制造业企业就应从原先的高速发展转变为高质量发展，追求稳中求进。而高质量发展的战略导向一定离不开企业内部管理模式的创新，因此，加强全面预算管理作为一种重要手段，应快速应用于制造业企业的各个经营环节中，旨在有效加速企业实现更高水平的经济效益目标，寻找预算管理的最佳方式，全面提升企业整体竞争力及综

合管理水平。

（一）制造业企业加强全面预算管理的意义

全面预算管理即利用预算对企业各部门进行财务资源上的控制与分配，它能够主动地适应市场变化，结合企业效益目标，综合考量各生产经营环节所需要的成本支出，作为一种现代化管理手段，有助于企业监控各环节的工作进度与工作质量。组织运行的目的即实现组织目标，企业组织运行的目的最终归结于经济效益目标的实现，因此在开展经营活动的过程中全面实施预算管理就是为了服务于本企业全面实现整体经营效益目标。

1. 有利于实现资源优化配置，提升资源利用率

加强全面预算管理，将各类资源做到科学合理分配，分配到位的资源契合于工作实际需要，大幅提升了其利用效率。制造业企业是一种特殊的企业类型，特殊性就在于其业务贯穿了产品的研发、生产、销售乃至最终的综合服务环节，通常涉及产品的全流程跟踪。这过程中的每一部门在工作过程中都要求企业提供丰富的资源，不论是生产资源还是人力资源，为了适应制造业企业提出高质量发展的战略要求时，即应将所有资源精细化并有效下放，合理支配财务资金。因此，制造业企业高质量发展的核心就体现于资源优化配置，只有加强全面预算管理，实现最优化，才能包容众多的业务板块，才能适应变幻莫测的市场环境，否则便会形成资源缺口，进而导致企业经营活动无法正常开展。

全面预算管理能够直接对准财务资源的分配决策，为财会部门的审计决算等具体工作提供前期参考，也能为其他部门的业务推进提供适时预警，保障资源在质量和数量上的有效配置，促进资源利用率的有效增长。

2. 有利于提升经营管理水平，实现企业经营目标

企业财务人员在全面实施财务预算控制过程中，可以为企业重大经营预算风险隐患做出系统分析。实行全面预算管理，就要求提前对市场情况和企业发展现状进行宏观分析，科学评估企业的经营情况与真实效益（王云，2022）。一方面防止管理决策因故步自封造成经济利润偏低或竞争力减弱；另一方面规避管理者因盲目冒进、盲目对企业规模进行扩张造成现金流断裂等各类风险。除此之外，企业在明确具体的预算方案时，除了要考虑现金流与企业债务等，还要顾及为了维护企业正常经营活动所设置出的利润收益目标，也就是说，预算管理需尽可能地在业务开展过程中剔除掉对企业的不良影响，帮助企业合理调配并使用资金，减少风险发生的同

时，保障工作按经营计划顺利开展，最终为实现企业经营目标而服务。

由此可见，通过全面预算管理这一现代化管理手段，既能充实企业总体的经营管理水平，又能助力实现经营目标，切实保障企业能够平稳持续地运行。

3. 有利于完成企业内部评定工作，优化工作环境

要想使全面预算管理真正地为企业运行发展效力，不仅要关注预算编制和财务决算环节，而且要在预算方案的实际执行过程给予重视（袁慧娟，2022）。而在对方案进行执行时，企业能否有效监管与评定正是不容忽视的关键动作。首先，全面预算管理能否落地实施直接关乎企业整体的运行效率，只有实施过程中得到有效监督，才能保障预算管理发挥真实效用。其次，预算管理在调研信息与设置指标时就已经与企业的内部评定工作产生了密不可分的联系，在预算编制环节所拟定的各类指标为内部评定工作提供了参考方向，而内部评定工作则是将预算的理论规划与现实情况进行结合，当初期规划与现实经营发生较大差距时，也就是预算的编制不符合企业整体发展实况，此时评定的结果就应当被应用于反向指导预算编制，无论是指标的重新设置抑或数据标准的调整，加强对预算结果的评定工作，都体现着全面预算管理能够正向促进企业的内部评定工作。最后，当全面预算管理配套对应的考核评定机制，并在此机制下激励员工开展业务活动时，则会助力企业向高质量发展的目标迈进。

（二）制造业企业全面预算管理的现状及存在的问题

1. 全面预算管理过程缺失控制，影响企业正常生产

要厘清制造业企业全面预算管理实践存在的根本问题，就要明晰全面预算管理侧重的关键环节，即全面预算管理的过程实施。目前，部分制造业企业在全面预算管理过程中缺乏控制，是企业整体管理水平无法显著提升的重要原因。

一方面，制造业企业没有结合业务推进情况，未组建专门的监督控制队伍，因此便不能确保财务信息收集与归纳过程中的及时性和准确性；未能搭建切合企业发展实际的预算管理控制机制，使得每一环节业务实施的进度与质量便难以有效控制，以及内部难以形成相互监督的工作氛围，导致员工的工作热情以及工作潜力不能充分调动并体现出来（何微，2021）。

另一方面，实践永远是检验真理的唯一标准，当过程控制科学规范性不足或是缺乏合理可靠的控制手段时，这些情况都会使制造业企业预算管

理方案实践效果大打折扣，还有可能造成严重的资源损耗，进而影响企业本应按预算管理计划和业务发展需要所推进的正常生产进度。

2. 制造业企业的预算管理缺乏严格的考核和奖惩机制

制造业企业预算管理措施是否发挥作用，通常直接呈现于考核结果。但部分企业实际的各项考核结果均存在与企业预期标准有一定差距的现象，且有可能体现于业绩金额相差较大等异常情况，这就反映出部分制造业企业执行的预算考核管理方法缺乏严谨性与合理性。

一方面，预算考核指标的设置未体现出多元化的特点。通常预算考评时所参考的指标基本选择财务指标，财务指标具有方便进行数据对比与衡量的天然优势，因此对财务指标的过度重用便弱化了对日常工作动态考评的结合。与此同时，部分制造业企业只设置了以年度为单位的预算考核，而缺少实施过程中的考核行为。

另一方面，考核机制与激励手段未得到有机联合，缺少科学的激励与奖惩制度，不能平衡激励奖惩与考核间的关系。当考核结果公布后，激励或奖惩方式都较为单一，一般通过工资数额的增减来体现。这就反衬出激励手段在意识层面和企业文化熏陶方面的缺失，进而容易使员工们认为预算考核其实是为了帮助企业变相增加其工资收入的手段，对预算考核的认识尚停留在表面，无法深层次地认识设置预算管理与考核制度的初衷。

3. 企业内部部门间协同性偏弱，过分注重生产与销售、忽略成本

全面预算管理可以整合各项资源，不仅能均衡企业经营中的生产、销售资源，更能有效辅助成本管理，只有当各部门联合起来，让权责利益保持本身重点的同时产生工作内容上的交集，团结协作，才能使得企业运营走向可持续的长期发展道路。鉴于此，全面预算管理从构想成立之日起，实际上就意味着要求企业全体员工为此管理体系共同添砖加瓦，需要全员赋能。但现实中部分制造业企业在预算管理过程中存在企业内部部门间协同性偏弱的现象，大多数员工认为预算管理只是财务部门与高级管理者的工作，其他部门并不需要参与，或是提出建议但未得到预期反馈，如此恶性循环就导致了其他部门员工的参与度与热情都较低。而其他部门的工作重心又大多放在业务扩张、效益利润增长方面，过分注重与业务相关的生产与销售因素，忽略了节约成本的重要性。尽管拟定了预算管理方案，也难以真正做到全员协同，有时甚至会认为预算管理牵制了其扩大营业规模的发展决策，这就使得各部门在配合过程中由于默契度不足而产生各种问题。

4. 预算管控的信息化建设水平不够，使得预算管理未形成完整的闭环

目前，部分制造业企业并未对各部门需要的财务信息数据进行梳理，尚未搭建完整的信息数据流通平台，对内部的数据信息掌握程度较弱，无法确保收集来的信息数据真实可靠，以致影响后期对信息数据汇总分析的全面性，最终难以支撑统筹预算工作的正常执行。数据信息传递过程中的安全与完整，依赖于各个部门间做到上传下达、互相配合，而高效配合的前提则在于企业具备一套技术设备与操作方式都较为先进的信息化处理系统，确保该系统的实用性，利用信息化平台实现各个部门数据信息的高效导入以及对其他相关信息的获取共享，形成信息资源的统一规划，协助预算管理形成流通闭环。由于部分制造业企业各部门相互独立，因此其相互分割的信息数据不足以支撑企业整体的预算管理，对生产研发所需的技术设备等投入都无法做到高效布局，各部门信息系统未能无缝衔接，使得预算管理的完整性与统筹性难以保障，且全面预算管理工作的开展进度也将受到一定程度限制。

（三）高质量发展下加强制造业企业全面预算管理的具体措施以及对策

1. 强化预算过程控制，充分进行调研，做好预算规划管理

全面预算管理的难点在于预算执行过程，企业应在做好调研与规划的前提下，侧重于对过程控制的关注跟踪，通过对预算实施过程中的科学管控，提升工作效率，确保企业的正常生产经营进度不受影响。

第一，强化预算过程控制，企业可成立专门的预算执行监督小组，在业务工作开展时监控其投入产出及预期的利润收益，将实时数据收集汇总至财务部门，这样做既保证了信息数据的真实可靠，又能增强财务部门进行审计核算的敏锐度（何佳，2022）。

第二，设置专人对生产经营信息展开充分调研，减少各部门间信息流通可能产生的差距，同时降低财务部门汇总信息的繁杂工作量，一旦达到预警标准等情况，预算执行监督小组也能及时提醒业务部门，做好成本管控，合理规划相关工作下一步开展所需的资金预算。

第三，对制造业企业来说，应要求各个部门如财务、生产、销售等部门的全体员工都参与全面预算管理，严格执行制度规范，加大过程监管力度，调动起员工的工作热情与积极性，形成正向良好的工作氛围，以确保全面预算管理机制在企业中能够平稳运行，助推企业向高质量发展的目标稳步迈进。

2. 建立严格的预算考核与激励机制，确保预算管理体系真正发挥作用

制造业企业的预算管理人员应发挥带头作用，联合各部门负责人建立严格的预算考核与激励机制。一方面，预算指标的设置应杜绝单一，尽可能地结合各部门特定的工作分析表，抽取典型实用的考核指标融入预算考核体系中去。同时，不仅将绩效指标与预算考核指标挂钩，而且还应加入部分软性指标，例如：员工沟通能力、积极性、发现并解决问题的能力等指标。另一方面，预算考核体系可在时间节点上进行调整，不仅设置年度考核，而且增加了季度考核，除此之外，还可增加专项预算考核。最后，仅有考核而缺乏激励与奖惩机制，会大大降低员工的工作热情与预算实施配合度。因此根据预算考核评定的结果，对于完成度得分偏低的员工，设置一个合理的数额区间，可以罚款或通过其他有效方式来进行处罚，重点在于进一步推动激励员工在自身工作中持续进步；对于完成度较高的员工可设置如奖金、奖品、通报表扬等奖励或提供岗位绩效晋升机会，以确保绩效预算及管理评估体系能够真正全面发挥作用。

3. 完善预算管理体系，充分结合实际，注重成本与效益原则

一方面，完善预算管理体系，应充分结合制造业企业生产经营实际，做好预算管理过程中的动态监测。全面预算管理并非一劳永逸的一次性工作，而应进行实时的机动调整。制造业企业的生产进度、企业外部竞争有可能发生的剧烈变化等，都会在一定程度上影响企业管理经营决策。而当经营决策发生改变时，全面预算管理应当匹配企业整体发展，充分结合实际，助力其在编制与实施过程做到实时调整的快速反应（许博，2020）。

另一方面，全面预算管理体系中要突出成本与效益原则。成本效益原则要求会计系统从财务视角对企业发展战略的规划前期做出预警提示，当成本有可能超出效益时，不建议执行。当某一决策所带来的未来效益大于当前投入成本时，则建议执行。因此，完善预算管理体系的深层要求就在于对成本效益原则的践行，制造业企业应当在每一发展节点统筹好成本效益，这样才能确保企业长期稳定运营发展。

4. 提高管理信息化建设水平，提升业务规范，保证全面预算有效落实

任何组织管理都离不开对信息化工具的合理使用，制造业企业在运行过程中，更应妥善应用信息化系统，帮助企业不断提升综合管理水平。基于信息系统的严谨性，员工在操作过程中必须注重流程规则，对信息共享应以同一种规范模式进行传递，以确保企业内的信息数据全员明晰，在同

一信息化平台实现操作便利与共享便利。全面预算管理作为企业管理中的重要一环，应当引进先进的信息技术，构建信息化管理系统，采取信息化手段，以确保编制、执行等工作效率，并且在此基础上做好维护与修复工作，避免因系统故障而造成信息错乱、遗失等问题。加强信息化建设，使预算管理体现出信息化的高效性、科学性，进而保证全面预算的有效落实。综上所述，为助力制造业企业的高质量发展，就应合理应用全面预算管理这一工具。全面预算管理是一项全员参与、全部门协调与配合的工作，可以更好地优化各类资源配置，控制生产经营成本，助力实现企业的发展战略目标。通过预算编制、执行过程中的控制以及建立严格的考核激励方案能够及时找到问题并调整管理计划，提高预算信息化建设水平，推动企业综合管理水平不断提升，增强企业竞争力，从而使企业稳步向高质量发展转型。

第四节　数字化转型助推企业高质量发展

《中国制造 2025》明确将制造业数字化作为其转型升级的方向之一，中国制造业亟须通过数字化转型实现企业高质量发展。因此，数字经济赋能企业高质量发展的核心机制在于企业数字化转型。数字化转型是指在数字化时代下，企业运用数字技术、数字平台等融合到企业生产经营管理中，快速响应内外环境变化，促使企业组织更加敏捷，最终能以竞争优势迎接数字化浪潮。企业数字化转型主要包括商业模式数字化、运营管理数字化、人力资源管理数字化以及财务数字化等全体系数字化转型。在企业数字化转型过程中，数字技术嵌入到企业发展全链条，既激发了企业发展新动能，又提升了企业价值链的协同效率和创新链的创新潜能，还提升了企业治理效能，最终促进企业高质量发展。

一、数字化转型激发了技术赋能企业高质量发展的内在动力

企业数字化转型主要是利用大数据、云计算、物联网、区块链等数字技术对传统业务链条进行全方位的改造升级，将数字技术融入企业全链条，充分发挥数据要素的价值创造作用，从根本上赋能企业高质量发展。同时，企业数字化转型激发了企业内部创新的活力、提升了各主体的创新

积极性，通过技术创新推动企业效率变革，由此形成持续的良性循环，最终为企业高质量发展提供持续动力。

二、数字化转型推动数字技术嵌入企业价值链与创新链

企业数字化转型依赖数字技术的引进吸收或者数字技术的研发。数字技术在企业研发设计、生产制造、销售服务以及组织管理等不同价值链环节的有序嵌入，引导消费者、用户参与企业的研发设计和生产制造环节，提升企业产品与服务的综合竞争力。数字技术在企业全链条的嵌入，既有利于提高企业价值链各环节间的信息传递效率，还能降低企业内部管理协同过程中的成本，进而提高企业价值链的协同效率和创新链的创新潜能。

三、数字化转型拓宽了企业治理边界

在企业数字化转型的过程中，数字技术的广泛应用使市场获得了大体量、高纬度、广覆盖的数据资源，这些数据资源可以将各类软信息"硬化"，不仅可以为企业经营决策提供科学依据，还可以为监督管理层行为创造便利条件。同时通过大数据、云计算、物联网等数字技术应用，可以改变传统企业治理的组织结构和治理方式，将企业治理边界从线下拓展到线上，提升企业治理效能，从而促进企业高质量发展。

第五节　企业高质量发展的实现路径

一、构建企业新模式，树立数字化理念

数字经济发展深刻影响着企业，一方面，企业要积极应对数字经济迅速发展给企业生存环境带来的变化，要充分认识企业进行数字化转型的必要性与紧迫性；另一方面，企业要积极应变、升级认知，要建立数字思维模式，充分运用数字技术重塑固有的生产、管理、运营、营销等流程，促进企业进行数字化转型。首先，企业可以应用物联网、区块链、云计算等技术对生产流程进行优化，建设一批智能化车间、智能化工厂，实现智能化生产；其次，通过打通各生产环节的数据链，实现产品研发设计——生产制造——售后服务等环节的协同，形成高效运转的管理体系；最后，要紧扣行业生态链这条主线，实现"产品数字化""服务数字化"以及"过

程数字化"三位一体的数字化转型。

二、加大技术创新，打造数字化核心能力

企业实现高质量发展的重要动能之一是创新能力。

在数字经济时代，数字技术在企业产品研发设计、生产制造、运营销售等环节被广泛应用，为企业生产方式的变革带来深远影响，促使企业进行数字化转型。而企业要进行数字化转型，实现产品和服务的数字化，就要加大技术创新，促进核心业务与虚拟技术的深度融合，为传统业务模式赋能。同时，在企业数字化转型过程中，通过数字技术的应用促进了企业全要素数字化升级、转型和再造，提高了企业识别创新机会的感知能力、技术资源整合重构能力以及组织学习吸收能力，有利于企业获取创新资源；同时数字化转型扩大了企业边界，促进组织学习，从而加速企业技术创新。

技术创新可以是开发新的技术，也可以是将已有技术进行应用创新，都必须以一定的创新资源和能力为支撑。技术创新是数字经济发展的重要动力，政府要从政策上充分激励企业不断开展技术创新，具体而言：一是要构建竞争性的市场制度和多样化的风险投资制度，加强技术创新体系的法制建设，为技术创新提供政策激励和制度保护；二是要推动生产与服务、线上与线下、科技与市场等相融合，通过安排专项资金、支持新兴业态发展等手段鼓励企业进行商业模式创新。

三、激活数据要素潜能，增强企业发展新动能

企业高质量发展需要科学技术的支撑，也需要新动能。数字经济依托互联网、大数据、云计算等将数据流、资金流、技术流和人才流有效整合，重组企业生产要素，使企业传统生产要素的地位发生了重大变化。

随着数字经济的发展，数据要素逐渐成为一种新的生产要素。在企业数字化的过程中，数据要素始终贯穿企业生产活动的各个环节，成为一种新的生产要素，为企业高质量发展提供了新动能。数据这一新的生产要素，区别于传统生产要素，具有天然的特殊性，要充分激活数据潜能，挖掘其集成作用，实现深度价值创造。

目前，许多企业还缺乏数据共享的理念，企业间的数据开放及数据共享程度较低，"数据孤岛"问题严重，严重阻碍了数据要素价值的发挥。

要解决这一问题，应建立一个集研发、生产、运营、销售、服务于一体的数据集成与共享平台，充分发挥海量数据的叠加效应。同时，企业应积极破除"数据孤岛"现象，积极共享企业价值链各环节的数据，参与到数据共享平台的建设中来，释放数据价值，增强企业发展新动能。

四、加强内部控制建设，助推企业高质量发展

强化企业内部控制力度是推动企业持续发展并提升企业对于外部市场环境风险抵御能力的重要基石。随着我国步入新的经济发展常态化后，市场中的中小企业逐渐崛起，而许多中小企业对内部控制管理的机制和理论认知不够清晰，尤其是在风险规避以及企业长远发展战略规划能力方面较为缺失，无法建立保障企业良性循环的长效发展机制。因此，如何能够在更加复杂多变的外部市场环境下帮助企业以远视的目光稳定发展，也成为中小企业发展过程中应当关注的重要问题。本书主要分析了内部控制在推动企业高质量发展过程中的作用价值，并且就企业发展过程中强化内部控制水平的发展对策进行了探讨，希望能够为帮助企业实现内部管理质量的提升提供参考意见。目前，我国的市场经济已经由注重速度增长的阶段转入到注重质量发展的过渡阶段，想要实现全要素生产率的提升，就必须注重增强市场微观主体在发展过程中的活力和成长能力。而企业作为构成市场经济的关键主体，在发展过程中，是否能够顺应市场发展的潮流和行业发展的趋势，不断提升企业全要素的生产效率，也关系到国家经济事业建设和发展的水平。这就需要企业在前行道路中始终立足于市场发展方向以及行业竞争模式，能够从风险意识的强化、内部组织的优化、资源的合理配置等多个方面，持续提升企业的内部控制和管理水平，帮助企业在成长的道路上提升抗风险的能力。而健全和完善的内部控制管理体系，能够洞察企业内部存在的细小问题，始终贯穿于企业在生产以及后续经营过程中的不同环节。因此，为了能够更好地顺应时代发展的趋势，帮助企业在复杂多变的市场竞争中占据一席之地，更应当在顶层设计环节强化内部控制的意识，设置贯穿于企业不同经营发展领域的内部控制体系，为企业的健康前行和稳定发展铺垫良好的基础条件。

（一）内部控制的概述

内部控制主要是由企业内部的董事会、监事会、经理人员以及基层员工共同实现的，旨在帮助企业实现长远的发展目标。COSO 认为，内部控

制机制共同涵盖了控制所处环境、风险评估、内部控制活动、内部控制信息的传递、控制评估这五大要素。而从内部控制的环境来说，良好的内部控制环境是确保内部控制机制落实水平的前提条件，也是其他内部控制组成要素的基石。而内部控制条件的创造，依赖于企业内部的文化，对于企业道德价值环境的构建以及上层管理层的理念和经营风格，也与企业内部的人员构架以及权责分配方式之间具有密不可分的内在管理。从风险评估全过程的角度来说，主要包含了对于企业经营管理风险的判别、对于风险水平的评估、对于风险发生可能性的评价、对于针对性处理措施以及管理结果的预测等。从风险控制活动落实的角度来说，为了确保企业经营管理最终目标的实现，内部控制机制的落实需要上层管理者下发，并指导企业内部的基层员工能够在不同的工作环节中落实制度，帮助企业更好地化解风险。从内部控制信息的传递和交流方面来说，内部控制工作本身就存在于企业的不同经营管理活动中，而想要从根源上防范风险问题，就需要从不同经营管理项目的基层员工着手，通过基层员工获取并交换数据，作为企业制定战略规划、风险防范策略的有效参考依据，这些数据信息包括基层员工在意向岗位中获取的数据信息，也包含对员工绩效考评所得的数据信息。从内部的监督和控制这一要素来讲，企业对内部控制落实状况的监督和再管理，也是企业发挥内部审计部门对内部控制落实状况进行再监督和再评价的重要切入点。

（二）强化内部控制的价值

第一，能够帮助企业更好地适应市场发展形势转变经营的观念和思维。完善和健全的内部控制机制是帮助企业乘风破浪的基础条件，尤其是在新的经济常态下，内部控制机制的构建更需要朝着更加规范和健全的方向发展，也需要顺应时代发展的新形势，才能帮助企业实现经营理念的转变和革新。

第二，企业的顶层管理设计者必须了解内部控制的含义和最终目标，才能意识到内部控制机制在企业经营管理中的重要价值，这对于企业实现未来的战略规划以及内部问题的审核都具有重要的指导意义。

第三，相比于计划经济时代来说，市场经济在良性运行的过程中更加关注微观主体的控制机制所发挥的作用价值。而通过许多发达国家良性的市场经济机制对于微观企业主体的治理研究工作发现，内部控制机制的出现能够使企业内部的治理结构趋于更加科学和合理的方向，使企业内部资源的分配模式更加优化。

（三）内部控制促进企业高质量发展的理论

内部控制机制的最终目标涵盖战略发展目标、经营管理目标、规范化发展目标、资产安全目标以及报告精确性目标这五大方面。

第一，战略目标主要是指企业需要根据当前行业发展的趋势以及市场内外部环境选择适应生存的营销战略，帮助企业构建核心竞争实力等一系列的顶层决策。而内部控制战略目标也是企业实现长远发展的出发点，反映了企业在未来一段时间内经营发展的格局和主要方向。适应性较强的战略目标，能够使企业在了解当前所处环境的情况下及时地调整未来的定位，使企业内部的组织能力以及创新水平得以提升，推动企业高质量地长效发展。

第二，获取长远的经济效益是企业发展的终极目标，也是衡量企业发展水平的重要指标。而内部控制的经营目标就可以帮助企业确认发展过程中存在的潜在风险，并针对风险问题制定相应的解决对策，能够有效地帮助企业降低风险发生的可能性以及风险发生之后对企业带来的负面影响，从根源上避免企业产生沉没成本，使企业的经营管理效率得到提升。

第三，内部控制的规范化以及科学化发展目标更加强调企业在发展的过程中能够参照市场规律以及国家法律开展经营项目，不能触碰利益的底线，这也有利于企业内部的员工提升对于企业发展价值的认同感，从而自觉形成守规守法、诚信经营的良好公司氛围，避免由于违背道德的底线而导致企业产生信誉危机，也能够有效地提升企业对于市场外部风险的应对能力，使企业在面临任何的风险冲击下都能够保持强大的活力和抵抗力。

第四，资产安全目标主要是防止企业内部资金链的断裂，避免企业内部产生不良资产、资产挪用的现象，或由于企业顶层设计战略的失误而导致大量良性资产的流失。而通过内部控制资产安全性的管理目标，能够使企业内部的资产链始终处在良性循环的状态下，也能够帮助企业实现资产的保值和增值，使企业内部的资金资源配置效率更高，满足企业未来长效发展机制的实际需求。

第五，内部控制的报告精确性目标主要在于财务报告信息的完整性、对于企业长远发展战略以及顶层设计的参考价值等，而确保财务报告信息的真实性和精确性，也是帮助企业判别未来行业发展趋势并提升经营管理水平的重要切入点。由此可见，内部控制的五大发展目标无论是在企业内部组织结构、决策信息准确性、战略目标的长远性方面，还是在企业经营发展的合法合规性方面都完全贴合高质量企业的发展要求，也更能够符合新经济常态下激烈市场竞争对于良性企业发展的实际需求。因此，健全和完善的内部控制体系对于促进企业的高质量发展具有积极意义。

（四）企业高质量发展加强内部控制的策略

1. 落实企业战略管理

随着经济全球化脚步不断加快，国内市场开始逐步与国际市场接轨，这也意味着，国内市场中企业所面临的外部市场环境更加复杂多变，很多企业在发展的过程中不仅面临着同行业激烈竞争所带来的冲击，更面临着外企以及外资投入所带来的打压问题。因此，如何能够在复杂多变的发展环境中，找到正确的发展方向，也成为企业获得良性发展前景的重要切入点。这就需要企业在内部控制的过程中能够了解未来的长远发展战略，转变过去短视的发展目标，不仅关注到眼前的发展利益，而且要注重企业未来的发展活力以及持久性。正所谓"花钱做营销只不过是面子工程，只有真心做好服务才是维护企业长远发展的护城河"，在复杂多变的外部市场环境中，无数次的实践告诉我们，只有坚持正确的发展战略，并在此基础上建立完善的内部控制体系，才能维护企业长久的发展活力，使企业在复杂多变的外部冲击下始终立于不败之地（朱丽霞，2021）。

2. 优化内部控制环境

内部控制环境的良性构建，与企业内部控制体系的落实成果之间具有密不可分的内在关联。因此，从根源上提升企业内部的文化环境，才能提升企业内部基层员工的核心凝聚力，使基层一线员工在工作和服务的过程中都能够保持良好的心态，通过潜心做好服务帮助企业获取竞争力。从全面风险控制以及内部体系构建的角度来看，注重对于企业内部控制环境的优化和改良，就必须从企业的整体工作环境以及文化氛围方面着手。首先，企业应该对内部人员组织框架进行改良设计，以同行业中较为优秀的企业作为榜样，通过借鉴同类型优秀企业的组织构架经验，对企业内部的组织框架进行进一步的完善，使不同部门之间的职能划分更加清晰和条理。例如，针对目前大数据时代背景下线上线下相互结合的发展模式来说，企业应当对下设分支机构以及子公司的人员组织结构进行调整，帮助企业提升管理的效率。其次，企业内部应当建立起以人为本的核心文化氛围，使基层员工能够将个人的发展与企业的发展方向相互融合，提升企业内部的核心凝聚力以及职工的创造力和奋斗力。例如，企业可以通过建立更加公平和公正的人才选拔机制以及晋升机制，实现对优质人才的保护，使基层员工也能够感受到企业的关怀，通过为基层员工构建更加宽广的晋升平台，使基层员工在工作过程中能够始终具备奋斗精神，也能留给基层员工自由的发挥空间，保持员工的创新活力。最后，企业还应该注重对内部职工的技能培训以及文化思想培训。例如，针对当前大数据技术以及人工智能技术不断普及的背景下，企业应当通过对在职员工进行前沿科技的再培训和再教育工作，增强员工在工作过程中对于现代前沿科技的掌握能力和应用能力。除此之外，还要结合思想政治教育工作和文化教育工作，使企业员工在工作岗位中始终保持高度的工作热情和严谨认真的工作态度，注重企业员工工作素质以及专业技能的全方位提升（张广胜等，2020）。

3. 建设信息沟通平台

数字信息技术在我国不同领域中的融入和应用，彻底颠覆了企业的经营管理模式和发展方向。尤其是对于一些大型的集团化企业来说，在海量数据信息诞生的时代背景下，单纯地依靠人为管理的模式显然无法实现信息的高效流通和传递，更无法确保信息传递的准确性。因此，如何能够通过构建信息共享平台，进一步提升企业内部控制的水平，帮助企业在内部控制过程中实现数据信息的高效传递和流通，也成为规模化企业应当重点关注的问题。首先，企业应该构建系统化的管理模式。系统化的管理模式是企业实现集权统一管理的基础条件，也是帮助企业对财务经营数据进行集中整合和管理的重要渠道。通过系统化的管理模式，能够将企业在业务经营过程以及财务管理过程中收集到的数据信息有效地融为一体，并且能够在了解企业业务开展状态的前提条件下更好地落实企业的财务发展决策，使企业的顶层设计以及规划符合企业的业务开展现状。其次，推动企业内部控制机制的信息化平台构建，通过共享平台的构建提升企业管理信息的传递和沟通效率，为企业不同部门以及顶层管理提供更加便捷的交流途径。最后，企业在发展过程中可以根据自身对于数据信息的需求，设计较为完善的信息化共享平台，并且将前沿业务数据与后续财务数据的收集设置在同一流程中，使企业的生产、销售以及后续的服务等不同环节都能够体现在信息共享平台中，实现内部控制管理数据信息的共享。

4. 健全绩效考核制度

内部控制机制的构建与企业风险的抵抗能力以及经营管理的水平之间

具有密不可分的内在关系，而内部控制机制的执行效果更关系着企业长远的发展能力和活力（覃丽平，2020）。因此，企业更应该针对内部控制机制的建设特征构建与之相匹配的绩效考核体系，通过对内部控制体系落实效果的评价，保障内部控制机制在企业高质量发展过程中发挥其应有的作用价值。例如，在企业的风险管控工作中针对不良资金等问题，就可以将不良资金的收回管理水平与企业内部的绩效考核机制连接在一起（黄凤霞等，2022）。目前，很多规模化的企业为了在市场中谋求更加广阔的发展空间，选择采用赊销的模式吸引客户的眼球（许新建，2022）。但是，在后续的账款收回以及管理工作中却存在诸多不足之处，导致企业形成大量的坏账和不良账款，为企业资金链的良性衔接带来了极大的风险（魏婷，2022）。这就需要企业构建与不良状况管理相关的绩效考核体系，将企业不良资金的管理水平与业务人员和财务人员的绩效连接在一起，提升业务人员以及财务人员在不良资产管控工作中的工作活力。除此之外，企业还应该注重员工个人技能水平以及知识结构的完善性。通过定期的培训以及配套的考核工作，了解员工在不同岗位工作中的真实工作状态以及技能状况，并参考绩效考评结果调整员工的岗位。通过这样的绩效考评模式，保障员工在工作岗位中始终保持活力和创新性（宾瑞锋，2023）。

综上所述，在推动企业高质量发展的新经济常态下，内部控制机制在帮助企业提升风险抵抗能力、强化经营管理水平等多个方面都发挥着不可取代的重要价值。因此，更应当通过构建完善的战略规划、建立良性的企业内部控制氛围、利用现代信息技术构建共享管理平台、健全配套绩效考核机制确保内部控制制度的落实效果得到提升，为企业在复杂多变的市场环境背景中获得高质量的发展提供助力。

五、推进业财融合，助力企业高质量发展

在社会经济快速发展的背景下，企业也面临着全新的发展机遇，进一步推动业务和财务的有效融合，才能够进一步提高发展质量，推动企业市场竞争实力的有效提升。业财融合作为新时期企业发展的重要内容，能够帮助企业更好地完成自身的经济目标，也能够帮助企业实现管理模式的规范和升级，使企业具备更好的风险防范能力，对企业的健康发展具有积极的促进作用。但是目前许多企业在推动业财融合发展的过程中仍然存在许多问题，使得企业的业财融合效果未能达到预期。因此，需要立足于经济发展的实际需求，对企业业财融合过程中存在的问题进行仔细分析，探讨企业业财融合的有效方式，这样才能够为企业的持续发展提供更多指导，促进企业经济效益的有效提升。下面立足于业财融合对企业高质量发展的方式展开讨论，以供参考。

我国的社会主义市场经济体制在长期发展过程中日趋成熟，为我国各企业的发展创造了良好的环境，不仅进一步拓展了企业的业务范围，同时也为企业的财务管理工作提供了新的思路，实现了企业的高质量发展。目前，在新的时代背景下，企业的业财融合需求正在不断提升，进一步实现业财融合的有效深化能够让企业更好地利用业务信息和财务信息实现正确的战略决策，为企业管理水平的提升奠定良好的基础，也能够进一步推动企业的健康持续发展。

（一）业财融合的内涵及背景分析

业财融合是指在企业的日常活动中将各项业务活动和财务管理实现有效融合，这就表明企业的财务管理人员需要更加深入地了解企业的各项经营活动和业务管理，而企业的业务人员也要深入了解企业的财务状况。从企业的角度来讲，需要实现企业财务部门和业务部门的有效沟通，通过更加先进的信息平台实现相关数据信息的高效传输和分享，从而进一步推动企业内部各项资源的高效配置和优化使用，能够在企业的统一战略指导下实现财务工作和业务工作的有机统一，让企业各个部门能够高效协作发展，为企业的高质量发展创造良好的环境。

（二）业财融合对企业高质量发展的意义

1. 有利于企业高效地完成财务目标

在企业发展过程中，财务工作是极为关键的重要内容，关系到企业各项基础业务的顺利展开，也关系到企业未来的战略决策。企业的财务部门负责企业各项收支工作的顺利进行，同时也会准确记录企业的现金流状况和资金流向，能够为企业的资源配置提供可靠依据。但是在实际工作过程中，许多企业仍然对财务工作存在片面的认识，财务部门的主要工作内容也仅仅是在事后进行记账和核算，根据业务进展的结果来记录相关财务数据，对业务活动产生的各类成本、收入和利润进行有效核算（许胡寅，2022）。但是随着现代管理模式的不断升级，财务管理工作不能仅仅局限在事后的处理上，还需要从事前开始对整个企业的财务活动进行有效管理，立足于企业财务管理的战略目标，对企业经营过程中涉及的各项数据进行综合分析，形成更加完善的财务分析报告，帮助企业管理人员了解企业实际的财务水平和运营状况，并针对其中与经营发展战略目标不匹配的部分进行研究，提出有效策略对企业的业务进行指导和调整，这样能够进一步推动企业运营效率的有效提升，帮助企业进一步提高经济效益，扩展利润空间，从而使企业真正实现利润最大化目标。

2. 有利于企业更规范地实现运营管理

在传统的管理模式下，企业往往是被动地对不适应企业发展的运营管理模式进行调整，一般在企业出现严重的发展问题或经济困难时才会进行。但是，通过业财融合的有效建立，企业管理人员能够进一步增强自身的财务管理意识，在经营过程中对企业的财务状况有更加敏感的反应，能及时发现企业运营过程中存在的财务问题，从而对不科学的运营管理模式进行有效调整，以便找到适合企业发展的正确道路（巫春建 等，2021）。

企业的财务人员在工作过程中对所处行业的市场变化趋势进行深入探究，结合企业运营过程中出现的各类问题，对即将开展的业务项目进行有效评估，分析业务带来的社会效益和经济效益，并结合以往项目的相关财务数据进行讨论，找到可能影响业务发展的关键性因素，并采取有效的措施进行优化，推动企业运营管理的有效完善，这样就能够让企业更加积极主动地实现内部管理结构的有效调整，也能够促进企业内部效能的有效提升，使企业内部运营管理工作更加专业。

3. 有利于企业更精准地防范运营风险

目前，我国的社会经济发展速度越来越快，市场经济体制也日益完善，在为企业创造良好的发展环境的同时，也使得企业面临的市场风险有所增加。企业作为市场的发展主体，面临着更加广阔的发展前景，同样也面临着严峻的挑战。

通过业财融合模式，企业能够进一步提高自身的风险防范能力。一方面，企业在制定战略规划的过程中可以通过财务工作对目前的资产负债表进行分析，对企业的利润报表进行有效测算，这样就能够帮助企业更好地了解自身的实际运营能力，也能够让企业对自身的盈利能力和偿债能力有更加清醒的认识，以便企业在未来的战略决策中制定出更加合理的投资计划，避免盲目投资出现严重的财务风险，不仅能够进一步增强企业在市场中的竞争实力，也能够为拓展市场空间奠定良好的基础（段文举，2020）。另一方面，财务部门和业务部门实现高效的工作协作，能够定期分析企业经营模式是否科学、产品价格是否合理、收益情况是否达到预期，能够实时对企业的运营状态进行动态监控，及时解决运营过程中存在的不良因素，避免这些微小的不良因素积少成多，从而对可能存在的风险进行防范。

（三）业财融合过程中遇到的问题分析

1. 业务和财务侧重方向不同

在传统的经营模式下，企业的财务管理工作和业务管理工作往往相互独立。企业的业务工作主要是通过企业的战略规划和相关业绩要求来进一步提高业务的质量，以此来获取更大的利润，让企业的盈利水平得到进一步提升；企业的财务工作则需要对经营过程中产生的各项财务数据进行有效记录和收集，并通过有效的计算和分析帮助管理人员了解企业的财务状况，为企业减少成本提供有效的数据参考，使企业的经营风险能够得到有效控制（李海金，2022）。从本质上来看，企业业务工作的主要目标是实现业务的拓展和利润的提升，企业财务工作的主要目标则是实现成本的控制和资金的规划。但是，业务部门想要真正实现各项工作的顺利展开，就需要借助有效的资金支持来实现，而财务部门在一定程度上会对业务部门的各项开支实现有效约束和控制。这就使得双方在发展过程中存在一定的矛盾，如果不能有效解决这一矛盾，就会使业财融合的效果受到影响。

2. 财务管理的定位模糊

许多企业在进行财务管理的过程中将财务会计作为重点内容，也就是有效地记录企业生产经营过程中的各项经营成本，并完成相应的计算和对比。在业财融合之后，企业的财务管理工作则需要对整个经营流程实现有效的财务管控，使得财务管理工作的主要方向和核心内容发生显著的变化，与企业的发展战略目标联系得更加紧密，同时也与企业各项业务的开展实现了更加紧密的结合。但是许多企业在实际工作开展过程中并没有针对业财融合的相关要求对企业的财务管理进行准确定位，并不了解财务统筹管理的相关内容和有效方式，这就导致许多企业的业财融合流于形式，并没有真正实现对组织结构和工作内容的有效调整，也没有立足于企业的实际情况实现工作岗位职责的有效优化，导致两个部门之间仍然存在较为严重的沟通壁垒，在实现协作的过程中仍然存在不少问题，影响了业财融合的质量。

3. 资金和技术人才投入的欠缺

业财融合作为推动企业发展的重要方式，是目前许多企业正在积极探索的新道路。但是从发展的实际情况来看，许多企业并没有准确把握业财融合的本质，并没有站在战略发展的角度上对业财融合进行长期规划，也就不能从体系、制度等角度实现更深层次的调整。同时，业财融合的发展模式对财务管理工作人员提出了更高的要求，同样也对财务管理工作提出了新的条件。但是，现在许多企业由于投入资金不足，因此未能有效地改善内部的硬件设施和软件环境，这就导致财务部门和业务部门之间仍然存在沟通问题，相关数据信息的传输效率仍然受到很大程度的制约。另外，部分工作人员并没有正确认识到业财融合的重要意义，因此在日常工作过程中没有及时提升自己的职业素养和专业水平，财务人员依然不了解企业的各项业务内容，业务人员对财务工作方面的知识也不了解，这就进一步影响了业财融合落实的效果，不利于企业的持续发展。

（四）业财融合促进企业高质量发展的对策

1. 更新观念加强业财融合

业务部门和财务部门虽然在工作重心上存在一定的差异，但是从工作目标上来讲，都是为了实现经济利润的提升和经营成本的有效降低，确保企业能够健康持续发展。因此，企业的业务人员和财务人员应该积极转变原有的工作理念，站在业财融合的角度上对现有的工作内容进行有效分析和探讨，思考新模式工作岗位应该承担的相应职责，并立足于企业的整体发展战略实现良好的团结协作，共同推动业财融合的有效落实。首先，财务部门应该准确定位自身的工作价值，突破传统财务管理模式下的限制，对整个企业的生产经营流程进行全方位的把控，这样才能够让财务管理活动更好地与企业的各项业务融合在一起，进一步加强与业务部门之间的联系和交流，为业务部门各项活动的顺利开展提供支持。其次，业务部门也需要针对企业的发展进行有效的改革，在开展各项生产经营活动的过程中，始终做好成本的有效把控，落实更加精细化的管理模式，加深对财务管理工作的认识和了解，积极配合财务人员提高工作效率和工作质量，建立更加协调统一的业务管理模式，从而为业财融合创造良好的环境。

2. 优化管理工具助力融合

在传统管理模式的影响下，许多企业在发展时对短期利润过于看重，将企业各部门的业绩作为管理的唯一内容，没有进一步拓展管理的范围和方式，也就未能真正发挥财务管理的作用和价值，使得财务管理受到制约。企业建立业财融合的管理模式后，财务管理工作可以通过现代化的信息技术进一步提高工作效率和质量，对企业的各项业务活动进行实时跟踪，实现财务信息的全方位和全过程收集，自动处理和分析各项数据内容，形成更加全面的财务数据报表，为企业各项战略决策提供有效的支持和参考（于强强，2021）。另外，企业也可以通过全面预算管理的方式和平衡计分卡的模式，立足于业务工作和财务工作两大模块，帮助企业及时发现生产经营过程中存在的各种风险因素，并针对不同的风险因素采取针对性的防范措施，为企业制定更加科学化的经营管理目标，这有利于进一步提高财务活动和业务活动的质量，也能够实现业财融合发展水平的提升。

3. 引进优秀人才优化团队

业财融合是一项系统性的工作，需要具备专业的人才团队才能够完成。因此，企业需要立足于战略发展的角度，结合企业的实际需求，吸纳更多具有专业财务管理知识同时又具备业务技术的相关人才，这样才能够为企业的业财融合发展提供更多支持。首先，企业应该进一步拓展自身的招聘渠道，适当提高人才招聘的要求，通过互联网进一步宣传招聘内容，为人才提供更加优质的福利待遇，这样才能够吸引更多复合型优秀人才进入企业。其次，针对企业现有的财务管理人员，需要进一步加强财务知识培训和业务技能培训，重视业财融合相关理念的教育，并且引导财务部门的工作人员与业务部门的人员进行有效的沟通和交流，让财务人员能够真正进入到企业一线，了解企业的各项业务内容，这样才能够更好地站在业务工作的角度推动财务管理工作的不断完善。最后，企业需要进一步建立有效的考核制度，通过激励方案对优秀人才实现提拔，为优秀人才提供更好的薪酬待遇、福利政策和晋升通道，这样有利于进一步提高相关工作人员的工作积极性，也才能够为业财融合的顺利开展提供更多支持。

4. 搭建信息化的管理平台

想要真正实现业财融合的有效发展，企业就必须建立起更加完善的信息化管理平台，这样才能够进一步提高财务管理的质量和业务管理水平。首先，企业应该立足于自身财务管理的需求和各项业务内容，引进先进的信息技术，建立专业的信息化管理平台，将企业的财务管理纳入信息系统中，同时为企业的不同业务构建合理的信息化模块，形成更加完整的信息化运营管理链条，为企业的各项工作开展建立良好的机制。其次，企业应该借助信息平台打通财务部门和业务部门之间的交流渠道，解决不同部门之间信息孤岛的问题，让企业的财务管理人员能够实时掌握各项业务的发展情况，确保业务中所产生的各类财务数据和信息能够及时传输到系统中，便于财务管理人员进一步提高工作效率和工作质量，能够为企业业财融合的有效发展创造良好的环境。最后，企业还需要对信息化管理平台进行有效维护与升级，聘请专业的信息技术人才对平台进行优化，不断解决平台运行过程中存在的各类问题，这样才能够进一步提高管理的效率，也才能够保证业财融合工作具备强有力的载体。

综上所述，业财融合能够帮助企业进一步提高发展的质量，让企业的财务活动能够与业务活动更好地融合，帮助企业了解生产经营的实际状况，为企业的战略决策提供更多的参考依据，促进企业健康持续发展。

参考文献

宾瑞锋，2023. 党组织参与国有企业内部控制建设研究——以南宁市属国有企业为例［J］. 大众商务，1：4-6.

边万莉，2023. 数字化转型　一场由技术驱动的经营管理和组织文化变革［N］. 21 世纪经济报道，12-18（007）.

陈鸣，李志远，吴磊，2023. 中国的制造业劳动收入份额变化：企业动态生产方式视角［J］. 经济学（季刊），23（04）：1245-1263.

陈虎，孙彦丛，2014. 财务共享服务［M］. 北京：中国财政经济出版社.

陈虎，孙彦丛，2018. 财务共享服务：第 2 版［M］. 北京：中国财政经济出版社.

陈川，彭向晖，许嘉伟，等，2018. "领时"电商数字化转型［J］. 电子技术与软件工程，21：242-247.

陈雪顿，2021. 在数字化时代，如何制定数字化战略？［J］. 上海国资，7：82-85.

陈彦君，郭根龙，2024. 数字化转型、产业链整合与全要素生产率［J］. 海南金融，2：3-18.

董清馨，2022. 金融企业财务共享服务中心运营及优化研究［D］. 北京：中央民族大学.

DataFocus. 浅谈企业数字化转型四大驱动力［EB/OL］.［2021-03-09］［2023-12-23］. https://baijiahao.baidu.com/s? id = 1693713429702230599&wfr=spider&for=pc

豆丁网. 软文写作技巧［EB/OL］.（2010-10-09）［2024-01-12］. https://www.docin.com/p-86644250.html

段文举，2020. 关于积极推进企业业财融合的探讨［J］. 中国商论，7：127-128.

傅哲祥，2021. 企业数字化转型需要"业务架构"的顶层设计支撑

［J］．交通财会，8：42-46+58．

高金，2023．K 银行运营数字化转型的路径研究 ［D］．北京：北京交通大学．

高霞，2009．论信息化时代的青少年信息伦理教育 ［D］．山东师范大学．

国春阳，2019．竖屏时代移动短视频策划要点 ［J］．西部广播电视，12：3-4．

国务院．"十四五"数字经济发展规划［EB/OL］．(2021-12-12)［2024-01-12］．https：//www.gov.cn/zhengce/content/2022-01/12/content_5667817.htm

国务院．国务院关于积极推进"互联网+"行动的指导意见［EB/OL］．(2015-07-01)［2024-04-06］．https：//www.gov.cn/gongbao/content/2015/content_2897187.htm

郝磊，2023．企业财务数字化转型动因、路径与效果研究 ［D］．呼和浩特：内蒙古大学．

何微，2021．基于财务内控视角下制造业．企业全面预算管理优化 ［J］．中国中小企业，3：134-135．

何佳，2022．制造业企业全面预算管理改进研究 ［J］．商讯，7：85-88．

赫然，2013．CPS 公司战略性人力资源管理研究 ［D］．大连：大连海事大学．

胡小英，2015．企业软文营销 ［M］．北京：中国华侨出版社．

黄凤霞，苏荃芬，汪慧瑜，彭少兰，范焕琼，2022．加强内部控制建设助推医院高质量发展 ［J］．经济师，3：247-249．

黄荣，2022．A 集团财务共享服务中心运行与优化研究 ［D］．西安：西安理工大学．

姜锡山，2005．信息化与社会文化 ［J］．上海信息化，8：31-32．

康伟，姜宝，2018．数字经济的内涵、挑战及对策分析 ［J］．电子科技大学学报（社科版），20（05）：12-18．

蓝文永，农祖清，2024．企业数字化转型与经营绩效——基于新智认知的案例研究 ［J］．轻工科技，40（03）：187-189．

黎晓春，2023．新时代全面推进数字经济高质量发展研究 ［J］．商业经济，7：18-20+35．

李彪，吕澜希，2021．短视频策划拍摄制作与运营 ［M］．北京：清华大学出版社.

李海金，2022. 以业财融合为抓手助力企业高质量发展 [J]. 上海商业，5：225-227.

李红，2018. 数字化转型与企业核心能力重构 [J]. 网络安全和信息化，5：30.

李菁，2023. 数字化转型对企业管理的影响研究 [J]. 营销界，5：14-16.

李伟，王士泉，于楠，张麟，周丁华，2018. 区域健康医疗大数据平台解决方案策划与初步设计 [J]. 医疗卫生装备，39（07）：34-40.

林毅夫，2003. 信息化——经济增长新源泉 [J]. 科技与企业，8：53-54.

刘洁，2022. 人力资源云平台的创新策略及其实施路径研究 [D]. 南京：东南大学.

路沙，2023. 加快落实数字化转型　顶层设计是关键 [N]. 中国信息化周报，2023-03-27（015）.

罗玲，2023. 数字化转型失败率高，如何破局？ [J]. 中国勘察设计，5：60-61.

马克·波拉特，1987. 信息经济论 [M]. 李必祥等，译. 湖南：湖南人民出版社.

马克思，1975. 资本论：第二卷 [M]. 北京：人民出版社.

毛利，唐淑芬，侯银莉，2020. 新媒体营销 [M]. 成都：电子科技大学出版社.

梅棹忠夫，1963. 情报产业论 [J]. 中央公论，78.

尼葛洛庞帝，1997. 数字化生存 [M]. 胡泳，范海燕，译. 海南：海南出版社.

牛方，梁龙，高华斌，等，2021. 新模式 数字经济改变生活 [J]. 中国纺织，Z1：36-37.

欧阳日辉，李涛，2023. 构建以数据为关键要素的数字经济 [J]. 新经济导刊，1：8-19.

庞月维，2023. 数字化转型对我国上市公司信息披露质量的影响研究 [D]. 成都：四川大学.

祁涛，2021. 加强煤矿人力资源管理的重要性及对策 [J]. 河北企业，5：130-131.

钱维章，2017. 机器学习技术在寿险反欺诈领域的应用研究与实践

[J]. 金融电子化, 8: 69-71.

饶瑞竹, 陈光莉, 2021. 数字经济推动安徽省制造业企业高质量发展研究 [J]. 商场现代化, 14: 124-127.

任一蕾, 2024. 产业链数字化平台关键环节及实现路径研究 [J]. 特区经济, 4: 69-72.

任宗强, 黄奥, 陈凌云, 2021. 基于数字化转型的顶层设计与政策比较研究 [J]. 中国国情国力, 7: 65-70.

阮甦甦, 2018. 竖屏视频的兴起: 移动传播时代的短视频创作新风向 [J]. 西部广播电视, 19: 1.

数字化转型前沿, 2019. 三问企业数字化转型 [J]. 今日制造与升级, 12: 22-23.

覃丽平, 2020. 内部控制能促进企业高质量发展吗——基于目标导向的内部控制视角 [J]. 会计之友, 9: 101-106.

陶翙, 2022. 数字经济背景下企业商业模式创新的影响因素与对策研究 [J]. 对外经贸, 6: 80-83.

田颖, 2007. 我国中小企业的战略人力资源管理 [D]. 北京: 北京交通大学.

万倩, 康婕, 2023. 企业经营管理视角下数字化转型的发展研究 [J]. 商场现代化, 12: 91-93.

王迪, 2023. 中国制造业企业数字化转型效率研究 [D]. 长春: 吉林大学.

王军善, 2014. 人力资源管理发展的新趋势——知识管理型人力资源学 [J]. 农村金融研究, 3: 32-38.

王勤, 2022. 泰国数字化转型的现状与前景 [J]. 创新, 16 (06): 24-31.

王涛, 2021. 人力资源管理数字化转型: 要素、模式与路径 [J]. 中国劳动, 6: 35-47.

王小青, 2019. 人工智能在保险资产管理行业中的应用 [J]. 保险理论与实践, 3: 23-37.

王兴山, 2018. 数字化转型中的财务共享 [M]. 北京: 电子工业出版社.

王兴山, 2019. 数字化转型中的企业进化 [M]. 北京: 电子工业出版社.

王云, 2022. 探讨制造业企业全面预算管理的问题及应用 [J]. 财会学习, 11: 75-77.

魏婷，2022. 高质量发展视域下开放大学内部质量保障体系建设与实践研究——以重庆开放大学为例［J］. 对外经贸，11：145-148.

魏雪，2023. 数字经济赋能制造业企业高质量发展的内在机理与实现路径研究［D］. 成都：四川大学.

巫春建，林凯，2021. 实施业财融合助推高质量发展［J］. 农业发展与金融，9：67-69.

巫强，姚雨秀，2023. 企业数字化转型与供应链配置：集中化还是多元化［J］. 中国工业经济，2023（08）：99-117.

吴建琴，2019. 雅诗兰黛微信订阅号软文营销案例分析研究［D］. 南宁：广西大学.

向子威，2023. 路径依赖视角下先进制造业数字化转型实现路径研究［D］. 上海：上海应用技术大学.

谢芳，2016. 体验营销视角下微信朋友圈营销策略研究［M］. 长沙：中南林业科技大学.

许博，2020. 制造业企业高质量发展影响因素及其实证研究［D］. 西安：西安理工大学.

许胡寅，2022. 业财融合促进制造业高质量发展的实践研究［J］. 中国产经，16：82-84.

许新建，2022. 加强党支部建设与业务工作相融互促助推企业高质量发展［J］. 理论学习与探索，6：49-51.

薛惊理，2018. 关于传统企业数字化转型的战略思考［J］. 经济师，6：263-264.

易苗，刘朋春，郭白滢. 机器人应用、企业规模分化与劳动收入份额［J/OL］.世界经济，2024，（06）：176-200［2024-08-11］. https://doi.org/10. 19985/j.cnki.cassjwe.2024.06.008.

颜诗琪，阳荣凤，2022. 数字经济背景下企业财务转型路径探究［J］. 财会学习，22：30-32.

袁慧娟，2022. 制造业企业全面预算管理的问题及对策分析［J］. 商讯，13：131-134.

阳镇，2023. 数字经济如何驱动企业高质量发展？——核心机制、模式选择与推进路径［J］. 上海财经大学学报，25（03）：92-107.

杨康，李康，2022. 数据赋能提升员工数字素养［J］. 企业管理，10：

101-103.

杨双毓, 2009. 企业战略人力资源外包决策模型研究 ［D］. 天津：天津大学.

杨燕燕, 2022. 企业人力资源数字化管理研究 ［J］. 合作经济与科技, 1：141-143.

杨扬, 2023. 数字经济赋能产业链供应链现代化水平提升探析 ［J］. 商展经济, 13：60-63.

易高峰, 2018. 数字经济与创新管理实务 ［M］. 北京：中国经济出版社.

于强强, 2022. 聚焦数字经济下业财融合、助力国企高质量发展 ［J］. 现代营销（上旬刊）, 5：97-99.

元英, 刘泽峰, 祁雪晶, 等, 2024. 数字中国视域下的数字素养研究新趋势——2023 年数字素养研究综述 ［J］. 教育传媒研究, 1：22-30.

云飞, 2021. 迎接数字化改革浪潮 ［J］. 信息化建设, 3：1.

詹晓宁, 2017. 世界投资报告：2017 投资与数字经济 ［M］. 天津：南开大学出版社.

中金公司研究部, 2020. 数字经济：下个十年 ［R］. 中金点睛.

张桂金, 2019. "机器换人" 对工人工资影响的异质性效应：基于中国的经验 ［J］. 学术论坛, 42（05）：18-25.

张晨. 数字化、商业模式创新对企业绩效的影响研究 ［D］. 南京：南京信息工程大学, 2023.

张广胜, 孟茂源, 2020. 内部控制、媒体关注与制造业企业高质量发展 ［J］. 现代经济探讨, 5：81-87.

张海丽, 2023. 金融科技背景下商业银行网点运营数字化转型路径研究 ［J］. 财经界, 21：21-23.

张华, 2018. 数字经济下企业发展的机遇与挑战 ［J］. 商业经济研究, 2018（24）：101-104.

张敬伟, 涂玉琦, 靳秀娟, 2022. 数字化商业模式研究回顾与展望 ［J］. 科技进步与对策, 39（13）：151-160.

张丽, 2021. 企业数字化人力资源管理转型的未来发展 ［J］. 人力资源, 10：24-25.

张庆龙, 潘丽靖, 张羽瑶, 2015. 财务转型始于共享服务 ［M］. 北京：中国财政经济出版社.

张媛，2012. 郑州联通人力资源管理系统的分析与设计［D］. 南京：南京邮电大学.

张弛，2016. 大数据时代中国出版产业链的重构［D］. 武汉：华中科技大学.

赵波，郑俊峰，李慧，等，2021. 针对大型医院的人力资源大数据管理系统建设实践［J］. 黑龙江人力资源和社会保障，15：104-106.

赵剑波，史丹，邓洲，2019. 高质量发展的内涵研究［J］. 经济与管理研究，40（11）：15-31.

赵苹，陈守龙，2008. 国外企业信息化效益评价理论的述评［J］. 中国管理信息化，7：80-82.

郑思权，2021. 数字经济驱动企业商业模式创新的路径分析［J］. 全国流通经济，30：73-75.

中国信通院. 中国数字经济发展白皮书（2017）［EB/OL］.（2017-07-13）［2024-04-08］.http://www.caict.ac.cn/kxyj/qwfb/bps/201707/t20170713_2197395.htm

中国信通院. 中国数字经济发展白皮书（2023）［EB/OL］.（2024-03-26）［2024-04-12］.http://www.caict.ac.cn/kxyj/qwfb/bps/202401/P020240326601000238100.pdf

众安金融科技研究院，2018. 新保险时代——金融科技重新定义保险新未来［M］. 北京：机械工业出版社.

周荣华，李鑫，2019. 社会信用管理服务的创新趋势及优化途径［J］. 东吴学术，3：40-47.

周晓洋，2010. 中交股份财务共享服务中心体系的设计［D］. 西安：西安理工大学.

朱丽霞，2021. 浅析高质量发展下的企业内部控制体系构建［J］. 中小企业管理与科技（中旬刊），5：148-149.

朱盈颖，2022. 数字经济背景下企业商业模式创新研究［J］. 现代商业，34：21-24.

Cette G, Nevoux S, Py L, 2022. The impact of ICTs and digitalization on productivity and labor share：evidence from French firms［J］. Economics of innovation and new technology, 31（8）：669-692.

Kaldor N, 1955. A Note on the International Impact of Cyclical Movements

［C］//The Business Cycle in the Post-War World：Proceedings of a Conference held by the International Economic Association. Palgrave Macmillan UK, 266-282.

Kaldor N, 1955. A note on the international impact of cyclical movements ［J］. Palgrave Macmillan UK.

Mesenbourg, T L, 1999. Definitions underlying concepts & measurement plans ［J］. Measuring electronic business.

Nakamoto S, 2009. Bitcoin：A peer-to-peer electronic cash system Bitcoin：A Peer-to-Peer Electronic Cash System ［J］. Bitcoin. org. Disponible en https：//bitcoin. org/en/bitcoin-paper.

Alegre J, 2024. Digital transformation and firm performance in innovative SMEs：The mediating role of business model innovation ［J］. Technovation, 134：103027.

Huntington S P, 1991. The third wave ［M］. Norman：University of Oklahoma Press.

Virginia Barba-Sánchez, Angel Meseguer-Martínez, Gouveia-Rodrigues R, et al., 2024. Effects of digital transformation on firm performance：The role of IT capabilities and digital orientation ［J］. Heliyon, 10 (6).

附　录

附录 1　中小企业数字化水平评测指标（2024 年版）

一、主要内容

《中小企业数字化水平评测指标（2024 年版）》延续 2022 年版整体架构，从数字化基础、经营、管理、成效四个维度综合评估中小企业数字化发展水平，并对评测方式进行了调整优化，其中，数字化基础、管理和成效三个维度采用评分的方式确定等级，数字化经营部分用场景等级判定的方式确定等级。主要内容如下：

1. 数字化基础、管理和成效维度

由 3 个一级指标，9 个二级指标，15 个采集项组成。采用评分方式判定中小企业该部分数字化水平等级。

一级指标	数字化基础						数字化管理				数字化成效			
二级指标	设备系统			数据采集	信息系统	信息安全		规划管理		要素保障		绿色低碳	产品质量	市场效益	
采集项	网络建设	设备数字化	设备联网	数据采集	信息系统	网络安全	数据安全	规划实施	管理机制	人才建设	资金保障	绿色低碳	产品质量	市场表现	价值效益

2. 数字化经营维度

由 4 个一级指标、16 个二级指标组成，均为中小企业数字化转型的应用场景，并将应用场景进行等级划分。结合中小企业数字化转型实际，按照不同等级场景选择的要求，判定中小企业该部分数字化水平等级。

一级指标	产品生命周期数字化				生产执行数字化					供应链数字化		管理决策数字化		
二级指标	产品设计*	工艺设计	营销管理*	售后服务	计划排程	生产管控*	质量管理*	设备管理*	安全生产*	能耗管理*	采购管理*	仓储物流*	财务管理*	人力资源	协同办公	决策支持

备注：标*为约束性场景（共计10项），是引导企业深度改造的重点场景；剩余为指导性场景（共计6项）。

二、判定方法

依据数字化基础、管理及成效评测得分和数字化经营应用场景等级判定（须同时满足两部分要求），将中小企业数字化水平划分为四个等级：一级（初始级）、二级（规范级）、三级（集成级）、四级（协同级）。判定方法为：

等级	要求（同时满足）	
	数字化基础、管理及成效	数字化经营应用场景
一级（初始级）	≥20分	不少于6个应用场景（其中不少于3个约束性场景）等级需达到一级
二级（规范级）	≥40分	不少于6个应用场景（其中不少于3个约束性场景）等级需达到二级
三级（集成级）	≥60分	不少于8个应用场景（其中不少于5个约束性场景）等级需达到三级
四级（协同级）	≥80分	不少于10个应用场景（其中不少于6个约束性场景）等级需达到四级

备注：如企业无法满足最低级一级相关要求，则归类为无等级。

三、具体指标

（一）数字化基础、管理及成效评测表

一级指标	二级指标	采集项	序号	题目	选项类型
数字化基础 50%	设备系统 40%	网络建设 40%	1	企业网络建设连接情况 □无 □企业车间建成工控网络，支持自动化控制应用 □企业建成应用系统网络，实现大规模设备、人员与信息系统互联，可支持大规模设备、人员与信息系统互联 □企业建设/租用 5G 工业网络，支撑系统互联和网络协同应用，满足 AGV、工业互联网等规模化移动应用场景需求 □网络全面覆盖生产现场与环节，具备未来智能化新应用的扩展能力	多选
		设备数字化 30%	2	企业的生产设备数字化率 □ ［0-10%］ □ （10%，20%］ □ （20%，40%］ □ （40%，60%］ □ （60%，100%］ 具体数据［ ］，其中生产设备数量为［ ］台，实现数字化的生产设备数量为［ ］台	单选
		设备联网 30%	3	企业的生产设备联网率 □ ［0-10%］ □ （10%，20%］ □ （20%，40%］ □ （40%，60%］ □ （60%，100%］ 具体数据［ ］，其中实现联网的生产设备数量为［ ］台	单选
	数据采集 20%	数据采集 100%	4	企业实现数据自动采集的业务环节覆盖范围 □无 □产品设计 □工艺设计 □营销管理 □售后服务 □计划排程 □生产管控 □质量管理 □设备管理 □安全生产 □能耗管理 □采购管理 □仓储物流 □财务管理 □人力资源	多选

一级 指标	二级 指标	采集 项	序号	题目	选项 类型
数字 化基 础 50%	信息 系统 20%	信息 系统 100%	5	企业使用本地或云化部署的信息化服务，实现 业务的数字化管理情况 □无 □单个业务环节 □多个业务环节（2个及以上） □绝大部分业务环节（大于80%） □全覆盖	单选
		网络 安全 50%	6	企业在保障网络安全方面采取的举措 □无 □建立了网络安全管理制度 □使用了网络安全产品及服务（如防火墙、网 络分区、入侵检测、身份认证等） □自行或委托专业评估机构实施网络安全风险 评估 □建立网络边界安全访问控制能力，及网络关 键节点入侵检测和恶意代码检测能力	多选
	信息 安全 20%	数据 安全 50%	7	企业在保障数据安全方面采取的举措□无 □建立了数据安全管理制度 □使用了数据安全产品及服务（如数据加密、 数据备份与恢复、数据脱敏、数据分级分类保 护等） □自行或委托专业评估机构实施数据安全风险 评估 □建立数据台账（类型、用途、数量、数据源 单位、使用单位等），定期开展数据安全保障能 力核验	多选

一级指标	二级指标	采集项	序号	题目	选项类型
数字化管理 30%	规划管理 50%	规划实施 50%	8	企业对数字化的认识与执行水平情况 □无 □已经主动了解数字化相关内容 □已经制定实施数字化的规划、计划及保障措施等 □已经着手开始进行单点或多点的数字化改造 □已经通过数字化手段实现业务模式、管理决策方式的改变并取得成效 □定期组织员工去数字化建设成效较好的同行业公司参观交流，增强数字化转型意识	单选
		管理机制 50%	9	企业数字化管理制度的建立情况 □无 □建立数字化转型实施工作流程 □建立信息系统建设及运营管理制度 □建立数据资源管理制度 □建立与数字化融合的科研、业务、产品等方面的创新激励制度	多选
	要素保障 50%	人才建设 50%	10	企业在数字化人才建设方面采取的举措 □无 □配备专职/兼职的数字化人才 □设置专门的数字化岗位/部门 □定期对员工开展数字化方面培训 □有明确的数字化人才绩效及薪酬管理 □有明确的数字化人才梯度培育机制	多选
		资金保障 50%	11	企业近三年平均数字化投入总额占营业额的平均比例（企业成立不满三年按照实际成立时长计算年均投入） □ ［0-10%］ □ （10%，20%］ □ （20%，40%］ □ （40%，60%］ □ （60%，100%］ 具体数据为 ［ ］万元/年	单选

一级指标	二级指标	采集项	序号	题目	选项类型
数字化成效 20%	绿色低碳 35%	绿色低碳 100%	12	企业数字化改造后每百元营业收入中综合能源消费量相比于改造前的变化情况 □增加 □持平 □降低 企业上年综合能源消费量为〔 〕吨标准煤，前年数据为〔 〕吨标准煤	单选
	产品质量 35%	产品质量 100%	13	企业数字化改造后月均产品合格率相比于改造前的变化情况 □降低 □持平 □增加 具体数值为〔 〕	单选
	市场效益 30%	市场表现 50%	14	企业上年度人均营业收入相比于前年变化情况 □降低 □持平 □增加 企业上年员工人数为〔 〕人，营业收入为〔 〕万元；前年员工人数为〔 〕人，营业收入为〔 〕万元	单选
		价值效益 50%	15	企业上年度每百元营业收入中的成本相比于前年变化情况 □增加 □持平 □降低 企业上年成本为〔 〕万元；前年成本为〔 〕万元	单选

评分逻辑：

1. 对于 5 个选项的单选题，从第一个选项到最后一个选项每个选项的分值分别为 0 分、25 分、50 分、75 分、100 分；对于 3 个选项的单选题，从第一个选项到最后一个选项每个选项的分值分别为 0 分、50 分、100 分；多选题选"无"得分为 0，其他情况得分为被选择的选项数量×100／（所有选项总个数−1）。

2. 该部分总分＝Σ 每个选项得分＊采集项权重＊二级指标权重＊一级指标权重。

（二）数字化经营应用场景等级判定表

一级指标	二级指标（业务场景）	一级	二级	三级	四级
产品生命周期数字化		企业应用信息技术工具辅助开展工作，实现相关业务的效率提升。	企业对关键生产环节开展应用和实现关键业务环节的数字化、规范化管理。	企业应用工业互联网等信息和应用的实时采集和应用，跨部门、跨系统实现主要业务流程的数字化集成。	企业运用人工智能等前沿技术引领转型升级，全面实现人机物互联互通，打造生产工厂、资源智能调度，供应链可视化协同等先进应用，构建基于数据进制造典型应用的模型驱动生产运营模式，持续推进产业链协同。
	产品设计*	通过设计软件工具（如CAD、CAE、EDA等）辅助开展产品设计。	应用信息化系统开展产品设计，实现设计的数字化或版本的数字化，形成完整的产品设计资料（如方案、图纸、模型，设计BOM，版本、技术变更等）管理标准，并有效执行。	建立典型产品组件及典型零部件的标准化知识库，并能在新产品设计时进行参考，实现产品设计或工艺设计的协同，实现数据跨部门共享。	运用仿真分析等技术实现对产品外观、结构、性能等优化验证或迭代，并实现产业链上下游的多方信息交互、协同设计或产品创新。
	工艺设计	应用设计软件工具（如CAM、CAPP等）基于产品设计数据辅助开展工艺设计。	应用信息化系统开展工艺设计，并实现规范化设计的数字化、形成完整的工艺设计数据（工艺方案、工艺流程、工艺文件、制造BOM，版本、技术变更等）管理标准，并有效执行。	建立典型制造工艺流程、参数、资源等关键要素的工艺知识库，并能在新产品工艺设计时进行参考，引用或实现工艺设计与生产系统间的数据协同，并行协同。	建立数据模型，基于质量、成本等数据运用三维仿真技术实现对于工艺设计的模拟仿真，迭代优化。

产品生命周期数字化	营销管理*	借助信息技术工具（如电子表格、云存储等）对销售信息（如销售计划、销售订单、销售运行、客户信息或销售业绩等）进行辅助记录和管理。	使用信息化系统对营销销售信息（如销售计划、销售订单、销售运行、客户信息或销售业绩等）进行规范化管理。	基于销售信息对营销（如销售计划、销售运行等）的客户信息实时管控，实现销售、生产、库存、财务等系统与生产系统系统的数字化协同。	使用人工智能等前沿技术，实现销售、财务、供应链之间的数字化协同，并自动或半自动计划或销售预测，生产、物流等计划制定方案，不断提升柔性化制造水平。
	售后服务	运用信息技术工具（如小程序、APP等）对售后服务流程进行辅助管理。	运用信息化系统实现售后服务流程的数字化管理，并与设计、工艺、生产、销售部门进行信息共享。	建立售后问题清单，实现售后问题的快速响应，并能够指导产品设计、工艺优化，实现售后服务与财务的数字化协同（如供应商索赔、质量考核账务处理本厂质量考核服务等）。	基于信息管理（如远程运维、客户服务等内容），实现精细化管理，生产情况实时的精准服务。或建立客户服务数据模型，满足客户需求的精准服务。
生产执行数字化	计划排程	应用信息技术工具（如电子表格、云存储等）辅助人工编制生产计划。	应用信息化系统辅助生成生产计划，基于生产准备（如物料、设备等），实现范围化管理。	应用信息化系统实现基于物料安全库存、采购提前期、多约束条件自动生成生产计划，并实现生产计划的下达与执行。	运用人工智能等前沿技术，建立生产排产算法模型，实现优化的生产作业计划，生产情况实时监测，提前处理生产过程中的波动和风险，实现动态实时的生产排产和调度。

生产执行数字化	生产管控*	应用信息技术工具（如电子表格、云存储等）辅助人工进行生产工单数据的记录。	应用信息化系统实现生产工单（如生产工单信息、产量、进度等）录入、跟踪、管理，实现规范化管理。	应用信息化系统对生产进行数据采集，实现对生产过程中工单、物料、设备等的管控，实现信息化系统与其他系统（如生产计划、质量系统或设备等）的协同，实现数据共享。	运用人工智能等前沿技术建立实现设备运行监测预警算法模型，对生产工艺参数、设备状态、生产过程等进行在线分析与监测预警，并驱动生产过程的迭代优化与闭环管控，不断优化生产管理。
	质量管理*	应用信息技术工具（如电子表格、云存储等）辅助开展产品质量信息的管理。	实现生产过程质量数据的数字化采集、统计与管理，基于信息化系统实现质量管理流程的规范化管理。	应用数字化检测设备及信息化系统实现关键工序质量自动检测、判断和报警；或应用信息化系统实现对原材料、半成品、成品质量可追溯。	开展产品质量检测，提升产业链上下游质量数据跨企业共享，实现产品质量管理模型，或构建产品质量影响因素识别及缺陷预测性分析。
	设备管理*	通过人工或手持仪器开展设备点巡检，并应用信息技术工具辅助制定设备管理台账。	通过信息技术手段制定设备维护计划，开展设备点巡检、维护保养等功能，实现设备的规范化管理。	基于信息化系统实现设备数据分析和远程诊断、故障运行参数采集，并依据设备关键运行参数，实现设备综合效率（OEE）统计。	建立设备运行模型和设备故障预知识库，实现设备故障自动预警及自动制定预测维护解决方案，并基于设备综合效率的分析等实现设备工艺优化和生产作业计划优化。

生产执行数字化	安全生产*	应用信息技术工具辅助开展车间安全规范的制定及生产规范化管理。	应用信息技术手段实现安全作业全流程规范化管理，重大危险源等安全风险在线监测。	实现危废物存储、运输的全流程信息化管理，实现安全生产风险实时报警，建立安全应急预案，实现安全事故处理与相关部门及时协同。	基于安全作业、风险管控等数据的分析及建模，自动预警危险源的防范管理，实现危险影响的预警及响应处理。
	能耗管理*	应用信息技术工具（如电子表格、云存储等）辅助人工进行能耗数据记录。	应用信息化系统收集和管理水、电、气、液等数据，实现基于能耗数据统计分析，实现能耗规范化管理。	应用信息化系统或平台，实时采集和管理水、电、气、液的关键数据，实现设备能耗的监测分析与相关部门协同管控优化。	建立设备能耗监测与优化算法模型，实现设备能耗实时监测，能源转化效率分析、及能源优化及能源调度等。
	采购管理*	借助信息技术工具（如电子表格、云存储等），实现采购订单信息和采购过程信息。	应用信息化系统对采购需求、采购过程（如采购订单等）进行规范化管理。	实现供应商管理、采购计划、询报比价，采购的全过程执行、实现应用采购信息化系统与生产、仓储、财务等信息系统的数字化协同。	运用人工智能等前沿技术，实现供应链之间的风险预警，并实现供应链采购策略预测，动态优化采购策略与方案。
供应链数字化	仓储物流*	使用信息化系统（如电子表格、云存储等），实现对入库信息、库存数据规范化管理。	使用信息化系统，对物料、成品、半成品、耗材等库存信息进行统计，实现规范化管理。	实现仓储管理信息系统与生产、采购、财务等信息系统的数字化协同。	使用人工智能等前沿技术，实现客户生产仓储物流商库存协同，并能够制定实施或厂内物料自动配送；实现管理仓储自动调整库存补货策略等）及厂外智能物流（物流监测与策略优化）。

管理决策数字化					
财务管理*	使用信息化系统辅助实现日常的财务记录、基本的总账管理、存货、往来、出纳等财务核算处理（如资产负债表、利润表、现金流量表）。	使用信息化系统，实现总账、固定资产、存货、往来、出纳等财务实现规范化管理。	实现业务数据与财务管理的协同，能支持企业的管理会计核算，实现通过财务的分析辅助决策，帮助企业快速掌握资产、成本、盈利能力等变动和使用情况，实现资产的优化配置和利用。	实现企业内外部协同，实现企业全面智能化和数据驱动，并实现对企业未来的财务和风险评估。并实现对企业未来财务状况进行预测、规划对未来风险评估。
人力资源	采用信息技术工具（如电子表格、云存储等），辅助实现员工、流程等的信息记录。	基于信息化系统实现考勤和薪酬福利的规范化管理。	利用人力关键指标人力资源数据分析，数据驱动人力资源战略规划和决策制定。	应用人工智能等前沿技术，实现个性化绩效管理，智能招聘和人才发展计划，个性化的培训规划，支持战略性人才管理。
协同办公	应用信息技术工具（如电子邮件或文档共享工具）辅助通讯工具和简单的信息共享和文档处理。	部署具有更丰富功能的协同平台或办公业务（如请假、报销、新闻、通知、公告或审批）等流程的数字化。	应用协同平台实现生产、项目管理等专业业务数据集成，实现数据无缝对接，且利用移动工具，提升跨部门协作效率和响应速度。	应用人工智能等前沿技术实现内部、外部数据的协同、智能推荐、智能预测和组织员工在适应工作流程、智能办公等智能互联和智能化环境中实现无缝协作办公。
决策支持	运用信息技术工具生产经营过程收集企业基本数据，为管理者提供简单或决策的决策方向。	运用信息化系统，整合使用关键业务环节的数据、分析和决策的可视化工具，提供直观的可视化数据。	利用数据驱动平台针对特定业务场景（如加工工艺设计、生产计划、变更管理等）实施数据模拟与效能评估，助力决策数据精准实践方案。	运用人工智能等前沿技术整合企业内外部数据和营销数据，构建模型，辅助业务人员预测或决策，挖掘数据背后的深层规律和价值。

备注：1. "*"为约束性场景。

2. 数字化经营应用场景相应等级的判定，应在完全满足低级场景的所有基本要求之后，方可进阶至更高一级场景的判定。

相关名词解释

设备数字化率：是指企业现有生产设备的数字化程度，即数字化生产设备占总生产设备数量的比例，其数值＝数字化生产设备数量/总生产设备数量×100%。

设备联网率：指联网设备占设备总数的比重，其数值＝实现联网的生产设备数量/总生产设备数量×100%。

数字化人才：是指具备 ICT（信息通信技术）专业技能和补充技能的人才，他们在企业内部的各个岗位上发挥作用，包括传统信息技术部门的技术人员、业务部门中精通信息系统并熟练操作的专业人员，以及在数字化转型中新兴的横跨各种组织职能的角色。数字化人才通常划分三个层级：其一是数字化技术人才，掌握计算机、大数据、人工智能、通信等相关的数字化技术；其二是数字化管理人才，从战略上落地实施数字化战术，深谙商业价值、经营理念；其三是数字化应用人才，以企业核心资产的价值推动业务数字化应用能力增长，具有优化重构业务增长的分析能力。

综合能源消费量：指企业（单位）在报告期内工业生产实际消费的各种能源（扣除能源加工转换产出和能源回收利用等重复因素）的总和。计算方法参考国家统计局制定的《能源报表统计制度》中的《能源购进、消费与库存》（205-1 表）和《能源加工转换与回收利用》（205-2 表）。

（一）没有能源加工转换和回收利用活动的调查单位：

综合能源消费量＝工业生产消费（205-1 表第 5 列能源合计）

（二）有能源加工转换或回收利用活动的调查单位：

综合能源消费量＝工业生产消费（205-1 表第 5 列能源合计）-能源加工转换产出（205-2 表第 11 列能源合计）-回收利用（205-2 表第 12 列能源合计）

注：《能源购进、消费与库存》（205-1 表）和《能源加工转换与回收利用》（205-2 表）填报目录包含各种能源（如原煤、焦炭、天然气等）、电力和热力、用于燃料的生活垃圾和生物质能等。计算综合能源消费量时，各类能源消费量需以标准煤为单位计量。下表为部分能源折标准煤系数示意，详见《能源统计报表制度》填报目录。

能源折标准煤系数表（部分）

能源名称	计量单位	参考折标准煤系数
原煤（无烟煤）	吨	0.9428 吨标准煤/吨
原煤（炼焦烟煤）	吨	0.9 吨标准煤/吨
原煤（一般烟煤）	吨	0.7143 吨标准煤/吨
原煤（褐煤）	吨	0.4286 吨标准煤/吨
洗精煤	吨	0.9 吨标准煤/吨
高炉煤气	万立方米	1.286 吨标准煤/万立方米
转炉煤气	万立方米	2.714 吨标准煤/万立方米
其他煤气	万立方米	1.786 吨标准煤/万立方米
热力	百万千焦	0.0341 吨标准煤/百万千焦
电力	万千瓦时	1.229 吨标准煤/万千瓦时
城市生活垃圾（用于燃料）	吨	0.2714 吨标准煤/吨
生物质能（用于燃料）	吨标准煤	1
余热余压	百万千焦	0.0341 吨标准煤/百万千焦
工业废料（用于燃料）	吨	0.4285 吨标准煤/吨
其他燃料	吨标准煤	1

能源消费量（吨标准煤）＝能源消费量（原单位）×折标准煤系数

示例：某企业本年度耗电 310 万千瓦时，消耗高炉煤气 1.5 万立方米。根据上述附表和计算公式，将电力折算以标准煤计量的消费量为 310× 1.229＝380.99（吨标准煤）；将高炉煤气折算以标准煤计量的消费量为 1.5×1.286＝1.929（吨标准煤）。该企业本年度能源消费总量为 380.99＋ 1.929＝382.919（吨标准煤）。

关键工序：指对成品的质量、性能、功能、寿命、可靠性及成本等有直接影响的工序；产品重要质量特性形成的工序；工艺复杂，质量容易波动，对工人技艺要求高或总是发生问题较多的工序。

业务环节：指产品设计、工艺设计、营销管理、售后服务、计划排程、生产管控、质量管理、设备管理、安全生产、能耗管理、采购管理、仓储物流、财务管理、人力资源等环节。

规范化管理：企业对线下的流程化业务在线上实现清晰的标准化

管理。

智能仓储：指应用数字化技术，依据实际生产作业计划，实现物料自动入库、盘库或出库。

供应链可视化：指搭建供应链管理系统（SCM），融合数字化技术，实现供应链可视化监控。

数据驱动平台：指以数据为核心，通过数据采集、分析和应用，实现对企业运营、管理和决策的支持和优化的平台。

注：以上所给出的名词解释仅适用于《中小企业数字化水平评测指标（2024年版）》。

附录2 国务院关于印发
"十四五"数字经济发展规划的通知

国发〔2021〕29号

各省、自治区、直辖市人民政府，国务院各部委、各直属机构：

现将《"十四五"数字经济发展规划》印发给你们，请认真贯彻执行。

国务院

2021年12月12日

（此件公开发布）

"十四五"数字经济发展规划

数字经济是继农业经济、工业经济之后的主要经济形态，是以数据资源为关键要素，以现代信息网络为主要载体，以信息通信技术融合应用、全要素数字化转型为重要推动力，促进公平与效率更加统一的新经济形态。数字经济发展速度之快、辐射范围之广、影响程度之深前所未有，正推动生产方式、生活方式和治理方式深刻变革，成为重组全球要素资源、重塑全球经济结构、改变全球竞争格局的关键力量。"十四五"时期，我国数字经济转向深化应用、规范发展、普惠共享的新阶段。为应对新形势新挑战，把握数字化发展新机遇，拓展经济发展新空间，推动我国数字经济健康发展，依据《中华人民共和国国民经济和社会发展第十四个五年规划和2035年远景目标纲要》，制定本规划。

一、发展现状和形势

（一）发展现状。

"十三五"时期，我国深入实施数字经济发展战略，不断完善数字基础设施，加快培育新业态新模式，推进数字产业化和产业数字化取得积极成效。2020年，我国数字经济核心产业增加值占国内生产总值（GDP）比重达到7.8%，数字经济为经济社会持续健康发展提供了强大动力。

信息基础设施全球领先。建成全球规模最大的光纤和第四代移动通信（4G）网络，第五代移动通信（5G）网络建设和应用加速推进。宽带用户普及率明显提高，光纤用户占比超过 94%，移动宽带用户普及率达到108%，互联网协议第六版（IPv6）活跃用户数达到 4.6 亿。

产业数字化转型稳步推进。农业数字化全面推进。服务业数字化水平显著提高。工业数字化转型加速，工业企业生产设备数字化水平持续提升，更多企业迈上"云端"。

新业态新模式竞相发展。数字技术与各行业加速融合，电子商务蓬勃发展，移动支付广泛普及，在线学习、远程会议、网络购物、视频直播等生产生活新方式加速推广，互联网平台日益壮大。

数字政府建设成效显著。一体化政务服务和监管效能大幅度提升，"一网通办"、"最多跑一次"、"一网统管"、"一网协同"等服务管理新模式广泛普及，数字营商环境持续优化，在线政务服务水平跃居全球领先行列。

数字经济国际合作不断深化。《二十国集团数字经济发展与合作倡议》等在全球赢得广泛共识，信息基础设施互联互通取得明显成效，"丝路电商"合作成果丰硕，我国数字经济领域平台企业加速出海，影响力和竞争力不断提升。

与此同时，我国数字经济发展也面临一些问题和挑战：关键领域创新能力不足，产业链供应链受制于人的局面尚未根本改变；不同行业、不同区域、不同群体间数字鸿沟未有效弥合，甚至有进一步扩大趋势；数据资源规模庞大，但价值潜力还没有充分释放；数字经济治理体系需进一步完善。

（二）面临形势。

当前，新一轮科技革命和产业变革深入发展，数字化转型已经成为大势所趋，受内外部多重因素影响，我国数字经济发展面临的形势正在发生深刻变化。

发展数字经济是把握新一轮科技革命和产业变革新机遇的战略选择。数字经济是数字时代国家综合实力的重要体现，是构建现代化经济体系的重要引擎。世界主要国家均高度重视发展数字经济，纷纷出台战略规划，采取各种举措打造竞争新优势，重塑数字时代的国际新格局。

数据要素是数字经济深化发展的核心引擎。数据对提高生产效率的乘数作用不断凸显，成为最具时代特征的生产要素。数据的爆发增长、海量集聚蕴藏了巨大的价值，为智能化发展带来了新的机遇。协同推进技术、模式、业态和制度创新，切实用好数据要素，将为经济社会数字化发展带来强劲动力。

数字化服务是满足人民美好生活需要的重要途径。数字化方式正有效打破时空阻隔，提高有限资源的普惠化水平，极大地方便群众生活，满足多样化个性化需要。数字经济发展正在让广大群众享受到看得见、摸得着的实惠。

规范健康可持续是数字经济高质量发展的迫切要求。我国数字经济规模快速扩张，但发展不平衡、不充分、不规范的问题较为突出，迫切需要转变传统发展方式，加快补齐短板弱项，提高我国数字经济治理水平，走出一条高质量发展道路。

二、总体要求

（一）指导思想。

以习近平新时代中国特色社会主义思想为指导，全面贯彻党的十九大和十九届历次全会精神，立足新发展阶段，完整、准确、全面贯彻新发展理念，构建新发展格局，推动高质量发展，统筹发展和安全、统筹国内和国际，以数据为关键要素，以数字技术与实体经济深度融合为主线，加强数字基础设施建设，完善数字经济治理体系，协同推进数字产业化和产业数字化，赋能传统产业转型升级，培育新产业新业态新模式，不断做强做优做大我国数字经济，为构建数字中国提供有力支撑。

（二）基本原则。

坚持创新引领、融合发展。坚持把创新作为引领发展的第一动力，突出科技自立自强的战略支撑作用，促进数字技术向经济社会和产业发展各领域广泛深入渗透，推进数字技术、应用场景和商业模式融合创新，形成以技术发展促进全要素生产率提升、以领域应用带动技术进步的发展格局。

坚持应用牵引、数据赋能。坚持以数字化发展为导向，充分发挥我国海量数据、广阔市场空间和丰富应用场景优势，充分释放数据要素价值，激活数据要素潜能，以数据流促进生产、分配、流通、消费各个环节高效贯通，推动数据技术产品、应用范式、商业模式和体制机制协同创新。

坚持公平竞争、安全有序。突出竞争政策基础地位，坚持促进发展和监管规范并重，健全完善协同监管规则制度，强化反垄断和防止资本无序扩张，推动平台经济规范健康持续发展，建立健全适应数字经济发展的市场监管、宏观调控、政策法规体系，牢牢守住安全底线。

坚持系统推进、协同高效。充分发挥市场在资源配置中的决定性作用，构建经济社会各主体多元参与、协同联动的数字经济发展新机制。结合我国产业结构和资源禀赋，发挥比较优势，系统谋划、务实推进，更好发挥政府在数字经济发展中的作用。

（三）发展目标。

到 2025 年，数字经济迈向全面扩展期，数字经济核心产业增加值占GDP 比重达到 10%，数字化创新引领发展能力大幅提升，智能化水平明显增强，数字技术与实体经济融合取得显著成效，数字经济治理体系更加完善，我国数字经济竞争力和影响力稳步提升。

——数据要素市场体系初步建立。数据资源体系基本建成，利用数据资源推动研发、生产、流通、服务、消费全价值链协同。数据要素市场化建设成效显现，数据确权、定价、交易有序开展，探索建立与数据要素价值和贡献相适应的收入分配机制，激发市场主体创新活力。

——产业数字化转型迈上新台阶。农业数字化转型快速推进，制造业数字化、网络化、智能化更加深入，生产性服务业融合发展加速普及，生活性服务业多元化拓展显著加快，产业数字化转型的支撑服务体系基本完备，在数字化转型过程中推进绿色发展。

——数字产业化水平显著提升。数字技术自主创新能力显著提升，数字化产品和服务供给质量大幅提高，产业核心竞争力明显增强，在部分领域形成全球领先优势。新产业新业态新模式持续涌现、广泛普及，对实体经济提质增效的带动作用显著增强。

——数字化公共服务更加普惠均等。数字基础设施广泛融入生产生活，对政务服务、公共服务、民生保障、社会治理的支撑作用进一步凸显。数字营商环境更加优化，电子政务服务水平进一步提升，网络化、数字化、智慧化的利企便民服务体系不断完善，数字鸿沟加速弥合。

——数字经济治理体系更加完善。协调统一的数字经济治理框架和规则体系基本建立，跨部门、跨地区的协同监管机制基本健全。政府数字化监管能力显著增强，行业和市场监管水平大幅提升。政府主导、多元参与、法治保障的数字经济治理格局基本形成，治理水平明显提升。与数字经济发展相适应的法律法规制度体系更加完善，数字经济安全体系进一步增强。

展望 2035 年，数字经济将迈向繁荣成熟期，力争形成统一公平、竞争有序、成熟完备的数字经济现代市场体系，数字经济发展基础、产业体系发展水平位居世界前列。

"十四五"数字经济发展主要指标

指 标	2020 年	2025 年	属性
数字经济核心产业增加值占 GDP 比重（%）	7.8	10	预期性
IPv6 活跃用户数（亿户）	4.6	8	预期性
千兆宽带用户数（万户）	640	6000	预期性
软件和信息技术服务业规模（万亿元）	8.16	14	预期性
工业互联网平台应用普及率（%）	14.7	45	预期性
全国网上零售额（万亿元）	11.76	17	预期性
电子商务交易规模（万亿元）	37.21	46	预期性
在线政务服务实名用户规模（亿）	4	8	预期性

三、优化升级数字基础设施

（一）加快建设信息网络基础设施。建设高速泛在、天地一体、云网融合、智能敏捷、绿色低碳、安全可控的智能化综合性数字信息基础设施。有序推进骨干网扩容，协同推进千兆光纤网络和 5G 网络基础设施建设，推动 5G 商用部署和规模应用，前瞻布局第六代移动通信（6G）网络技术储备，加大 6G 技术研发支持力度，积极参与推动 6G 国际标准化工作。积极稳妥推进空间信息基础设施演进升级，加快布局卫星通信网络等，推动卫星互联网建设。提高物联网在工业制造、农业生产、公共服务、应急管理等领域的覆盖水平，增强固移融合、宽窄结合的物联接入能力。

（二）推进云网协同和算网融合发展。加快构建算力、算法、数据、应用资源协同的全国一体化大数据中心体系。在京津冀、长三角、粤港澳大湾区、成渝地区双城经济圈、贵州、内蒙古、甘肃、宁夏等地区布局全国一体化算力网络国家枢纽节点，建设数据中心集群，结合应用、产业等发展需求优化数据中心建设布局。加快实施"东数西算"工程，推进云网协同发展，提升数据中心跨网络、跨地域数据交互能力，加强面向特定场景的边缘计算能力，强化算力统筹和智能调度。按照绿色、低碳、集约、高效的原则，持续推进绿色数字中心建设，加快推进数据中心节能改造，持续提升数据中心可再生能源利用水平。推动智能计算中心有序发展，打造智能算力、通用算法和开发平台一体化的新型智能基础设施，面向政务服务、智慧城市、智能制造、自动驾驶、语言智能等重点新兴领域，提供体系化的人工智能服务。

（三）有序推进基础设施智能升级。稳步构建智能高效的融合基础设施，提升基础设施网络化、智能化、服务化、协同化水平。高效布局人工智能基础设施，提升支撑"智能+"发展的行业赋能能力。推动农林牧渔业基础设施和生产装备智能化改造，推进机器视觉、机器学习等技术应用。建设可靠、灵活、安全的工业互联网基础设施，支撑制造资源的泛在连接、弹性供给和高效配置。加快推进能源、交通运输、水利、物流、环保等领域基础设施数字化改造。推动新型城市基础设施建设，提升市政公用设施和建筑智能化水平。构建先进普惠、智能协作的生活服务数字化融合设施。在基础设施智能升级过程中，充分满足老年人等群体的特殊需求，打造智慧共享、和睦共治的新型数字生活。

四、充分发挥数据要素作用

（一）强化高质量数据要素供给。支持市场主体依法合规开展数据采集，聚焦数据的标注、清洗、脱敏、脱密、聚合、分析等环节，提升数据资源处理能力，培育壮大数据服务产业。推动数据资源标准体系建设，提升数据管理水平和数据质量，探索面向业务应用的共享、交换、协作和开放。加快推动各领域通信协议兼容统一，打破技术和协议壁垒，努力实现互通互操作，形成完整贯通的数据链。推动数据分类分级管理，强化数据安全风险评估、监测预警和应急处置。深化政务数据跨层级、跨地域、跨部门有序共享。建立健全国家公共数据资源体系，统筹公共数据资源开发利用，推动基础公共数据安全有序开放，构建统一的国家公共数据开放平台和开发利用端口，提升公共数据开放水平，释放数据红利。

专栏 2　数据质量提升工程

1. 提升基础数据资源质量。建立健全国家人口、法人、自然资源和空间地理等基础信息更新机制，持续完善国家基础数据资源库建设、管理和服务，确保基础信息数据及时、准确、可靠。

2. 培育数据服务商。支持社会化数据服务机构发展，依法依规开展公共资源数据、互联网数据、企业数据的采集、整理、聚合、分析等加工业务。

3. 推动数据资源标准化工作。加快数据资源规划、数据治理、数据资产评估、数据服务、数据安全等国家标准研制，加大对数据管理、数据开放共享等重点国家标准的宣贯力度。

（二）加快数据要素市场化流通。加快构建数据要素市场规则，培育市场主体、完善治理体系，促进数据要素市场流通。鼓励市场主体探索数据资产定价机制，推动形成数据资产目录，逐步完善数据定价体系。规范数据交易管理，培育规范的数据交易平台和市场主体，建立健全数据资产评估、登记结算、交易撮合、争议仲裁等市场运营体系，提升数据交易效率。严厉打击数据黑市交易，营造安全有序的市场环境。

专栏 3　数据要素市场培育试点工程

1. 开展数据确权及定价服务试验。探索建立数据资产登记制度和数据资产定价规则，试点开展数据权属认定，规范完善数据资产评估服务。

2. 推动数字技术在数据流通中的应用。鼓励企业、研究机构等主体基于区块链等数字技术，探索数据授权使用、数据溯源等应用，提升数据交易流通效率。

3. 培育发展数据交易平台。提升数据交易平台服务质量，发展包含数据资产评估、登记结算、交易撮合、争议仲裁等的运营体系，健全数据交易平台报价、询价、竞价和定价机制，探索协议转让、挂牌等多种形式的数据交易模式。

（三）创新数据要素开发利用机制。适应不同类型数据特点，以实际应用需求为导向，探索建立多样化的数据开发利用机制。鼓励市场力量挖掘商业数据价值，推动数据价值产品化、服务化，大力发展专业化、个性化数据服务，促进数据、技术、场景深度融合，满足各领域数据需求。鼓励重点行业创新数据开发利用模式，在确保数据安全、保障用户隐私的前提下，调动行业协会、科研院所、企业等多方参与数据价值开发。对具有经济和社会价值、允许加工利用的政务数据和公共数据，通过数据开放、特许开发、授权应用等方式，鼓励更多社会力量进行增值开发利用。结合新型智慧城市建设，加快城市数据融合及产业生态培育，提升城市数据运营和开发利用水平。

五、大力推进产业数字化转型

（一）加快企业数字化转型升级。引导企业强化数字化思维，提升员工数字技能和数据管理能力，全面系统推动企业研发设计、生产加工、经营管理、销售服务等业务数字化转型。支持有条件的大型企业打造一体化数字平台，全面整合企业内部信息系统，强化全流程数据贯通，加快全价值链业务协同，形成数据驱动的智能决策能力，提升企业整体运行效率和产业链上下游协同效率。实施中小企业数字化赋能专项行动，支持中小企业从数字化转型需求迫切的环节入手，加快推进线上营销、远程协作、数字化办公、智能生产线等应用，由点及面向全业务全流程数字化转型延伸拓展。鼓励和支持互联网平台、行业龙头企业等立足自身优势，开放数字化资源和能力，帮助传统企业和中小企业实现数字化转型。推行普惠性"上云用数赋智"服务，推动企业上云、上平台，降低技术和资金壁垒，加快企业数字化转型。

（二）全面深化重点产业数字化转型。立足不同产业特点和差异化需求，推动传统产业全方位、全链条数字化转型，提高全要素生产率。大力提升农业数字化水平，推进"三农"综合信息服务，创新发展智慧农业，提升农业生产、加工、销售、物流等各环节数字化水平。纵深推进工业数字化转型，加快推动研发设计、生产制造、经营管理、市场服务等全生命周期数字化转型，加快培育一批"专精特新"中小企业和制造业单项冠军企业。深入实施智能制造工程，大力推动装备数字化，开展智能制造试点示范专项行动，完善国家智能制造标准体系。培育推广个性化定制、网络化协同等新模式。大力发展数字商务，全面加快商贸、物流、金融等服务业数字化转型，优化管理体系和服务模式，提高服务业的品质与效益。促进数字技术在全过程工程咨询领域的深度应用，引领咨询服务和工程建设模式转型升级。加快推动智慧能源建设应用，促进能源生产、运输、消费等各环节智能化升级，推动能源行业低碳转型。加快推进国土空间基础信息平台建设应用。推动产业互联网融通应用，培育供应链金融、服务型制造等融通发展模式，以数字技术促进产业融合发展。

专栏4　重点行业数字化转型提升工程

　　1. 发展智慧农业和智慧水利。加快推动种植业、畜牧业、渔业等领域数字化转型，加强大数据、物联网、人工智能等技术深度应用，提升农业生产经营数字化水平。构建智慧水利体系，以流域为单元提升水情测报和智能调度能力。

　　2. 开展工业数字化转型应用示范。实施智能制造试点示范行动，建设智能制造示范工厂，培育智能制造先行区。针对产业痛点、堵点，分行业制定数字化转型路线图，面向原材料、消费品、装备制造、电子信息等重点行业开展数字化转型应用示范和评估，加大标杆应用推广力度。

　　3. 加快推动工业互联网创新发展。深入实施工业互联网创新发展战略，鼓励工业企业利用5G、时间敏感网络（TSN）等技术改造升级企业内外网，完善标识解析体系，打造若干具有国际竞争力的工业互联网平台，提升安全保障能力，推动各行业加快数字化转型。

　　4. 提升商务领域数字化水平。打造大数据支撑、网络化共享、智能化协作的智慧供应链体系。健全电子商务公共服务体系，汇聚数字赋能服务资源，支持商务领域中小微企业数字化转型升级。提升贸易数字化水平。引导批发零售、住宿餐饮、租赁和商务服务等传统业态积极开展线上线下、全渠道、定制化、精准化营销创新。

　　5. 大力发展智慧物流。加快对传统物流设施的数字化改造升级，促进现代物流业与农业、制造业等产业融合发展。加快建设跨行业、跨区域的物流信息服务平台，实现需求、库存和物流信息的实时共享，探索推进电子提单应用。建设智能仓储体系，提升物流仓储的自动化、智能化水平。

　　6. 加快金融领域数字化转型。合理推动大数据、人工智能、区块链等技术在银行、证券、保险等领域的深化应用，发展智能支付、智慧网点、智能投顾、数字化融资等新模式，稳妥推进数字人民币研发，有序开展可控试点。

　　7. 加快能源领域数字化转型。推动能源产、运、储、销、用各环节设施的数字化升级，实施煤矿、油气田、油气管网、电厂、电网、油气储备库、终端用能等领域设备设施、工艺流程的数字化建设与改造。推进微电网等智慧能源技术试点示范应用。推动基于供需衔接、生产服务、监督管理等业务关系的数字平台建设，提升能源体系智能化水平。

　　（三）推动产业园区和产业集群数字化转型。引导产业园区加快数字基础设施建设，利用数字技术提升园区管理和服务能力。积极探索平台企业与产业园区联合运营模式，丰富技术、数据、平台、供应链等服务供给，提升线上线下相结合的资源共享水平，引导各类要素加快向园区集聚。围绕共性转型需求，推动共享制造平台在产业集群落地和规模化发展。探索发展跨越物理边界的"虚拟"产业园区和产业集群，加快产业资

源虚拟化集聚、平台化运营和网络化协同，构建虚实结合的产业数字化新生态。依托京津冀、长三角、粤港澳大湾区、成渝地区双城经济圈等重点区域，统筹推进数字基础设施建设，探索建立各类产业集群跨区域、跨平台协同新机制，促进创新要素整合共享，构建创新协同、错位互补、供需联动的区域数字化发展生态，提升产业链供应链协同配套能力。

（四）培育转型支撑服务生态。建立市场化服务与公共服务双轮驱动，技术、资本、人才、数据等多要素支撑的数字化转型服务生态，解决企业"不会转"、"不能转"、"不敢转"的难题。面向重点行业和企业转型需求，培育推广一批数字化解决方案。聚焦转型咨询、标准制定、测试评估等方向，培育一批第三方专业化服务机构，提升数字化转型服务市场规模和活力。支持高校、龙头企业、行业协会等加强协同，建设综合测试验证环境，加强产业共性解决方案供给。建设数字化转型促进中心，衔接集聚各类资源条件，提供数字化转型公共服务，打造区域产业数字化创新综合体，带动传统产业数字化转型。

专栏5　数字化转型支撑服务生态培育工程

1. 培育发展数字化解决方案供应商。面向中小微企业特点和需求，培育若干专业型数字化解决方案供应商，引导开发轻量化、易维护、低成本、一站式解决方案。培育若干服务能力强、集成水平高、具有国际竞争力的综合型数字化解决方案供应商。

2. 建设一批数字化转型促进中心。依托产业集群、园区、示范基地等建立公共数字化转型促进中心，开展数字化服务资源条件衔接集聚、优质解决方案展示推广、人才招聘及培养、测试试验、产业交流等公共服务。依托企业、产业联盟等建立开放型、专业化数字化转型促进中心，面向产业链上下游企业和行业内中小微企业提供供需撮合、转型咨询、定制化系统解决方案开发等市场化服务。制定完善数字化转型促进中心遴选、评估、考核等标准、程序和机制。

3. 创新转型支撑服务供给机制。鼓励各地因地制宜，探索建设数字化转型产品、服务、解决方案供给资源池，搭建转型供需对接平台，开展数字化转型服务券等创新，支持企业加快数字化转型。深入实施数字化转型伙伴行动计划，加快建立高校、龙头企业、产业联盟、行业协会等市场主体资源共享、分工协作的良性机制。

六、加快推动数字产业化

（一）增强关键技术创新能力。瞄准传感器、量子信息、网络通信、集成电路、关键软件、大数据、人工智能、区块链、新材料等战略性前瞻性领域，发挥我国社会主义制度优势、新型举国体制优势、超大规模市场优势，提高数字技术基础研发能力。以数字技术与各领域融合应用为导向，推动行业企业、平台企业和数字技术服务企业跨界创新，优化创新成果快速转化机制，加快创新技术的工程化、产业化。鼓励发展新型研发机构、企业创新联合体等新型创新主体，打造多元化参与、网络化协同、市场化运作的创新生态体系。支持具有自主核心技术的开源社区、开源平台、开源项目发展，推动创新资源共建共享，促进创新模式开放化演进。

专栏 6　数字技术创新突破工程

1. 补齐关键技术短板。优化和创新"揭榜挂帅"等组织方式，集中突破高端芯片、操作系统、工业软件、核心算法与框架等领域关键核心技术，加强通用处理器、云计算系统和软件关键技术一体化研发。

2. 强化优势技术供给。支持建设各类产学研协同创新平台，打通贯穿基础研究、技术研发、中试熟化与产业化全过程的创新链，重点布局 5G、物联网、云计算、大数据、人工智能、区块链等领域，突破智能制造、数字孪生、城市大脑、边缘计算、脑机融合等集成技术。

3. 抢先布局前沿技术融合创新。推进前沿学科和交叉研究平台建设，重点布局下一代移动通信技术、量子信息、神经芯片、类脑智能、脱氧核糖核酸（DNA）存储、第三代半导体等新兴技术，推动信息、生物、材料、能源等领域技术融合和群体性突破。

（二）提升核心产业竞争力。着力提升基础软硬件、核心电子元器件、关键基础材料和生产装备的供给水平，强化关键产品自给保障能力。实施产业链强链补链行动，加强面向多元化应用场景的技术融合和产品创新，提升产业链关键环节竞争力，完善 5G、集成电路、新能源汽车、人工智能、工业互联网等重点产业供应链体系。深化新一代信息技术集成创新和融合应用，加快平台化、定制化、轻量化服务模式创新，打造新兴数字产业新优势。协同推进信息技术软硬件产品产业化、规模化应用，加快集成适配和迭代优化，推动软件产业做大做强，提升关键软硬件技术创新和供给能力。

（三）加快培育新业态新模式。推动平台经济健康发展，引导支持平台企业加强数据、产品、内容等资源整合共享，扩大协同办公、互联网医疗等在线服务覆盖面。深化共享经济在生活服务领域的应用，拓展创新、生产、供应链等资源共享新空间。发展基于数字技术的智能经济，加快优化智能化产品和服务运营，培育智慧销售、无人配送、智能制造、反向定制等新增长点。完善多元价值传递和贡献分配体系，有序引导多样化社交、短视频、知识分享等新型就业创业平台发展。

（四）营造繁荣有序的产业创新生态。发挥数字经济领军企业的引领带动作用，加强资源共享和数据开放，推动线上线下相结合的创新协同、产能共享、供应链互通。鼓励开源社区、开发者平台等新型协作平台发展，培育大中小企业和社会开发者开放协作的数字产业创新生态，带动创新型企业快速壮大。以园区、行业、区域为整体推进产业创新服务平台建设，强化技术研发、标准制修订、测试评估、应用培训、创业孵化等优势资源汇聚，提升产业创新服务支撑水平。

七、持续提升公共服务数字化水平

（一）提高"互联网+政务服务"效能。全面提升全国一体化政务服务平台功能，加快推进政务服务标准化、规范化、便利化，持续提升政务服务数字化、智能化水平，实现利企便民高频服务事项"一网通办"。建立健全政务数据共享协调机制，加快数字身份统一认证和电子证照、电子签章、电子公文等互信互认，推进发票电子化改革，促进政务数据共享、流程优化和业务协同。推动政务服务线上线下整体联动、全流程在线、向基层深度拓展，提升服务便利化、共享化水平。开展政务数据与业务、服务深度融合创新，增强基于大数据的事项办理需求预测能力，打造主动式、多层次创新服务场景。聚焦公共卫生、社会安全、应急管理等领域，深化数字技术应用，实现重大突发公共事件的快速响应和联动处置。

（二）提升社会服务数字化普惠水平。加快推动文化教育、医疗健康、会展旅游、体育健身等领域公共服务资源数字化供给和网络化服务，促进优质资源共享复用。充分运用新型数字技术，强化就业、养老、儿童福利、托育、家政等民生领域供需对接，进一步优化资源配置。发展智慧广电网络，加快推进全国有线电视网络整合和升级改造。深入开展电信普遍服务试点，提升农村及偏远地区网络覆盖水平。加强面向革命老区、民族地区、边疆地区、脱贫地区的远程服务，拓展教育、医疗、社保、对口帮扶等服务内容，助力基本公共服务均等化。加强信息无障碍建设，提升面向特殊群体的数字化社会服务能力。促进社会服务和数字平台深度融合，探索多领域跨界合作，推动医养结合、文教结合、体医结合、文旅融合。

专栏8　社会服务数字化提升工程

1. 深入推进智慧教育。推进教育新型基础设施建设，构建高质量教育支撑体系。深入推进智慧教育示范区建设，进一步完善国家数字教育资源公共服务体系，提升在线教育支撑服务能力，推动"互联网＋教育"持续健康发展，充分依托互联网、广播电视网络等渠道推进优质教育资源覆盖农村及偏远地区学校。

2. 加快发展数字健康服务。加快完善电子健康档案、电子处方等数据库，推进医疗数据共建共享。推进医疗机构数字化、智能化转型，加快建设智慧医院，推广远程医疗。精准对接和满足群众多层次、多样化、个性化医疗健康服务需求，发展远程化、定制化、智能化数字健康新业态，提升"互联网＋医疗健康"服务水平。

3. 以数字化推动文化和旅游融合发展。加快优秀文化和旅游资源的数字化转化和开发，推动景区、博物馆等发展线上数字化体验产品，发展线上演播、云展览、沉浸式体验等新型文旅服务，培育一批具有广泛影响力的数字文化品牌。

4. 加快推进智慧社区建设。充分依托已有资源，推动建设集约化、联网规范化、应用智能化、资源社会化，实现系统集成、数据共享和业务协同，更好提供政务、商超、家政、托育、养老、物业等社区服务资源，扩大感知智能技术应用，推动社区服务智能化，提升城乡社区服务效能。

5. 提升社会保障服务数字化水平。完善社会保障大数据应用，开展跨地区、跨部门、跨层级数据共享应用，加快实现"跨省通办"。健全风险防控分类管理，加强业务运行监测，构建制度化、常态化数据核查机制。加快推进社保经办数字化转型，为参保单位和个人搭建数字全景图，支持个性服务和精准监管。

（三）推动数字城乡融合发展。统筹推动新型智慧城市和数字乡村建设，协同优化城乡公共服务。深化新型智慧城市建设，推动城市数据整合共享和业务协同，提升城市综合管理服务能力，完善城市信息模型平台和运行管理服务平台，因地制宜构建数字孪生城市。加快城市智能设施向乡村延伸覆盖，完善农村地区信息化服务供给，推进城乡要素双向自由流动，合理配置公共资源，形成以城带乡、共建共享的数字城乡融合发展格局。构建城乡常住人口动态统计发布机制，利用数字化手段助力提升城乡基本公共服务水平。

　　（四）打造智慧共享的新型数字生活。加快既有住宅和社区设施数字化改造，鼓励新建小区同步规划建设智能系统，打造智能楼宇、智能停车场、智能充电桩、智能垃圾箱等公共设施。引导智能家居产品互联互通，促进家居产品与家居环境智能互动，丰富"一键控制"、"一声响应"的数字家庭生活应用。加强超高清电视普及应用，发展互动视频、沉浸式视频、云游戏等新业态。创新发展"云生活"服务，深化人工智能、虚拟现实、8K高清视频等技术的融合，拓展社交、购物、娱乐、展览等领域的应用，促进生活消费品质升级。鼓励建设智慧社区和智慧服务生活圈，推动公共服务资源整合，提升专业化、市场化服务水平。支持实体消费场所建设数字化消费新场景，推广智慧导览、智能导流、虚实交互体验、非接触式服务等应用，提升场景消费体验。培育一批新型消费示范城市和领先企业，打造数字产品服务展示交流和技能培训中心，培养全民数字消费意识和习惯。

八、健全完善数字经济治理体系

　　（一）强化协同治理和监管机制。规范数字经济发展，坚持发展和监管两手抓。探索建立与数字经济持续健康发展相适应的治理方式，制定更加灵活有效的政策措施，创新协同治理模式。明晰主管部门、监管机构职责，强化跨部门、跨层级、跨区域协同监管，明确监管范围和统一规则，加强分工合作与协调配合。深化"放管服"改革，优化营商环境，分类清理规范不适应数字经济发展需要的行政许可、资质资格等事项，进一步释放市场主体创新活力和内生动力。鼓励和督促企业诚信经营，强化以信用为基础的数字经济市场监管，建立完善信用档案，推进政企联动、行业联动的信用共享共治。加强征信建设，提升征信服务供给能力。加快建立全方位、多层次、立体化监管体系，实现事前事中事后全链条全领域监管，完善协同会商机制，有效打击数字经济领域违法犯罪行为。加强跨部门、跨区域分工协作，推动监管数据采集和共享利用，提升监管的开放、透明、法治水平。探索开展跨场景跨业务跨部门联合监管试点，创新基于新技术手段的监管模式，建立健全触发式监管机制。加强税收监管和税务稽查。

（二）增强政府数字化治理能力。加大政务信息化建设统筹力度，强化政府数字化治理和服务能力建设，有效发挥对规范市场、鼓励创新、保护消费者权益的支撑作用。建立完善基于大数据、人工智能、区块链等新技术的统计监测和决策分析体系，提升数字经济治理的精准性、协调性和有效性。推进完善风险应急响应处置流程和机制，强化重大问题研判和风险预警，提升系统性风险防范水平。探索建立适应平台经济特点的监管机制，推动线上线下监管有效衔接，强化对平台经营者及其行为的监管。

专栏 10　数字经济治理能力提升工程

1. 加强数字经济统计监测。基于数字经济及其核心产业统计分类，界定数字经济统计范围，建立数字经济统计监测制度，组织实施数字经济统计监测。定期开展数字经济核心产业核算，准确反映数字经济核心产业发展规模、速度、结构等情况。探索开展产业数字化发展状况评估。

2. 加强重大问题研判和风险预警。整合各相关部门和地方风险监测预警能力，健全完善风险发现、研判会商、协同处置等工作机制，发挥平台企业和专业研究机构等力量的作用，有效监测和防范大数据、人工智能等技术滥用可能引发的经济、社会和道德风险。

3. 构建数字服务监管体系。加强对平台治理、人工智能伦理等问题的研究，及时跟踪研判数字技术创新应用发展趋势，推动完善数字中介服务、工业 APP、云计算等数字技术和服务监管规则。探索大数据、人工智能、区块链等数字技术在监管领域的应用。强化产权和知识产权保护，严厉打击网络侵权和盗版行为，营造有利于创新的发展环境。

（三）完善多元共治新格局。建立完善政府、平台、企业、行业组织和社会公众多元参与、有效协同的数字经济治理新格局，形成治理合力，鼓励良性竞争，维护公平有效市场。加快健全市场准入制度、公平竞争审查机制，完善数字经济公平竞争监管制度，预防和制止滥用行政权力排除限制竞争。进一步明确平台企业主体责任和义务，推进行业服务标准建设和行业自律，保护平台从业人员和消费者合法权益。开展社会监督、媒体

监督、公众监督，培育多元治理、协调发展新生态。鼓励建立争议在线解决机制和渠道，制定并公示争议解决规则。引导社会各界积极参与推动数字经济治理，加强和改进反垄断执法，畅通多元主体诉求表达、权益保障渠道，及时化解矛盾纠纷，维护公众利益和社会稳定。

专栏 11 多元协同治理能力提升工程

1. 强化平台治理。科学界定平台责任与义务，引导平台经营者加强内部管理和安全保障，强化平台在数据安全和隐私保护、商品质量保障、食品安全保障、劳动保护等方面的责任，研究制定相关措施，有效防范潜在的技术、经济和社会风险。

2. 引导行业自律。积极支持和引导行业协会等社会组织参与数字经济治理，鼓励出台行业标准规范、自律公约，并依法规参与纠纷处理，规范行业企业经营行为。

3. 保护市场主体权益。保护数字经济领域各类市场主体尤其是中小微企业和平台从业人员的合法权益、发展机会和创新活力，规范网络广告、价格标示、宣传促销等行为。

4. 完善社会参与机制。拓宽消费者和群众参与渠道，完善社会举报监督机制，推动主管部门、平台经营者等及时回应社会关切，合理引导预期。

九、着力强化数字经济安全体系

（一）增强网络安全防护能力。强化落实网络安全技术措施同步规划、同步建设、同步使用的要求，确保重要系统和设施安全有序运行。加强网络安全基础设施建设，强化跨领域网络安全信息共享和工作协同，健全完善网络安全应急事件预警通报机制，提升网络安全态势感知、威胁发现、应急指挥、协同处置和攻击溯源能力。提升网络安全应急处置能力，加强电信、金融、能源、交通运输、水利等重要行业领域关键信息基础设施网络安全防护能力，支持开展常态化安全风险评估，加强网络安全等级保护和密码应用安全性评估。支持网络安全保护技术和产品研发应用，推广使用安全可靠的信息产品、服务和解决方案。强化针对新技术、新应用的安全研究管理，为新产业新业态新模式健康发展提供保障。加快发展网络安全产业体系，促进拟态防御、数据加密等网络安全技术应用。加强网络安全宣传教育和人才培养，支持发展社会化网络安全服务。

（二）提升数据安全保障水平。建立健全数据安全治理体系，研究完善行业数据安全管理政策。建立数据分类分级保护制度，研究推进数据安全标准体系建设，规范数据采集、传输、存储、处理、共享、销毁全生命周期管理，推动数据使用者落实数据安全保护责任。依法依规加强政务数据安全保护，做好政务数据开放和社会化利用的安全管理。依法依规做好网络安全审查、云计算服务安全评估等，有效防范国家安全风险。健全完善数据跨境流动安全管理相关制度规范。推动提升重要设施设备的安全可靠水平，增强重点行业数据安全保障能力。进一步强化个人信息保护，规范身份信息、隐私信息、生物特征信息的采集、传输和使用，加强对收集使用个人信息的安全监管能力。

（三）切实有效防范各类风险。强化数字经济安全风险综合研判，防范各类风险叠加可能引发的经济风险、技术风险和社会稳定问题。引导社会资本投向原创性、引领性创新领域，避免低水平重复、同质化竞争、盲目跟风炒作等，支持可持续发展的业态和模式创新。坚持金融活动全部纳入金融监管，加强动态监测，规范数字金融有序创新，严防衍生业务风险。推动关键产品多元化供给，着力提高产业链供应链韧性，增强产业体系抗冲击能力。引导企业在法律合规、数据管理、新技术应用等领域完善自律机制，防范数字技术应用风险。健全失业保险、社会救助制度，完善灵活就业的工伤保险制度。健全灵活就业人员参加社会保险制度和劳动者权益保障制度，推进灵活就业人员参加住房公积金制度试点。探索建立新业态企业劳动保障信用评价、守信激励和失信惩戒等制度。着力推动数字经济普惠共享发展，健全完善针对未成年人、老年人等各类特殊群体的网络保护机制。

十、有效拓展数字经济国际合作

（一）加快贸易数字化发展。以数字化驱动贸易主体转型和贸易方式变革，营造贸易数字化良好环境。完善数字贸易促进政策，加强制度供给和法律保障。加大服务业开放力度，探索放宽数字经济新业态准入，引进全球服务业跨国公司在华设立运营总部、研发设计中心、采购物流中心、结算中心，积极引进优质外资企业和创业团队，加强国际创新资源"引进来"。依托自由贸易试验区、数字服务出口基地和海南自由贸易港，针对跨境寄递物流、跨境支付和供应链管理等典型场景，构建安全便利的国际互联网数据专用通道和国际化数据信息专用通道。大力发展跨境电商，扎实推进跨境电商综合试验区建设，积极鼓励各业务环节探索创新，培育壮大一批跨境电商龙头企业、海外仓领军企业和优秀产业园区，打造跨境电商产业链和生态圈。

（二）推动"数字丝绸之路"深入发展。加强统筹谋划，高质量推动中国—东盟智慧城市合作、中国—中东欧数字经济合作。围绕多双边经贸合作协定，构建贸易投资开放新格局，拓展与东盟、欧盟的数字经济合作伙伴关系，与非盟和非洲国家研究开展数字经济领域合作。统筹开展境外数字基础设施合作，结合当地需求和条件，与共建"一带一路"国家开展跨境光缆建设合作，保障网络基础设施互联互通。构建基于区块链的可信服务网络和应用支撑平台，为广泛开展数字经济合作提供基础保障。推动数据存储、智能计算等新兴服务能力全球化发展。加大金融、物流、电子商务等领域的合作模式创新，支持我国数字经济企业"走出去"，积极参与国际合作。

（三）积极构建良好国际合作环境。倡导构建和平、安全、开放、合作、有序的网络空间命运共同体，积极维护网络空间主权，加强网络空间国际合作。加快研究制定符合我国国情的数字经济相关标准和治理规则。依托双边和多边合作机制，开展数字经济标准国际协调和数字经济治理合作。积极借鉴国际规则和经验，围绕数据跨境流动、市场准入、反垄断、数字人民币、数据隐私保护等重大问题探索建立治理规则。深化政府间数字经济政策交流对话，建立多边数字经济合作伙伴关系，主动参与国际组织数字经济议题谈判，拓展前沿领域合作。构建商事协调、法律顾问、知识产权等专业化中介服务机制和公共服务平台，防范各类涉外经贸法律风险，为出海企业保驾护航。

十一、保障措施

（一）加强统筹协调和组织实施。建立数字经济发展部际协调机制，加强形势研判，协调解决重大问题，务实推进规划的贯彻实施。各地方要立足本地区实际，健全工作推进协调机制，增强发展数字经济本领，推动数字经济更好服务和融入新发展格局。进一步加强对数字经济发展政策的解读与宣传，深化数字经济理论和实践研究，完善统计测度和评价体系。各部门要充分整合现有资源，加强跨部门协调沟通，有效调动各方面的积极性。

（二）加大资金支持力度。加大对数字经济薄弱环节的投入，突破制约数字经济发展的短板与瓶颈，建立推动数字经济发展的长效机制。拓展多元投融资渠道，鼓励企业开展技术创新。鼓励引导社会资本设立市场化运作的数字经济细分领域基金，支持符合条件的数字经济企业进入多层次资本市场进行融资，鼓励银行业金融机构创新产品和服务，加大对数字经济核心产业的支持力度。加强对各类资金的统筹引导，提升投资质量和效益。

（三）提升全民数字素养和技能。实施全民数字素养与技能提升计划，扩大优质数字资源供给，鼓励公共数字资源更大范围向社会开放。推进中小学信息技术课程建设，加强职业院校（含技工院校）数字技术技能类人才培养，深化数字经济领域新工科、新文科建设，支持企业与院校共建一批现代产业学院、联合实验室、实习基地等，发展订单制、现代学徒制等多元化人才培养模式。制定实施数字技能提升专项培训计划，提高老年人、残障人士等运用数字技术的能力，切实解决老年人、残障人士面临的困难。提高公民网络文明素养，强化数字社会道德规范。鼓励将数字经济领域人才纳入各类人才计划支持范围，积极探索高效灵活的人才引进、培养、评价及激励政策。

（四）实施试点示范。统筹推动数字经济试点示范，完善创新资源高效配置机制，构建引领性数字经济产业集聚高地。鼓励各地区、各部门积极探索适应数字经济发展趋势的改革举措，采取有效方式和管用措施，形成一批可复制推广的经验做法和制度性成果。支持各地区结合本地区实际情况，综合采取产业、财政、科研、人才等政策手段，不断完善与数字经济发展相适应的政策法规体系、公共服务体系、产业生态体系和技术创新体系。鼓励跨区域交流合作，适时总结推广各类示范区经验，加强标杆示范引领，形成以点带面的良好局面。

（五）强化监测评估。各地区、各部门要结合本地区、本行业实际，抓紧制定出台相关配套政策并推动落地。要加强对规划落实情况的跟踪监测和成效分析，抓好重大任务推进实施，及时总结工作进展。国家发展改革委、中央网信办、工业和信息化部要会同有关部门加强调查研究和督促指导，适时组织开展评估，推动各项任务落实到位，重大事项及时向国务院报告。